Theodor Sperl · Hühnerzucht für jedermann

Theodor Sperl

# Hühnerzucht für jedermann

## Handbuch für die Praxis

5., vollständig überarbeitete Auflage
von Walter Schwarz

Verlagshaus Reutlingen Oertel + Spörer

Die Deutsche Bibliothek – CIP-Einheitsaufnahme

**Sperl, Theodor:**
Hühnerzucht für jedermann : Handbuch für die Praxis / Theodor Sperl. - 5., vollst. überarb. Aufl. / von Walter Schwarz. - Reutlingen : Oertel und Spörer, 1994
ISBN 3-88627-130-7
NE: Schwarz, Walter [Bearb.]

Verlagshaus Reutlingen · Oertel + Spörer 1994
Postfach 1642 · 72706 Reutlingen

Schrift: 9/11 p Garamond
Satz und Druck: Oertel + Spörer, Reutlingen
Einband: Heinrich Koch, Tübingen
Printed in Germany
ISBN 3-88627-130-7

# Vorwort zur 5. Auflage

Als im Jahr 1951 die erste Auflage dieses Buches erschien, da konnte niemand, am wenigsten der Autor, mein 1993 verstorbener langjähriger Freund Theodor Sperl, vorausahnen, daß sich dieses Werk zu einem wahren Bestseller der Rassegeflügelliteratur entwickeln würde. Immer wieder wurden Neuauflagen erforderlich. Ein Zeichen dafür, daß der „Sperl" zu einem unentbehrlichen Ratgeber für Einsteiger und Fortgeschrittene in der Rassegeflügelzucht, aber auch für den mehr wirtschaftlich interessierten Geflügelhalter, geworden ist.
Als der Verlag Oertel + Spörer mich darum bat, das Erfolgsbuch für die 5. Auflage zu überarbeiten und zu aktualisieren, sagte ich mit Freuden zu. Theodor Sperl hat sich mit diesem Buch ein Denkmal gesetzt. Ein wenig zu dessen Erhaltung beigetragen zu haben, erfüllt mich mit besonderem Stolz.

Reutlingen, im Januar 1994 — Walter Schwarz

# Vorwort zur 1. Auflage

Die deutsche Rassegeflügelzucht hatte sich vor dem letzten unglücklichen Kriege eine Spitzenstellung erobert und gesichert gehabt. Die Verheerungen des Krieges haben sowohl in die Bestände unserer Zuchten wie auch in die Fachliteratur erhebliche Lücken gerissen. Leider werden auch viele erfolgreiche alte und junge Züchter nicht mehr unter den Lebenden sein. Andere aber, die durch die Not der Zeit zur Geflügel-, im besonderen zur Hühnerhaltung gezwungen wurden, fanden Gefallen daran und möchten nun in die Reihen der Ausstellungsgeflügelzüchter treten. Sie suchen nach einem Werk, das ihnen den Weg zur erfolgreichen Rassehühnerzucht weisen kann. In vielen Gesprächen mit Züchtern und in Versammlungen mußte ich feststellen, daß ein brauchbares Buch auf diesem Gebiet unbedingt erforderlich ist. Auch fand ich viele Gleichgesinnte, die gleich mir es ablehnen, eine ganze Anzahl Bücher zu kaufen, bis sie endlich das finden, was sie gerade suchen. Schon in meiner Studentenzeit ärgerten mich die so spezialisierten Fachbücher, deren Titel meist mehr versprachen, als darin zu finden war. Wir brauchen ein Buch, in dem alles das angeführt ist, was ein Züchter in seiner praktischen Arbeit wissen und finden muß. Deshalb ist hier versucht worden, einen Ratgeber zu formen, der in bescheidenster Weise und möglichst vielseitig sich besonders an den Ausstellungszüchter wendet. Alle Wiederholungen sind weggelassen worden, um den Preis so niedrig wie nur möglich zu halten. Knapp und schlicht ist alles zusammengefaßt, und eine straffe Ordnung soll das schnelle Auffinden nach nur einem einmaligen Durchlesen ermöglichen.

Besonders an den Hühnerhalter, an den Zuchtanfänger und an den Preisrichteranwärter will sich dieses Buch wenden. Aber auch der erfahrene Richter und der alte Spezialzüchter wird darin manches Neue wissenschaftlich bestätigt finden, was er seither nur aus der Praxis kannte. Auch werden hier keine Versuche gemacht, dem alten Zuchtspezialisten leere Phrasen vorzusetzen, denn er hat ja Erfahrung genug und weiß, wo bei seinem schon so lange gezüchteten Farbenschlag „der Hase im Pfeffer liegt". Aber andere Züchtungsmaßnahmen der anderen Rassen und ihre Eigenart kann er hier kennenlernen. Die wichtigsten Dinge in der Zucht sind die Beurteilungsgabe und das Wissen über die Vererbung; auch dieses Buch steht ganz unter diesen Leitsätzen.

Der zweite Teil, die Rassenkunde, mußte, um den Rahmen dieses Buches nicht zu sprengen, möglichst gekürzt werden. Die Musterbeschreibung ist hier bewußt nicht ersetzt worden. Immer wieder findet man den Hinweis auf die Sondervereine und Clubs der einzelnen Farbenschläge. Denn nur sie sind der einzige Weg, um die unerwarteten Erfolge in der deutschen Nachkriegshühnerzucht zu festigen und zu verbreitern. Eine engere Zusammenarbeit wird immer angestrebt und vor Augen geführt. Ebenso soll unsere Fachpresse als ständiger Berater unserer Zuchtfreunde nicht vergessen sein. Nur wäre eine noch regere Mitarbeit unserer alten Spezialzüchter wünschenswert, damit ihre jahrelangen Erfahrungen für die Zucht von einem größeren Kreise genutzt werden könnten. Ausdrücklich muß betont werden, daß dieses Buch nur für die deutsche Geflügelzucht geschrieben ist und deshalb nur die Bestimmungen unseres Bundes berücksichtigt.

Da wir zur Zeit noch über keine bestimmte und ganz befriedigende Rasseeinteilung verfügen, wurde die Reihenfolge der Musterbeschreibung gewählt, um dem Preisrichteranwärter das Vergleichen mit der geltenden Musterbeschreibung zu erleichtern. Als einzige Abweichung sind die Großrassen und deren Zwerge nacheinander behandelt, um den roten Faden des Zuchtgedankens besser herausarbeiten zu können.

Da dieses Buch aus der Praxis für die Praxis geschrieben ist und keine wissenschaftliche Arbeit darstellen soll, sind alle praktischen Erkenntnisse angeführt, ohne erst lange auf den Urheber oder die Versuchsstation hinzuweisen. Da sich die Anfänge dieses Manuskriptes schon in meine Studienzeit zurückführen lassen, durch die Kriegseinwirkungen aber viele von meinen Quellenangaben verlorengingen, ist es leider unmöglich, ein genaues Verzeichnis anzuschließen. Ebenso wurde bewußt auf die Verwendung vieler Fremdwörter verzichtet, und wo diese gebraucht wurden, ist eine Verdeutschung beigefügt. Es herrscht das Bestreben vor, alles kurz, einfach und deutlich darzustellen, selbst wenn es auf Kosten der sonst üblichen Schreibweise gehen sollte. Es soll eher wie ein Vortrag in einer Züchterversammlung wirken, wo jeder so spricht, wie ihm der Schnabel gewachsen ist.

Dem Verlag bin ich für die Arbeiten und für die von ihm gestellten Bilder sowie für die Herausgabe dieses Buches zu großem Dank verpflichtet. Ebenso gedenke ich dankbar meiner beiden leider schon verstorbenen Lehrmeister, der Preisrichter Dr. Paul Trübenbach und Erich Klein, mit denen mich ein reger schriftlicher Gedankenaustausch verbunden hat. Auch bin ich vielen Züchtern für ihre oft unbewußte Mitarbeit sehr dankbar, und mancher wird seine Vorschläge in der Gestaltung dieses Buches wiedererkennen.

Trägt so dieses Buch nur zu einem kleinen Teil zur Hebung und zur Verbreitung unserer geliebten Hühnerzucht bei, so hat es seinen Zweck, ein bescheidener Diener der Rassegeflügelzucht zu sein, vollauf erfüllt.

Scharnhausen | Theodor Sperl

# Vorwort zur 2. Auflage

Nachdem die 1. Auflage dieses Buches in den interessierten Kreisen eine gute Aufnahme gefunden hatte, wurde nunmehr eine überarbeitete 2. Auflage nötig. Dem Verlagshaus Oertel + Spörer bin ich für die Unterstützung und die Bereitstellung der Bilder und Farbdrucke zu herzlichem Dank verpflichtet. Auch die selten gute Zusammenarbeit und das Eingehen auf die vielfältigen Wünsche aus den Züchterkreisen ist besonders hervorzuheben.
Die Kapitel „Hühnerkrankheiten" und „Rassebeschreibungen" der 1. Auflage wurden herausgenommen, weil der Verlag ohnehin schon über entsprechende Spezialliteratur verfügt. Auch war die Vielfalt der Rassebeschreibungen nur für wenige Käufer vorteilhaft, wie sich gezeigt hat. Wer einen Überblick über die einzelnen Rassen zu erhalten wünscht (Preisrichter, Zuchtwarte usw.), greife auf die jeweils neueste Ausgabe der Musterbeschreibung zurück. Dem Züchter von nur einer oder zwei Rassen steht eine beachtliche Auswahl einzelner preiswerter Rassebeschreibungen des Verlages zur Verfügung. Dagegen bewog uns der Mangel an geeignetem Lesestoff für den Zuchtwart, den Jugendobmann usw., die entsprechenden Abschnitte in die 2. Auflage aufzunehmen. Denn die Praxis lehrt, daß Erfolge nur dann zu erzielen sind, wenn die sog. „Kleinigkeiten" berücksichtigt werden. Dieser Erkenntnis habe ich Rechnung getragen. Um Wiederholungen zu vermeiden, sind solche Erfolgsfaktoren da zu finden, wo sie hingehören.
Der Abschnitt „Wirtschaftsgeflügelzucht" befindet sich nicht etwa deshalb am Ende des Buches, weil das Alphabet es verlangt; vielmehr setze ich gewisse Grundkenntnisse voraus, um dieses Kapitel im gegebenen Rahmen umfassend zu behandeln. Andererseits findet der „Nur-Aussteller" in diesem Kapitel für sein Spezialgebiet viel Wissenswertes. Die Versuchsergebnisse und die Erkenntnisse der Wissenschaft über unsere Hühner auf allen wichtigen Gebieten kommen allen zugute. Auf der anderen Seite züchtet und bewahrt der Rassegeflügelzüchter geeignete Ausgangsrassen für die Wirtschaftsgeflügelzucht. Hierher gehört z. B. die Erzüchtung kennfarbiger Farbenschläge oder die Erhaltung wesentlicher Erbmerkmale wie Eigröße, Mastfähigkeit, Haut- und Schalenfarbe usw., die in Hybridlinien eingekreuzt werden können. Rassegeflügelzucht und Wirtschaftsgeflügelzucht ergänzen sich, sie bedürfen einander.
Ich wende mich bewußt an die Anfänger, an Fortgeschrittene, Rentner, Altenteiler und an umgelernte Bauern in der Überzeugung, daß sie sich zu einer markt- oder absatzhemmenden Gefahr nicht entwickeln werden. Die private Erzeugung von Eiern und Schlachtware kommt der näheren und weiteren Nachbarschaft der einzelnen Züchter und Halter zugute.

Dieses Buch will möglichst umfassend Wissen und Erfahrung vermitteln, um die Verbreitung unserer geliebten Hühnerzucht zu fördern überall da, wo Hühner gehalten und gezüchtet werden, sei es aus reiner Liebhaberei oder aus Gründen des Verdienstes.

Scharnhausen — Theodor Sperl

## Vorwort zur 3. Auflage

Die zweite Auflage ist seit einiger Zeit vergriffen. Das Verlagshaus Oertel + Spörer hat sich entschlossen, die 3. Auflage herauszubringen. Selbstverständlich war eine Überarbeitung erforderlich. Außer der Aktualisierung wurde auf vielseitigen Wunsch ein neues Kapitel „Die Mauser“ hinzugefügt.
Ich hoffe, daß diese Bearbeitung, mit der ich ein möglichst ausführliches Handbuch schaffen wollte, den gleichen Anklang finden möge wie die früheren Auflagen.

Pfalzgrafenweiler — Theodor Sperl

## Vorwort zur 4. Auflage

Schneller als erhofft, mußte die vierte Auflage dieses Buches überarbeitet werden. Die Reihenfolge der Rassen auf unseren Ausstellungen nach dem neuesten Stand wurde integriert. Mit einer neuen Bebilderung hat das Verlagshaus Oertel + Spörer auch die Tierfotos auf den neuesten Zuchtstand gebracht. Die Leser werden es dem Verlag danken.

Pfalzgrafenweiler — Theodor Sperl

# Inhalt

# Die Unterbringung der Hühner

Zur Unterbringung der Hühner gehören Stall und Auslauf. Der

**Stall** muß genügend groß, zugfrei, warm, hell, ausreichend hoch, leicht zu lüften und zu reinigen, dauerhaft und dennoch billig sein. Die Größe des Stalles hat der Rasse und der vorgesehenen Hühnerzahl zu entsprechen. Auf 1 Quadratmeter Stallbodenfläche sollten nicht mehr als drei Hühner kommen; bei Zwerghühnern bin ich für höchstens vier Tiere pro Quadratmeter. So bietet der Stall bei richtiger Inneneinrichtung den Tieren während der Tage des „Innendienstes" genügend Platz. – Sehr praktisch ist es, einen

**Scharraum** an den Stall anzubauen. Ein angeschlossener Scharraum benötigt nur drei stabile Wände (die vierte wird vom Stall selbst gebildet) und ein Dach. Die Vorderseite wird mit einem engmaschigen Drahtgeflecht bespannt. Man kann noch einen Vorhang aus Rupfen anbringen, der bei Schlagregen oder Schneegestöber vorgezogen wird. Damit steht den Tieren ein geschützter und schneefreier Raum zur Verfügung. Diesen Scharraum verwende ich außerdem zur Aufzucht meiner Jungtiere. Sie gewöhnen sich am besten an den eigentlichen Stall. Auch ist eine gesunde Abhärtung der Tiere gewährleistet.
Unsere Rassegeflügelställe seien nach Möglichkeit nicht tiefer als 3 m. Nur bei größeren Legehallen ist eine Tiefe von 5 m und mehr zu verantworten. Für unsere kleinen Zuchtstämme genügen die kleineren Ausmaße, denn dann ist der Stall auch in den Ecken noch hell.
Wir unterscheiden drei Arten von Stallbauten: den Neubau, den Umbau vorhandener Ställe und den Einbau in geeignete Gebäude. So verschieden die Häuser der Menschen sind, so grundverschieden sind die vielen mehr oder weniger angepriesenen Stallbaupläne. Es würde zu weit führen, auf die unterschiedlichen Stallarten und -typen einzugehen. Statt dessen sei eine Stallform behandelt, die sich bewährt hat, alle nötigen Einrichtungen enthält und die, falls erforderlich, den Ein- und Umbau gestattet. – Eine

**Baugenehmigung** wird häufig benötigt, auch die Einwilligung der Nachbarn. Eine solche Einwilligung lasse man sich schriftlich geben. Man spart durch sie viel Ärger und Streit, und sei es erst nach Jahren.

**Baumaterial** steht in genügend großer Auswahl zur Verfügung. Jeder verwende den ihm am geeignetsten, dauerhaftesten und somit am billigsten erscheinenden Baustoff. Am wenigsten Baumaterial erfordert ein würfelförmiger Bau, denn der Würfel umschließt den größten Raum bei kleinsten Wandflächen. Die Wände aus Brettern oder Leichtbauplatten sind einzeln anzufertigen und mit dem Gerüst so

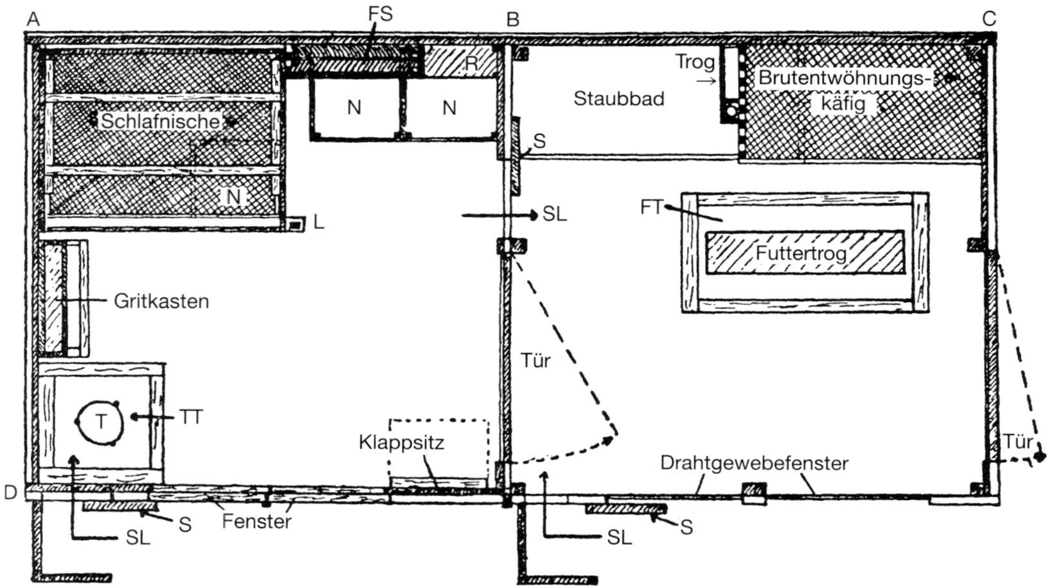


Plan des Stalles mit Scharraum

Schlafnische mit Sitzstangen,
Kotbrett und Drahtgitterrahmen
N = Nester
FT = Futternische
L = Lüftungsschacht (nur bei Satteldach!)
T = Tränke
SL = Schlupfloch, davor Windschutzkasten

S = Schieber
FS = Fensterschrank
TT = Tränketisch
R = Regal für Werkzeuge, Medikamente usw.
ferner Brutentwöhnungskäfig mit Drahtgitterrahmen
und Kotbrett, Trog für Futter und Trinkgefäß

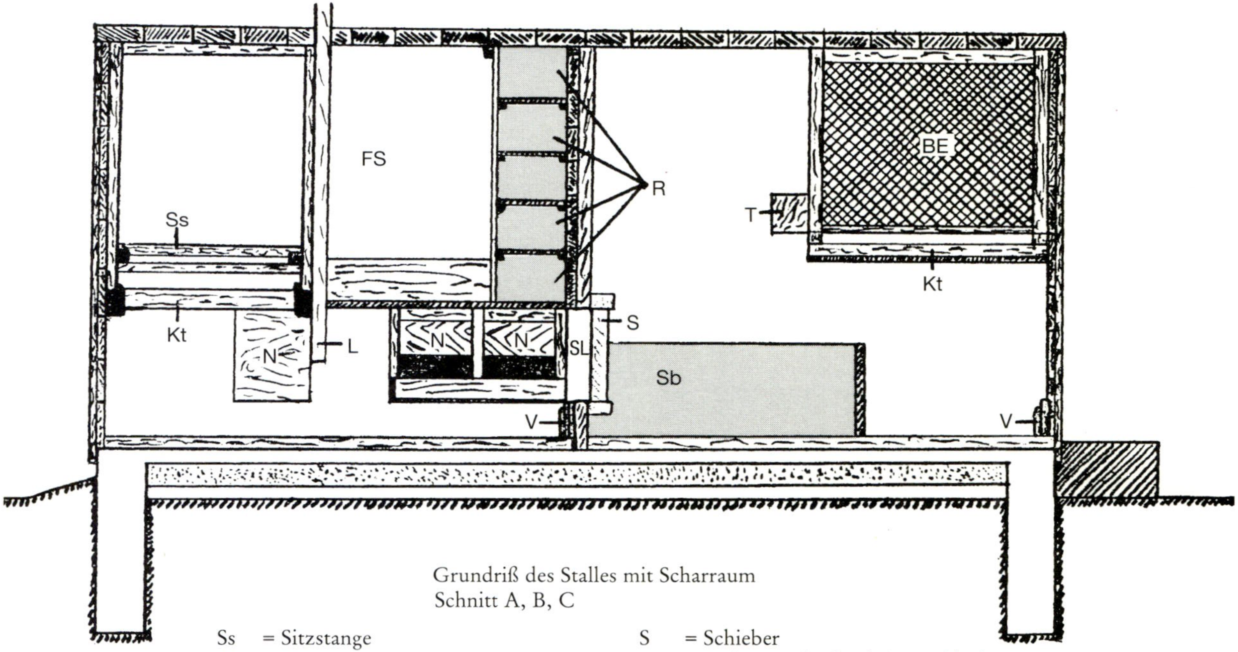


Grundriß des Stalles mit Scharraum
Schnitt A, B, C

Ss = Sitzstange
N = Nester
BE = Brutentwöhnungskäfig
FS = Fensterschrank
SL = Schlupfloch
V = Vorstellbrett vor der Schwelle
T = Trog
S = Schieber
L = Lüftungsschacht (bei Satteldach)
R = Regal für Werkzeug, Medikamente, Notizblock usw.
Sb = Staubbad
Kt = Kotbrett

Vorderansicht des Stalles (Schnitt D, E, F)
W = Windschutzkasten, L = Laufbrett, T = Treppe

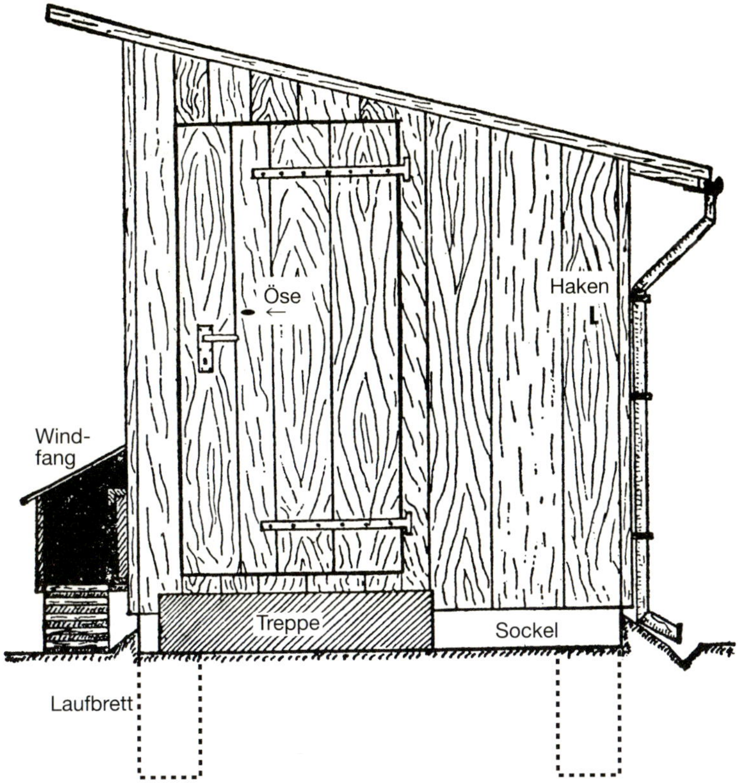


Stirnseitenansicht des Stalles
Schnitt C bis F

zu verbinden, daß ein einfaches Auf- und Abschlagen des Stalles jederzeit möglich ist. Gleichzeitig sind bei Mauerwerk- und Holzwänden die Fensterrahmen mit einzubauen. – Das

**Fundament** ist zuerst zu erstellen. Am besten bestehe es aus einem Betonsockel. Der Sockel wird etwa 40 cm tief in den Boden eingelassen und 20 bis 30 cm über den Boden aufgeführt. Bodenfläche und Wandstärke des Stalles bestimmen die äußeren Maße. Dagegen ist die Brettstärke der äußeren Wand bei einem Bau aus Brettern abzuziehen, weil die äußeren Bretter über den Sockel herunterzuziehen sind, damit das Regenwasser sich nicht auf dem Sockel stauen und in den Stall

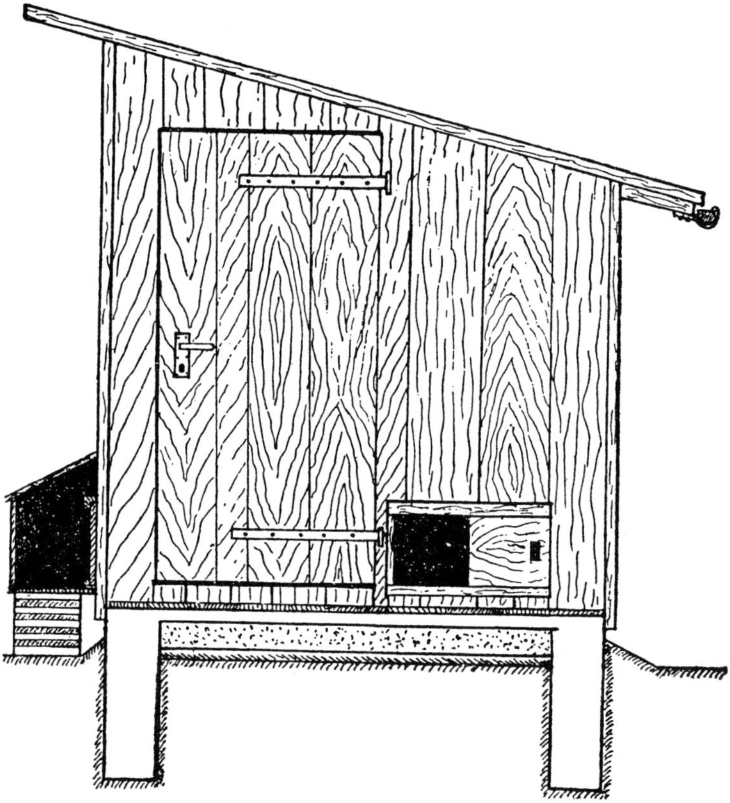

Stirnseitenansicht des Stalles
Schnitt B bis E

eindringen kann. Der Innenraum des Fundamentsockels wird mit etwas Erde (aus dem Graben, in dem der Sockel versenkt ist) und mit Schlacke aufgefüllt. Als Abschluß können Ziegelsteine oder Zementstrich dienen. Darauf sollen möglichst dicht liegend Bretter als herausnehmbarer, warmer, trockener

**Fußboden** zu liegen kommen. Auf diese Weise ist auch die Reinigung einfacher. Keineswegs sind Hühner auf einem Glattstrich aus Zement oder auf Ziegeln, deren Fugen ausgegossen sind, zu halten. Unsere Laufvögel bewegen sich ausschließlich auf der Erde; feuchtkalte Böden sind ihrer Gesundheit jedenfalls wenig zuträglich. Lieber nehme man also die einmalige Ausgabe der Mehrkosten für einen Bretterboden auf sich. Dieser hält, gut imprägniert, eine lange Zeit. – Die

**Verankerung** des Stalles mit dem Fundament erfolgt am besten durch Winkeleisen, die in den Zementsockel eingelassen und mit dem Stallgerüst leicht zu verschrauben sind. Evtl. kann man die Eckpfosten in den Sockel einlassen und eingießen. – Die

**Wände** aus Brettern können mit oder ohne Zwischenraum errichtet werden. Der Zwischenraum sei so breit wie die Balken des Gerüstes; er wird mit Schlacke und Glasscherben, wegen der Mäuse jedoch nie mit Torfmull oder Sägemehl, aufgefüllt. Auch ohne Zwischenraum kann man luftdicht und warm bauen. Man legt über eine Lage Bretter eine Lage Dachpappe und nagelt darauf eine zweite Lage Bretter quer. Auf die Fugen der Außenseite wird eine Deckleiste angenagelt. Man hat darauf zu achten, daß diese Deckleisten nur an einem Brett angenagelt werden, da sie sonst reißen, wenn das Holz arbeitet. Eine solche Wand ist sehr stabil

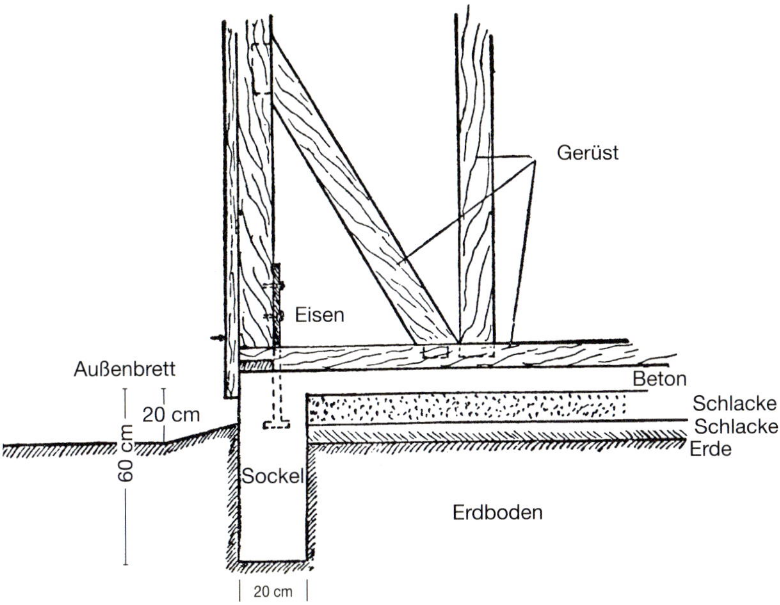


Verankerung von Gerüst und Sockel

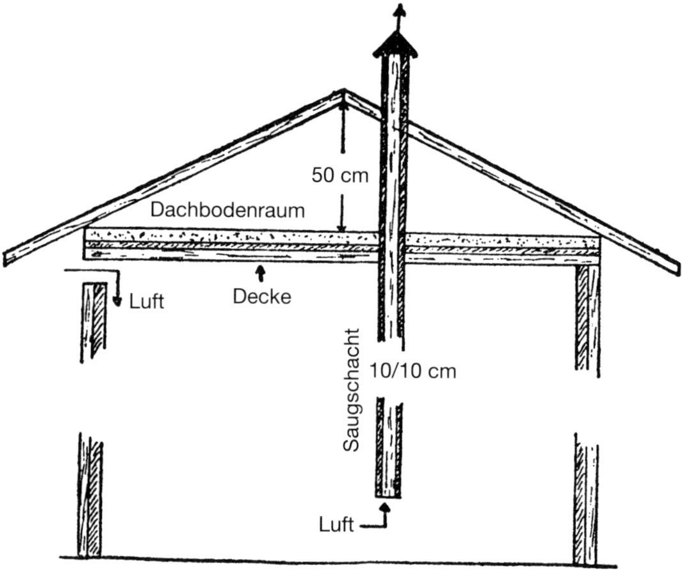


Lüftung mit Saugschacht (beim Satteldach)

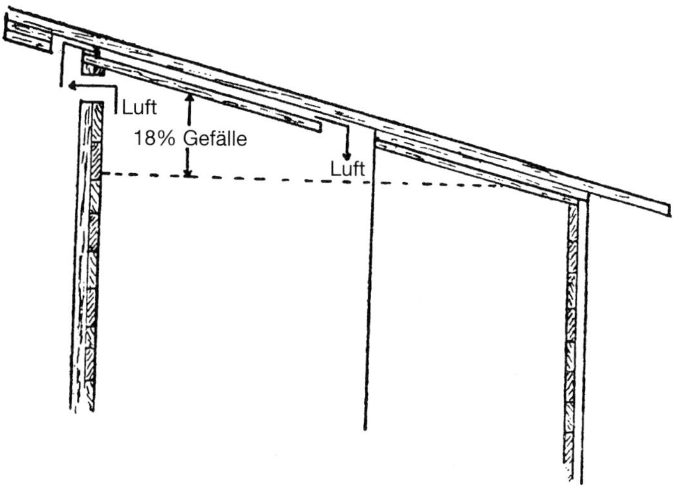


Lüftung beim Pultdach

und bietet Ungeziefer und Mäusen usw. keinen Unterschlupf. Statt der zweiten Schicht Bretter können auch Leichtbauplatten verwendet werden. Die Seite mit den Leichtbauplatten dient als Innenwand des Stalles und ist dünn zu verputzen. Eine Wand aus Leichtbauplatten ist namentlich für die Schlafnische sehr zu empfehlen. Ein Baustoff mit sehr guter Wärmedämmung ist Styropor. Styropor kann

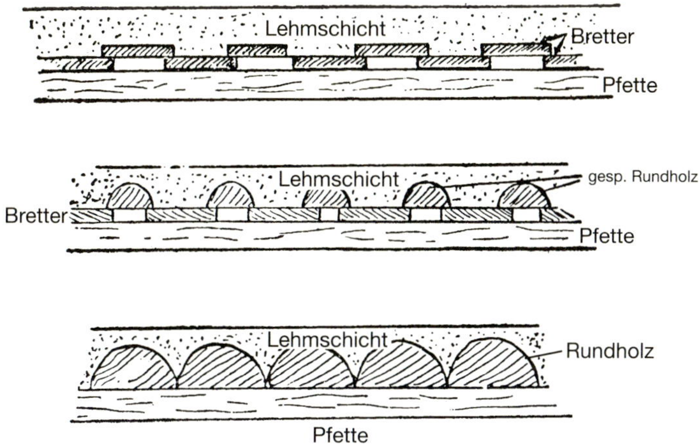


Die Arten der Decke beim Satteldach

zwischen Bretterwand und Preßspanplatten mit oder ohne Schicht aus Dachpappe verarbeitet werden. Baut man mit Ziegeln, Hohlblock-, Gas- oder Schwemmbetonsteinen, evtl. auch mit Platten aus diesen Bausteinen, dann hat sich die Mauerstärke nach den örtlichen Notwendigkeiten und der Lage des Stalles zu richten. – Das

**Dach** passe man dem Ortsbild an. Billig ist ein Pult- oder Schlappdach. Beim Pultdach betrage das Gefälle 18 %. Ein Stall, dessen hintere Wand 1,80 m hoch sein und der eine Tiefe von 3 ma haben soll, benötigt vorne eine Höhe von 2,34 m. Diese Höhe wird wie folgt errechnet: 180 + (3×18) = 180 + 54 = 234 cm = 2,34 m. Wird das Dach mit Dachpappe belegt, dann muß jedenfalls das genannte Gefälle vorhanden sein. Gegebenenfalls kann man die hintere Höhe des Stalles 10 cm niedriger halten; wesentlich ist jedoch, daß man selbst im Stall ohne Behinderung arbeiten kann. Niedrige und kleine Ställe sind in der Regel für jeden Besitzer ein Ärgernis. – Wird von der Baubehörde ein

**Satteldach** verlangt, dann möge man berücksichtigen, daß es wohl teurer, doch im Winter viel wärmer und im Sommer kühler ist. Auch kann unter dem Satteldach ein kleiner Vorratsraum eingerichtet werden. Als Gefälle rechnet man wenigstens 25 cm je laufenden Meter. Bei starkem Schneefall hat man für die Entfernung der Schneelast zu sorgen, denn vom Dach rutschender Schnee kann nicht unerheblichen Schaden verursachen; dies ist namentlich beim Pultdach nötig. Auf dem Satteldach sind u. U. Schneefanggitter anzubringen. – In der Regel sind ferner

**Dachrinnen** und die Ableitung des Regenwassers vorzusehen. – Wer mehr als ein Stämmchen Hühner besitzt, sorge für eine gute

**Lüftung** des Stalles. Sie wird – bei einem Pultdach – am besten zwischen die Dachsparren so eingebaut, daß von außen die Frischluft durch die Zwischendecke in den Stall gelangt und die verbrauchte Luft durch Lüftungsöffnungen über den Fenstern und unter der Decke wieder abziehen kann. (s. Abb. S. 8). Beim Satteldach baut man am zweckmäßigsten einen Luftschacht ein, der die verbrauchte Luft absaugt und Frischluft durch die Öffnungen oberhalb der Fenster wieder eintreten läßt. Auf diese Weise ist die Lüftung bei beiden Dacharten zugfrei und verläßlich zu regeln, da sich die Schieber an den Lüftungsöffnungen beliebig stellen lassen. Alles Weitere ersieht man aus den Skizzen Seite 8. – Es ist empfehlenswert, eine

**Zwischendecke** einzuziehen. Sie wird aus Brettern oder gespaltenen Rundhölzern, evtl. aus beiden zusammen, gefertigt. Als Auflage dient am einfachsten eine Lehmschicht. – Die

**Tür** sei 90 cm breit und mindestens 180 cm hoch. Sie muß gut schließen, soll nach außen aufgehen, damit die Tiere hinter ihr nicht zu Schaden kommen, darf keine Ritzen haben, und sie ist mit zwei Anschlägen zu sichern, damit sie nicht aus den Angeln gehoben werden kann. Auch muß sie an einer Wand festgehakt werden können, oder man setzt einen Anschlagpfosten mit Haken. Dabei kommt die Öse immer an die Tür. Auf diese Weise werden Tür und Angeln am besten geschont. Schließlich dürfen ein Schloß und zwei kleine Riegel, außen angebracht, nicht vergessen werden, um das Werfen der Tür zu verhindern. – Auf die

**Schwelle** der Tür gehört ein 20 bis 30 cm hohes Brett, damit die Einstreu nicht außerhalb des Stalles verstreut wird und kein Bodenzug entsteht; besonders erforderlich ist dies im Kükenstall.

**Fensterflügel** sind so anzubringen, daß sie sich aushängen lassen. Die Größe der durchsichtigen Glasfläche betrage mindestens 1/5 der Stalloberfläche. Doch errichte man keine zu großen Fenster, sonst wird der Stall im Winter zu kalt; als

Maximum hat 1/3 der Bodenfläche zu gelten. Der Fensterrahmen wird von innen mit Drahtgitter bespannt, denn auch die Mäuse sollen ferngehalten werden. Welches Glas man verwendet, ist Ansichtssache. Einfaches Fensterglas genügt dann, wenn die Fenster bei Sonnenschein im Winter reichlich geöffnet werden. Während der übrigen Jahreszeit sind die Tiere bei Sonnenschein ohnehin stets im

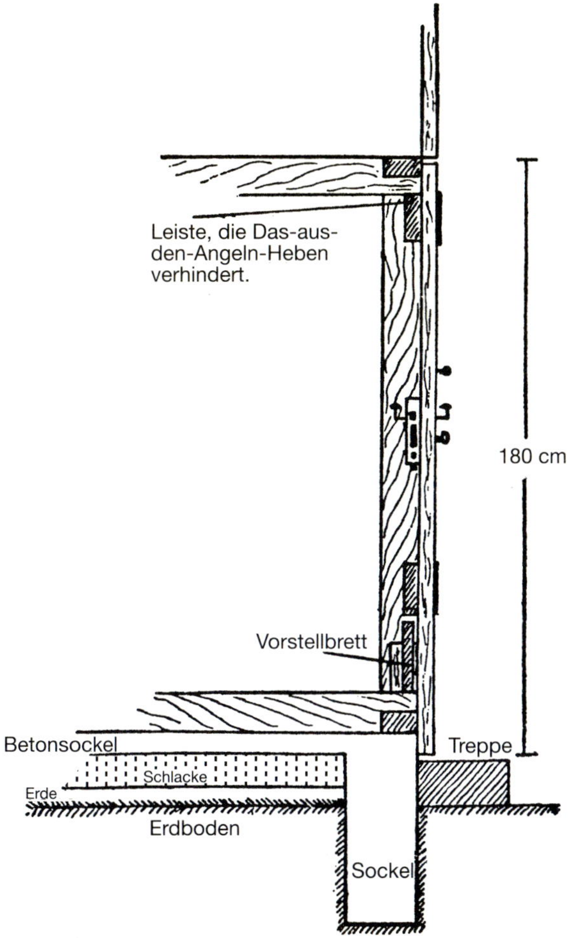


Querschnitt der Tür

Freien. Mehrkosten für das teure, die ultraviolette Strahlung durchlassende Spezialglas sind unnötig, wenn man Markenmischfutter mit Vitaminzusätzen füttert, denn Vitamin $D_3$ hat die gleiche Wirkung wie die Ultraviolettstrahlung der Sonne. Nach Möglichkeit sollte man Doppelfenster vorsehen. Einfache Glasscheiben vereisen schnell und erhöhen die unerwünschte Luftfeuchtigkeit im Stall. –

**Windbretter** müssen, wo erforderlich, vorgesehen werden. – Ein

**Anstrich** ist namentlich bei Verwendung von Holz sehr wesentlich, um gegen die Fäulnis vorzubeugen und die Haltbarkeit des Materials zu verlängern. Will man auf den eintönigen einfarbigen Anstrich verzichten, sehe man nur einen zweifarbigen Anstrich vor. Mehr als zwei Farben wirken unschön und kommen teuer. Am geeignetsten haben sich dunkler Grund und helle Fenster, Schlupftürchen, evtl. auch Deckleisten usw., erwiesen. – Bei Mauerwerk empfiehlt es sich, einen

**Verputz** anzubringen, um die Witterungseinflüsse abzuhalten und die Dauerhaftigkeit des Stalles zu erhöhen. – Die

**Inneneinrichtung** sei einwandfrei, praktisch und billig. Mancher gute Stall wäre ohne Tadel, hätte man von Anfang an das Richtige vorgesehen. – Das

**Schlupfloch** gehört eigentlich noch zur Wand. Weil man dazu aber einen Windschutzkasten benötigt und dieser entweder außen oder innen im Stall anzubringen ist, zählt das Schlupfloch doch zur Einrichtung eines Hühnerstalles. Das Schlupfloch sei 20 cm breit und 30 cm hoch. Als Tür dient ein Schieber seitlich zum Ziehen; sie kann auch, mit Scharnieren versehen, aufklappbar sein oder als Selbstöffner gebaut werden. Sehr beliebt ist der aufziehbare Schlupfschieber. Doch ist davon abzuraten, denn er begünstigt Unglücksfälle und Verletzungen der Tiere, wenn der Öffnungsmechanismus fehlerhaft ist und der Schieber unvorhergesehen niederfällt.

Ebenso abzuraten ist von den sog. Selbstöffnern, die von den Tieren morgens geöffnet werden können. Nur da, wo man vor Raubzeug ganz sicher ist (also nur in den Ausläufen, die auch oben durch Drahtgitter geschlossen sind), sind sie zu verwenden. Doch muß man die Tür bei schlechtem Wetter dennoch fest verschließen. Mittlerweile werden einwandfrei funktionierende elektronische Türöffner im Fachhandel angeboten, die ein Höchstmaß an Sicherheit gewährleisten. – Die Verluste durch Greifvögel pflegen in der Frühe größer zu sein. In solchen Gegenden wird man die Tiere erst später ins Freie lassen. Vor das Schlupfloch ist außen oder innen ein Windschutzkasten anzubringen, der den direkten Zutritt des Windes in den Stall verhindert (s. Abb. S. 5).

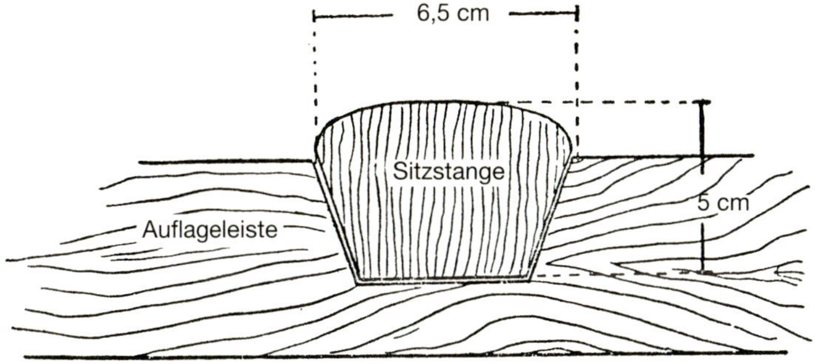

Querschnitt der Sitzstange mit Auflageleiste

**Sitzstangen** sind in einem Abstand von 30 cm in gleicher Höhe hintereinander anzubringen. Der Abstand von der Wand und Vorderkante des Kotbrettes betrage nur 25 cm. Auf den laufenden Meter rechnet man 4 bis 5 Hühner. Form und Maße der Sitzstangen sind aus der Abbildung zu ersehen. Wichtig ist die Verwendung von kernfreiem Holz, das nicht reißen kann und keine Ritzen bildet, die bekanntlich ein beliebter Unterschlupf des Ungeziefers sind. – Das

**Kotbrett** ist höchstens 80 cm über dem Boden und mit einer leichten Neigung nach vorn anzubringen. Die Bretter müssen wegen der leichteren Reinigung fugenlos von vorn nach hinten verlaufen; sie können auch mit Blech, evtl. auch mit Dachpappe belegt werden. Die vordere Kotbrettkante ist mit einem Vorstellbrett zu verschließen, das hochgezogen werden kann und den Hühnern den Zutritt auf das Kotbrett verwehrt. Zwischen den herausnehmbaren Sitzstangen und dem Kotbrett ist ein Rahmen aus weitmaschigem Drahtgeflecht anzubringen, damit der Kot der Tiere gut hindurchfallen kann, die Hühner aber mit ihren Exkrementen nicht in Berührung kommen können. Es verhindert die Verschmutzung ihrer Füße und damit die Übertragung von Krankheiten; auch läßt sich am Morgen die Art der Verdauung leicht erkennen. Sollte einmal die tägliche Reinigung unterbleiben, dann werden die Eier nicht durch verkotete Füße der Hühner verschmutzt. – Die

**Nester** sind möglichst als Fallennester zu bauen, um eine Kontrolle der einzelnen Legeleistungen zu gestatten. Doch sind die Fallennester mindestens alle zwei Stunden durchzusehen. Über diese Zeit muß man verfügen, denn die Legerinnen sollen nie länger als zwei Stunden im Nest eingesperrt sein, sonst leidet die Leistung der Tiere, da sie zu lange ohne Nahrung sind. Auch könnten sie u. U. das Eierfressen lernen. Man rechnet für zwei bis drei Hennen ein Fallennest, bei offe-

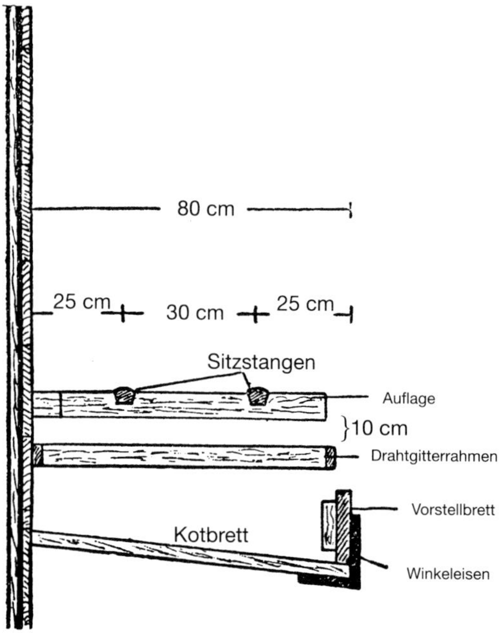


Schnitt durch die Schlafnische

nen Nestern ein Nest für drei bis vier Hennen. Die Nester sollen nach Möglichkeit zerlegbar sein, um eine leichtere und bessere Reinigung zu gestatten. Die Mindestmaße der Nester seien 35 × 35 × 35 cm. Naturgemäß benötigen die schweren und mittelschweren Rassen größere Maße. Wer sich zu Fallennestern entschließt, dem sei der Kauf eines guten Patentes empfohlen. Die käuflichen Ausführungen sind heute derart durchkonstruiert, daß sich selbst eine teure Anschaffung lohnt. Man erspart sich damit Ärger, den nicht oder schlecht zufallende Klappen verursachen. Alle Nester sollen möglichst in einer Ebene stehen und 80 cm über dem Fußboden angebracht sein. Aus diesem Grunde sollten bei Raummangel nicht mehr als zwei Nester übereinander gestellt werden. Bekanntlich werden die höchsten und dunkelsten Nester von den Hühnern bevorzugt. Auf das obere Nest ist ein schräger, aufklappbarer Deckel anzubringen, unter dem man Eier, Werkzeug usw. aufbewahren kann. Dieser Deckel verhindert das Auffliegen der Hühner und das Verschmutzen der oberen Nestbretter. Die gekauften Nester sind oben meist eben. Es ist ratsam, darauf einen schrägen Klappdeckel zu montieren. – Als

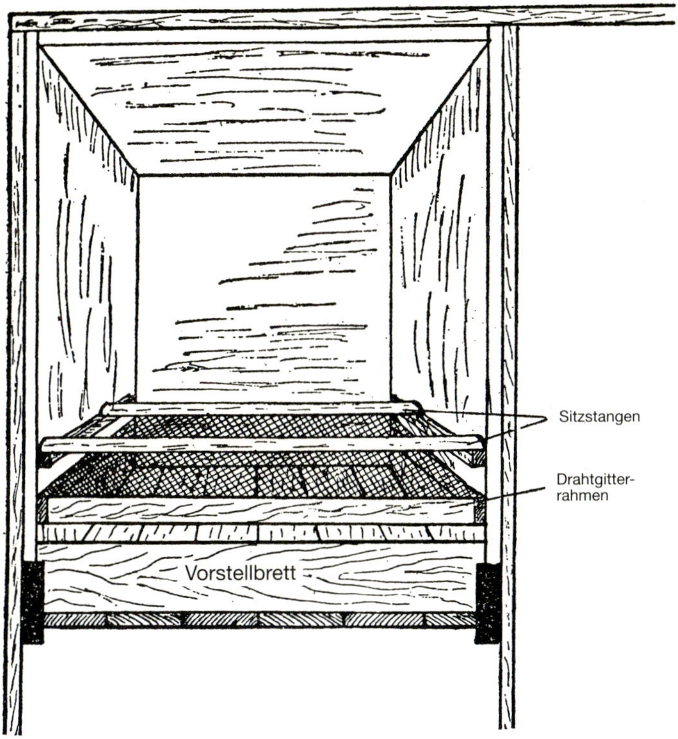


Ansicht der Schlafnische

**Futtertrog** verwende man einen gekauften Schwebetrog, der in entsprechender Höhe aufgehängt wird, oder ein Futterhäuschen mit Freßlöchern und aufziehbarer Futterschublade. Am besten sind Tröge mit einem guten Dach und Freßluken; die Ecken der Schublade seien abgerundet, wodurch ein schnelles und vor allem einwandfreies Reinigen gewährleistet wird. Die Futtertröge seien entweder glasiert, aus Kunststoff oder aus lackgebranntem Blech, evtl. auch aus Reinaluminium. Denn bei der Fütterung von saurer Milch oxydiert verzinktes Blech, und das Futter der Hühner wird giftig. Bei offenen Trögen rechnet man zehn Hennen auf den laufenden Meter, bei Trögen mit Freßlöchern ein Tier je Lücke. Dabei müssen natürlich alle Tiere am Trog gleichzeitig Platz finden. Wer Tröge selbst herstellt, bringe Drehleisten an, und das Aufsitzen der Hühner und das Verschmutzen des Futters unterbleibt (s. Abb. S. 19). – Die

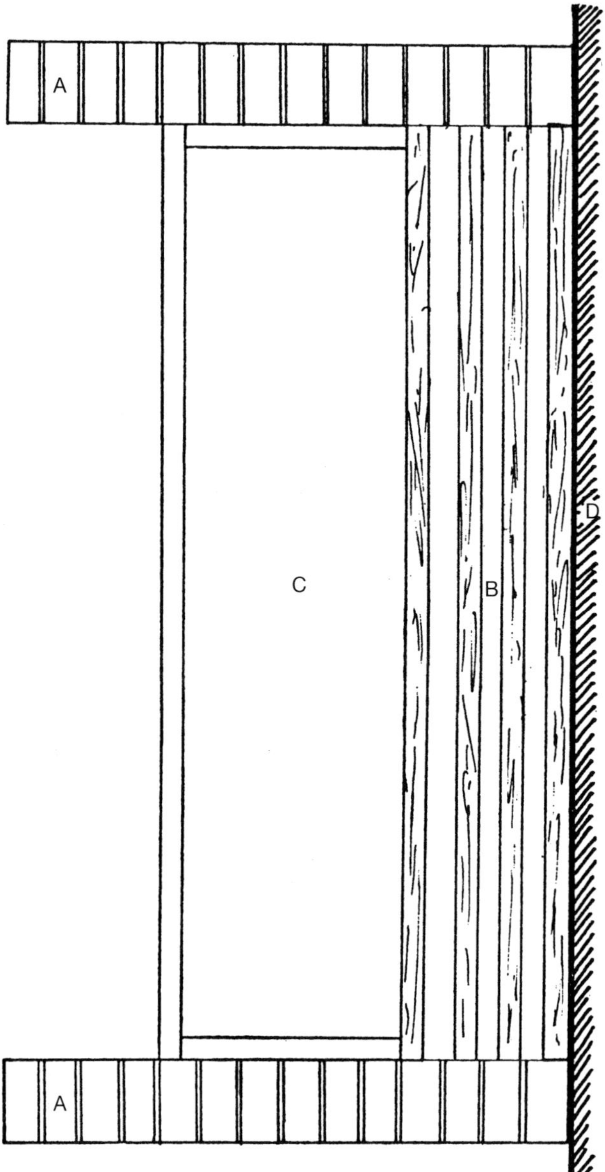


A = Treppen
B = Laufrost
C = Gemeinschaftsnest
D = Stallwand

Grundriß des Gemeinschaftsnestes

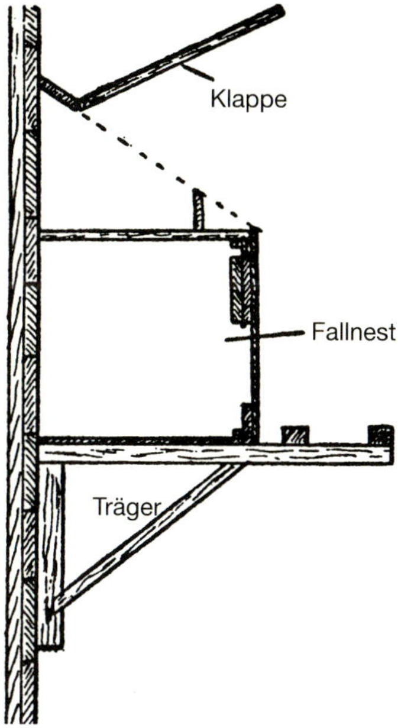


Querschnitt eines gekauften Fallennestes mit selbstgebauter Klappe

**Tränke** wird am besten ebenfalls gekauft. Der sog. Stülptränke aus Kunststoff gebe man den Vorzug. Sie ist aus einem Stück gepreßt und besitzt einen Griff und Bajonettverschluß. Erhältlich sind Vorratstränken mit verschiedenem Inhalt; sie sind nicht so leicht zu verschmutzen. Eine 10-Liter-Tränke reicht für 40 Tiere. – Auf den

**Futtertisch** werden die Tränke und der Futtertrog gestellt. Dadurch kann der Inhalt auch beim Scharren der Hühner in der Einstreu nicht verschmutzt werden. Auch steht den Tieren die ganze Bodenfläche des Stalles zur Verfügung. Ich rate stets zu zwei Futtertischen, und zwar diene der eine für den Futtertrog, der andere für die Tränke. So haben die Tiere mehr Bewegung, und sie können mit dem Schnabel kein Futter in das Wasser schleudern. – Da, wo ein Scharraum nicht zur Verfügung steht, ist ein

**Staubbad** wenigstens im Winter einzurichten. Am besten befinde es sich unter den Fenstern des Stalles, so daß es von der Sonne in seiner vollen Ausdehnung erreicht wird. Ein Staubbad ist aus einem einfachen Bretterrahmen aus 30 cm

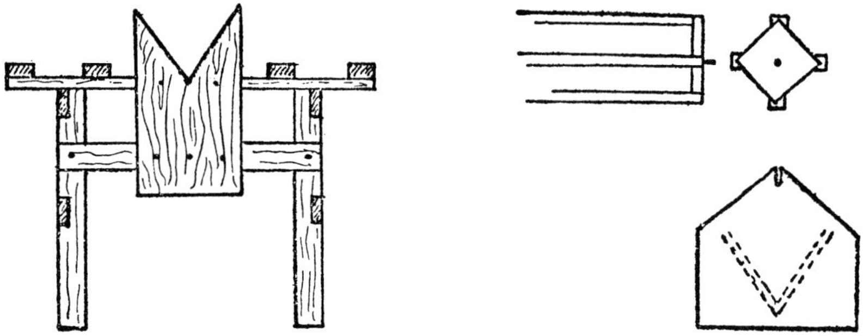

Futtertisch mit Trog (Stirnansicht)

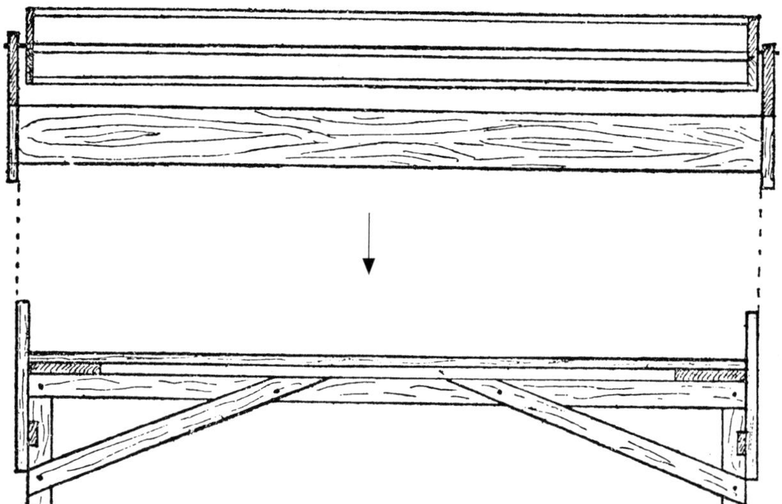

Futtertisch mit Trog (Seitenansicht)

Name

Vorname

Straße

PLZ/Ort

Mit der Rücksendung dieser Karte erkläre ich mich damit einverstanden, daß meine Adresse in die Informationsdatei aufgenommen wird.

Wenn ich keine Informationen mehr wünsche, kann ich jederzeit eine Adreßlöschung verlangen.

Bitte freimachen, falls Briefmarke zur Hand

Antwort / Postkarte

Verlagshaus Reutlingen
Oertel + Spörer
Postfach 16 42

D-72706 Reutlingen

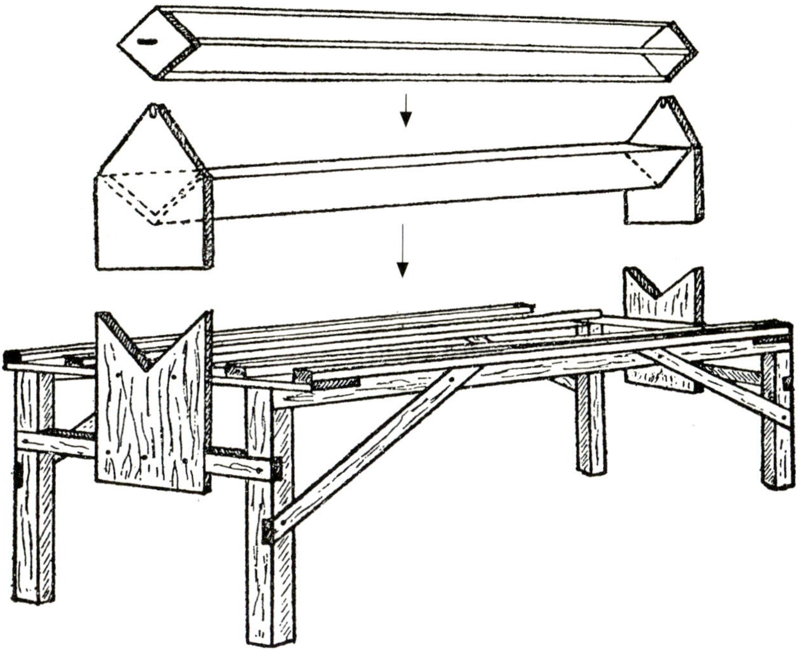

Ansicht des Futtertisches. Selbstgebaut, mit Trog und Drehleisten, die den Anflug verhindern.

breiten Brettern und einer Grundfläche von 60 × 120 cm leicht selbst herzustellen. Ein

**Fensterschrank** sollte nicht vergessen werden, in dem die ausgehängten Fensterflügel den Sommer über aufzubewahren und vor Bruch zu schützen sind. Die geringen Kosten eines Fensterschrankes gleichen die Schäden durch ungünstige Witterungseinflüsse und die Reparatur zerbrochener Fensterscheiben jederzeit aus. Der einzelne Züchter wird je nach seiner Geschicklichkeit den Schrank so einfach und dennoch so zweckmäßig wie möglich selbst basteln. Höhe und Breite des Schrankes richten sich nach der Größe der Fensterflügel. Er wird an der Wand so hoch befestigt, daß die Tiere sich nicht auf die Fensterflügel setzen können. Ob man als Tür des Schrankes einen Vorhang, ein Drahtgeflecht oder Holzfaserplatten verwendet, ist nebensächlich. Manche Züchter verzichten auf einen Schrank; sie bewahren die Fensterflügel auf dem Dachboden des Stalles (bei Satteldach) oder nur auf einem Bordbrett an einer Innenstallwand auf. Den

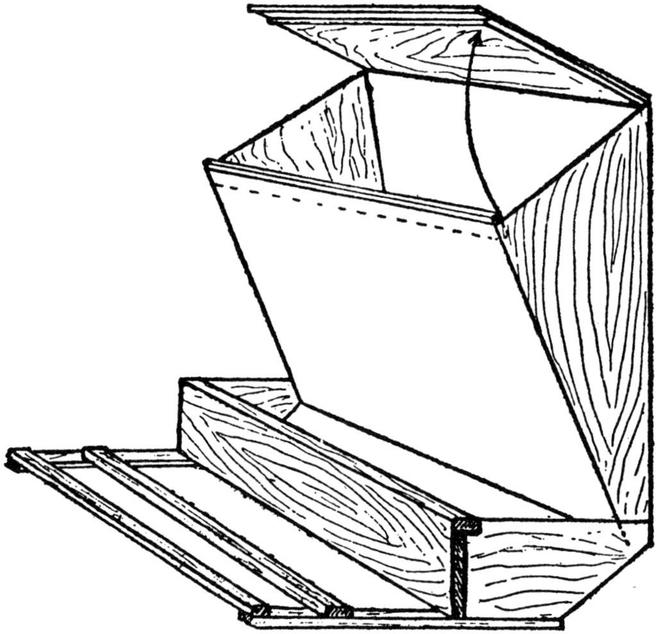

Selbstgebauter Futterautomat. Aus Brettern selbstgebaut; Vorder- und Hinterwand aus Sperrholz oder Blech.

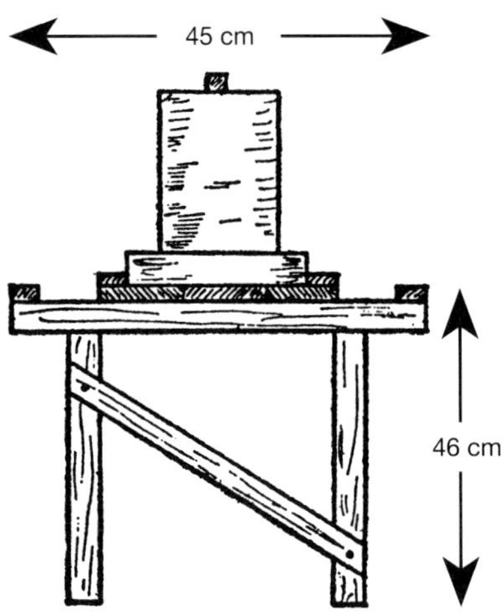


Tisch für die Tränke

1 Australorps, schwarz

2 Cubalaya, wildfarbig/zimtfarbig

3 Deutsche Lachshühner, lachsfarbig

4 Friesenhühner, gelb-weißgeflockt

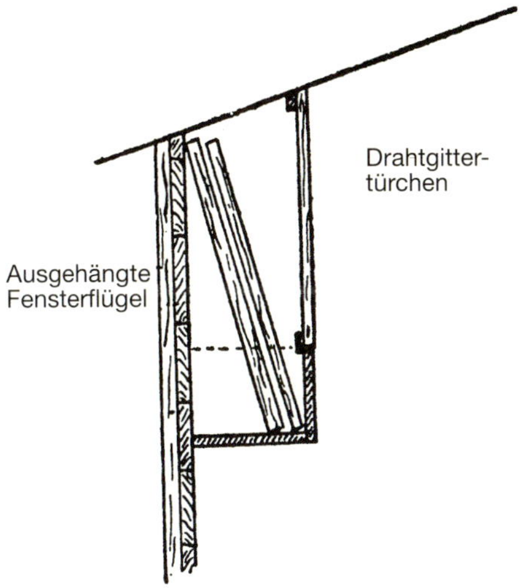


Schnitt des Fensterschrankes

Fensterschrank an einer äußeren Stallwand anzubringen, wäre unklug, weil er meist viel zu teuer ist und die Fensterflügel nicht genügend vor Unwetter schützt. Auch würde die Linienführung des Baues gestört. – Ein

**Klappsitz** sollte in keinem Stall fehlen. Auf den ersten Blick scheint er zwar überflüssig zu sein. Wer seine Tiere aber im Stall beobachten will, macht dies bequemer im Sitzen. Wir sind ja keine Geflügelfarmer, die für ihre Tiere keine Zeit haben; vielmehr lassen wir uns die Zucht und Pflege unserer Tiere mit Liebe und Verständnis angelegen sein, denn wir kennen jedes einzelne unserer Tiere genau. Ein einfacher Klappsitz ist billig, braucht kaum Platz, und man schont die Kleider, wenn an die Wand hinter dem Klappsitz ein Stückchen Wachstuch oder eine Tapete angebracht wird. – Ebenso gehört eine

**elektrische Beleuchtung** in den Stall, die ohnehin meist in unmittelbarer Nähe an das Stromnetz angeschlossen werden kann. Deshalb bringe man bereits beim Bau eine Steckdose auch für eine

**Stallheizung** an. Elektrisches Licht im Stall ist ein großer Vorteil, nicht nur zur Beleuchtung des Stalles während der kurzen Tage des Jahres. Man ist öfters gezwungen, auch bei Dunkelheit nach seinen Tieren zu sehen. Wer schon häufig mit einer Taschenlampe hantieren mußte, wird den Wert von elektrischem Licht

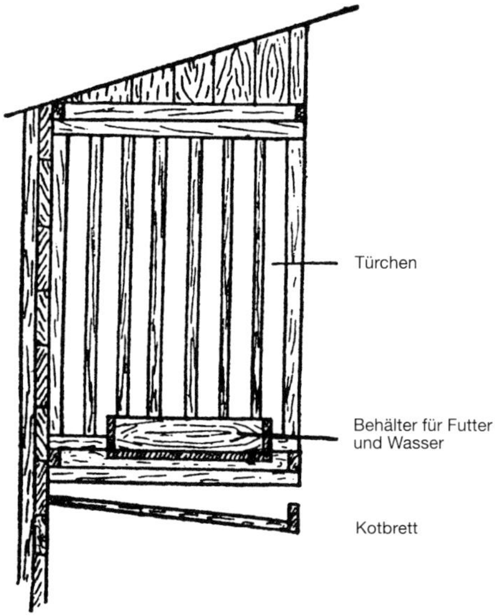


Vorderansicht des Brutentwöhnungskäfigs

gerne bestätigen. Petroleum-, Kerzen- und offenes Licht gehören keineswegs in einen Stall, da sie feuergefährlich sind; auch verbrauchen brennende Lampen Sauerstoff und verschlechtern die Luft zusätzlich. Ohnehin hat das Huhn einen sehr hohen Sauerstoffverbrauch. – Einen

**Futterautomaten** zur Trockenmehlfütterung sollte man nach der Abbildung Seite 20 am besten selbst anfertigen und ihn im Scharraum anbringen. Nur wo kein Scharraum vorhanden ist, wird er auch noch im Stall untergebracht. – In kleinerem Maßstab, sonst aber gleich, baut man auch den

**Gritfütterer,** aus dem den Tieren Grit, Muschelschalen, Holzkohle und grober Flußsand gereicht wird. Auch der Gritfütterer wird im Stall oder im Scharraum befestigt. – Außerdem kann man im Scharraum einen kleinen Drahtgitterkäfig mit Kotbrett als

**Brutentwöhnungskäfig** mit eigenem Futter- und Trinkgefäß einrichten (s. Zeichnung des Stallplanes S. 2). Der Entwöhnungskäfig dient im Bedarfsfall auch als Behandlungsraum für „Patienten“ ohne ansteckende Krankheit.

## Der Auslauf

Der Auslauf soll den Tieren Bewegung und den ungestörten Aufenthalt in frischer Luft und Sonne ermöglichen, ferner Grünfutter, Kerbtiere, Würmer usw. als kostenlose Zusatznahrung bieten. Man unterscheidet vier Auslaufarten je nach ihrer Größe: den Sandauslauf, den kleinen, den begrenzten und den unbegrenzten Freiauslauf. Jede Art verlangt ihre eigene Betriebsweise und eine andere Einteilung und Pflege. – Meist ist der

**Sandauslauf** so klein, daß er wie ein Hundezwinger wirkt. Daher ist auf Gräser zu verzichten. Man bringt Flußsand in einer Höhe von mindestens 20 cm auf eine Kies-, Schotter- oder Schlackenunterlage auf. Es ist sehr zu empfehlen, einen solchen Auslauf mit Drahtgeflecht abzudecken oder sogar völlig zu überdachen, besonders bei der Haltung von Haubenhühnern und Ziergeflügel. Seine Pflege wird im Kapitel „Die Pflege“ beschrieben. – Der ungünstigste ist der

**kleine Auslauf.** Als Mindestmaß gelten 10 m² je Tier. Er ist möglichst in drei gleich große Abteile zu unterteilen. Weil der Auslauf von den Tieren ständig kahlgefressen wird und der Graswuchs der fortgesetzten Beanspruchung nicht gewachsen ist, hat der Züchter für einen gepflegten Auslauf zu sorgen. Er wird einen Teil einsäen, einen anderen wachsen lassen und den dritten den Tieren zum Abweiden überlassen. Vor der Einsaat wird der Boden umgegraben und gedüngt. Es kann verrotteter Stalldung oder guter Kompost, ferner eine Handelsdüngermischung wie Nitrophoska oder Kalk, Phosphor und Kali einzeln gegeben werden. Die benötigten Mengen richten sich nach der Bodenqualität; sie können in jeder Samenhandlung erfragt werden. Als Saatgut nehme man ein Gemisch aus Hafer, Gerste und englischem Raygras zu gleichen Teilen und säe es recht dicht aus. Leicht untergeharkt und feucht gehalten, wird die Grünsaat bald zum Vorschein kommen. Schon nach kurzer Zeit können die Tiere für kurze Zeit zum Abweiden in den Auslauf gelassen werden, damit die Grasnarbe gut anwächst. Erst wenn das erste Abteil des Auslaufs kahl gefressen ist, wird das zweite benutzt und das erste wieder frisch eingesät. So schließt sich der Kreislauf, und alle Abteile kommen an die Reihe. Auf diese Weise kann man seinen Tieren einen brauchbaren Auslauf zur Verfügung stellen; sie werden den Züchter durch eine bessere Leistung und Gesundheit für seine Mühe voll entschädigen. – Der

**große Auslauf** hat eine Bodenfläche von mehr als 10 m² je Tier; er nähert sich dem angestrebten Ideal von 20 m² je Huhn oder überschreitet es. Auch hier ist eine Unterteilung in wenigstens zwei Abteile zu empfehlen, jedoch nicht unbedingt nötig, denn wo 20 m² Grünfläche je Tier zur Verfügung stehen, wird der

Wuchs in der Regel stärker sein als die Beanspruchung. Doch ist die richtige Pflege, Düngung und Zusammensetzung der Grasarten zu beachten. Es ist ein großer Irrtum, anzunehmen, der Kot der Hühner genüge als Dung des Auslaufes. Benötigt wird eine geschlossene Grasnarbe mit frohem Wachstum. Je nach Lage, Bodenqualität und Wetter hat man den Wuchs durch Abmähen oder Abweiden entweder kurz zu halten oder mit Hilfe von Bewässerung, Düngung oder Neusaat nach den unten beschriebenen Maßnahmen, die allgemein für alle Bodenarten gelten, zu fördern.

**Neusaat** ist nötig, wenn die Grasnarbe schon viele Kahlstellen aufweist oder wenn der Graswuchs mit Unkraut und harten Gräsern, die dem Huhn keine Nahrung bieten, zu stark durchsetzt ist. An Saatgut brauchen wir pro Ar (= 100 $m^2$) 450 bis 500 g. Empfehlenswert ist folgende Mischung: 150 g Weißklee und je 100 g Rispengras, deutsches Weidelgras und Rotschwingel. Der Samen wird möglichst gleichmäßig gestreut und in den gut hergerichteten Boden leicht untergeharkt. Den eingesäten Boden mit Brettchen festzuklopfen oder mit angeschnallten Tretbrettern festzutreten und gut feucht zu halten, ist wichtig. Man sät zuerst den schlechteren Teil des Auslaufs ein; wenn der Wuchs es erlaubt, läßt man die Hühner darauf. Man kann dann an die Bepflanzung des zweiten Teiles gehen.

**Kahlstellen** im Auslauf bereiten dem Züchter die meisten Sorgen. Sie sind bereits beim Entstehen zu bekämpfen. Zuerst sind die Ursachen zu beseitigen, um ihre weitere Verbreitung zu unterbinden. Maulwurfhaufen sind abzutragen, Wühlmäuse im Boden werden am besten gefangen. Maulwürfe kann man auch mit modernen Ultraschallgeräten vertreiben. Dennoch können im Auslauf immer noch mehrere Hügel aufgeworfen werden, wenn der Maulwurf abwandert. Küken- oder Gluckenhäuschen, Tränken, Futtertröge, Staubbad oder sonstige Gegenstände, die längere Zeit auf der Grasnarbe stehen, töten den Wuchs ab und verursachen Kahlstellen. Vor dem Schlupfloch und meist an der Vorderseite des Stalles bilden sich gleichfalls häufig Kahlstellen. Hier hebt man am besten den Boden etwas aus, füllt feinen oder groben Sand (am besten ist billiger Flußsand) ein und kann, sofern die Verkotung erneut stark auftritt, frischen Sand nachstreuen. Die ständig begangenen Wege sollte man mit Stein- oder Zementplatten belegen, um so Kahlstellen zu vermeiden. Auch werden dadurch die Schuhe besser geschont. Kahlstellen kann man mit der genannten Grasmischung oder mit Weißklee allein einsäen, dem man zur besseren Schonung etwas Hafer beimischt. Auf die eingesäte Stelle legt man ein Stück Drahtgeflecht, ein altes Sieb oder eine alte Drahtgittertür usw., damit die Hühner die eingesäte Stelle nicht ausscharren. Auf diese Weise kann man leicht eine geschlossene Grasnarbe erhalten und die teure Neuanpflanzung auf Jahre hinaus vermeiden. – Die

**Düngung** des Auslaufs hat regelmäßig zu erfolgen. Man unterscheidet eine Herbst- und eine Frühjahrsdüngung. Solange der Boden gefroren ist, soll Dung nicht aufgetragen werden. Ist die Grasnarbe gemäht oder im Sommer kurz abgeweidet und kündigt sich Regen an, dann kann Nitrophoska gestreut werden. Man nehme nur Nitrophoska blau mit Spurenelementen. Allerdings sind die Hühner einzusperren, bis der Dünger sich aufgelöst hat und in den Boden eingeschwemmt worden ist. Nitrophoska verursacht tödliche Vergiftungen; seine handelsübliche Körnung sagt leider den Hühnern in besonderem Maße zu. Giftig sind auch andere Handelsdünger wie Kali usw. – Zur

**Herbstdüngung** verwende man Thomasmehl, das hohen Wuchs und eine gute Entwicklung des Bodengrases gewährleistet. Es empfiehlt sich, alle drei Jahre eine Kalkdüngung vorzusehen. Als Norm gelten 12 bis 14 kg Kalk je Ar. Diese Düngung verbessert die Qualität des Bodens und fördert das Wachstum der Pflanzen, weil die Nährstoffe des Bodens den Pflanzen nur mit Hilfe des Kalks erschlossen werden. Eine Schicht Naturdünger (verrotteter Stallmist oder Kompost), im Spätherbst aufgetragen, schützt die Grasnarbe vor Auswinterung, verbessert wesentlich den Humusgehalt des Auslaufs und erschließt den Gräsern beste Nährwerte.

**Frühjahrsdüngung** mit Nitrophoska, evtl. auch mit Kalkstickstoff, Kompost, Stallmist oder Jauche wird sehr früh nur bei regnerischem Wetter vorgenommen. Durch die Naturdüngung erzielt man eine gute und zarte Weide. – Als beste

**Düngungsfolge** hat sich folgende Methode erwiesen: 1. Jahr Kalk, 2. Jahr Naturdung, 3. Jahr Nitrophoska-Gabe. Wo schütterer Halmbestand vorhanden ist, gibt man im Herbst Thomasmehl und im folgenden Frühjahr Stallmist, Jauche oder Kompost. – Der

**Auslauf-Anbau** mit Kartoffeln, Möhren und Hafer ist nur dann sinnvoll, wenn Unkräuter anders nicht zu entfernen sind. Dazu wird man das Land im Herbst umpflügen, damit die Erdschollen im Winter gut durchfrieren. Größere Kahl- und Unkrautstellen können mit Möhren bepflanzt und nach der Ernte wieder gut eingesät werden. Durch die nötige Hackarbeit geht das Unkraut meist zugrunde. – Über den

**unbegrenzten Auslauf** ist nicht viel zu sagen, weil seine Beschaffenheit zu verschieden ist und er in der Regel von den Hühnern nicht allein benützt wird, sind doch Hofplätze, Wiesen, Weiden, Ackerland, Obst- und Beerenanlagen, Wälder und Brachland im Grunde unbegrenzter Auslauf, und kein Zaun hindert die Tiere bei der Suche und Verfolgung von Insekten. Wohl können die Tierverluste durch Verlaufen, Diebstahl, Beutegreifer, Unglücksfälle usw. etwas größer sein;

doch dürfte das kostenlose und meist wertvolle Futter, das die Tiere finden, evtl. entstandenen Schaden mehrfach aufwiegen. Im freien Auslauf werden die Tiere ihre natürlichen Eigenschaften und Fähigkeiten am besten nützen, und die Auslese, die der Züchter aus falschem Mitleid oft nicht rigoros genug durchführt, wird nebenbei unterstützt. Besonderer Pflege bedarf der unbeschränkte Auslauf nicht, weil alle Flächen ohnehin schon irgendeinem Zweck dienen und nicht einseitig genutzt werden. – Das

**Abmähen** der Gräser in den großen und unbegrenzten Ausläufen ist immer wieder nötig, weil die Hühner am liebsten nur die kürzeren Halme fressen und weil der Vorgang der Verholzung das Grünfutter gehaltlos macht. Das Gras sollte man möglichst am Abend mähen. Wohl schneiden Sense oder Grasmäher abends nicht so gut wie taufrisches Gras am Morgen, doch ist das Grünfutter oder das Heu gehaltreicher, wenn es am Ende des Tages nach der Einwirkung der Sonnenstrahlung eingebracht wird. Sein gemähtes Gut wird ja wohl jeder selbst verfüttern oder anderen zur Verfütterung überlassen. – Das

**Abweiden** der Ausläufe ist ein anderes Mittel, um die Grasnarbe kurz zu halten. Weiden auf dem gleichen Grundstück auch Wiederkäuer oder Einhufer, dann hat man die Bäume, mit denen die meisten der Ausläufe bestanden sind, ferner Fenster, Türen und Schlupflöcher vor Beschädigung zu schützen. Bei Großvieh eignen sich am besten billige Holzstangen, wie sie auf den Viehkoppeln verwendet werden. Man errichtet damit in etwa 3 m Entfernung vom Stall einen Schutzzaun und schützt die Baumstämme durch drei- oder viereckige Einfriedungen, so daß die Tiere von den unteren Ästen nicht fressen können. Weiden Ziegen und Schafe, dann genügt ein stärkerer Drahtgeflechtzaun in entsprechender Entfernung und in einem Abstand von 20 cm vom Boden (damit die Hühner noch unten durchschlüpfen können). Besorgen das Abweiden verschiedene Tiere, so lasse man die Allesfresser als letzte auf die Fläche, also Hühner, Ziegen, Milch- und andere Schafe zuletzt. Die letzten können ebensogut auch Gänse sein. Nie lasse man zu viele Tiere auf einmal auf die Weide. Wenn die ganze Grasnarbe abgeweidet wurde, bleiben öfters noch einige Grünstellen stehen, weil deren Gräser den Tieren nicht zusagen. Man versäume nie, diese Stellen abzumähen und möglichst bald auszustechen. Dann werden sie so bald wie möglich mit Weißklee eingesät und mit einem Drahtgeflecht abgedeckt. Eine derart gepflegte Grünfläche wird ihren Zweck stets erfüllen und ihrem Besitzer den erhofften Ertrag gewährleisten.

## Der Kauf der Hühner

Nachdem für eine gute Unterbringung und Fütterung gesorgt ist, kann an die Beschaffung der Hühner gedacht werden. In der Regel werden Tiere, die für den Zuchtstamm vorgesehen sind, den Eierbedarf des eigenen Haushalts allein nicht decken, weil ein Zuchtstamm zahlenmäßig meist zu klein ist. Ebenso werden die Züchter von Ziergeflügel nebenher noch einige gute Legerinnen halten müssen. Immer aber kaufe man seine Tiere bei den Züchtern selbst und nicht bei irgendwelchen Händlern. Die vorgesehenen Tiere kann man auf dem Wege über die Bruteier als Eintagsküken, Jungtiere oder als ausgewachsene Hühner beschaffen. – Der Bezug von

**Bruteiern** ist meist der billigste Weg; wenigstens scheint er es zu sein. Der zahlenmäßige Erfolg wird nur bei ganz einwandfreien Bruteiern und guter Brut zufriedenstellen. Ob aber der Anteil der Geschlechter unseren Wünschen entspricht, ist meist eine andere Frage. Wohl sind bei Bruteiern Art, Größe und Farbe zu erkennen; auch ist der Befruchtungsprozentsatz eindeutig bekannt. Die Tierchen wachsen bei uns auf, und wir sind in der Lage, Entwicklung, Art der Gefiederbildung usw. zu beobachten. Jedenfalls läßt sich das Schlupfdatum genau feststellen. Auch sind wir in der Lage, das Wachstum durch besonders günstige Aufzuchtverhältnisse (Umweltbedingungen) zu fördern. Der Kauf von Bruteiern ist oft Glücksache, weil etwa nur 50% der Küken Hennen werden. Da wir nur eine kleinere Anzahl von Küken benötigen, kann das Geschlechtsverhältnis nicht selten in hohem Maße enttäuschen. Überhaupt kann der ganze Schlupf durch einen Brutfehler gänzlich in Frage gestellt werden. Der Kauf von

**Eintagsküken** ist deshalb schon ein sicherer Weg. Die Anzahl der lebenden Küken ist jedenfalls gewiß, doch ist auch hier eine sorgfältige Aufzucht Bedingung. In durchgezüchteten Stämmen ist das Geschlecht der Tiere bei einigen Rassen schon beim Eintagsküken festzustellen. Der Preis der Küken ist meist etwas höher, doch läßt der Transport in der Regel weniger Verluste erwarten als der Versand von Bruteiern.

**Jungtiere** zu kaufen ist wohl am teuersten, doch kann man sich die Tierchen meist selbst aussuchen oder zur Ansicht schicken lassen. Allerdings ist die Entwicklung und die Größe der Bruteier an den Jungtieren nicht zu beobachten. Wir haben darauf ein ganzes Jahr zu warten. – Entschließt man sich für den Kauf von

**Alttieren,** dann lasse man sich auch diese zur Ansicht senden. Daß der Kauf um so mehr zufriedenstellt, je genauer man den Züchter oder Besitzer der Tiere kennt, liegt auf der Hand. Kann man noch vor dem Kauf die Nachzucht dieser

Hühner sehen, dann ist der Preis leicht zu fixieren. Man lasse sich jedoch die Zuchttauglichkeit der Elterntiere schriftlich garantieren. Ausstellungserfolge allein sind nie ein sicherer Garant für die Güte von Zuchttieren, weil man die jeweilige Konkurrenz der betreffenden Klasse hinterher nie feststellen kann. Auch sind hochbewertete Tiere zahlreicher Rassen meist schon zu hell geworden, d. h., sie besitzen zu wenig Farbstoff, um einwandfreie Nachzucht erwarten zu lassen. Das bedeutet aber, sie eignen sich als Zuchttiere nur noch bedingt, da sie nur zur Verbesserung der Form des eigenen Stammes geeignet sind. Auch bedenke man, daß man mit einem alten Zuchttier kaum noch Linienzucht betreiben kann; es trägt nur noch zu einer kurzen Auffrischung bei. Besondere Leistungen sind von einem solchen Tier nicht mehr zu erwarten. Deshalb muß der Preis dem zu erwartenden Nutzen entsprechen. Zu warnen ist vor sog. „Ausstellungstanten", d. s. Hühner mit hoher Bewertung und geringer Leistung. Wer das Pech hat, ein solches Tier zu bekommen, kann eine jahrelange Arbeit der Leistungssteigerung mit einem Schlage zunichte machen.

**Zusammenfassend** sei betont: Man beschaffe sich zur Blutauffrischung oder Neuanschaffung nur Junghennen, denn man kann dann die Legeleistung selbst kontrollieren. Enttäuscht das eine oder andere Huhn bei der Zucht, dann braucht man Nachzucht von diesen Hühnern nicht aufzuziehen. Stets halte man sich vor Augen, daß es in jedem Farbenschlag Hühner mit guter und schlechter Leistung gibt und daß nicht alle Rassen auf Leistung gezüchtet sind. Die einen Züchter suchen ihren Weg zur Leistung über die Schönheit, die anderen den zur Schönheit über die Leistung. Leistung ist in einem Stamm nicht so schnell konstant zu züchten. Auch wird niemand erwarten, daß alle unsere Hühner gleich tadellos sind. Wer länger züchtet und mit offenen Augen durch unsere Schauen geht, der wird bald feststellen, daß es, wie in der gesamten Tierzucht, so auch in der Geflügelzucht, ein vollkommenes Tier nicht gibt. Viele Generationen von Züchtern haben schon ihr Bestes an die Erzüchtung von Idealtieren gegeben, und auch wir werden unsere Rasse nur ein Stück vervollkommnen können. Das endgültige Ziel werden vielleicht erst unsere Erben erreichen. Wohl können wir Spitzenleistungen vollbringen, doch wird immer noch etwas zu verbessern übrig bleiben. Die Zeit bringt neue Könner auf den Plan. Unsere Aufgabe ist und bleibt es, das von unseren Vätern übernommene Erbe zu erhalten und nach Kräften zu vollenden suchen und unverfälscht an die kommenden Generationen weiterzugeben.

# Die Brut

Das Küken entwickelt sich im Brutei durch die Wärme. Die notwendige Wärme wird durch die Glucke oder mit Hilfe der vom Menschen gebauten Brutkästen erzeugt. Man unterscheidet daher die natürliche und künstliche Brut. Die natürliche Brut ist ein von der Natur gewollter und den eierlegenden Vögeln artspezifischer Vorgang; die künstliche Brut hat der Mensch der Natur abgeschaut und wird zum Zwecke der Massenerzeugung für seinen größeren Bedarf nachvollzogen. Die künstliche Brut ist den Menschen lange bekannt, hatten doch schon die Ägypter und Chinesen vor 4000 Jahren mit eigens dafür erbauten Öfen, die so groß waren, daß selbst Menschen darin sich bewegen und arbeiten konnten, mit Erfolg künstlich erbrütet. Auch der Brutofen wurde in die technische Entwicklung mit einbezogen, und heute verfügen wir über eine beachtliche Anzahl von Brutmaschinenfabriken, die nahezu vollkommene Brutapparate auf den Markt bringen. Die serienweise Herstellung fördert und die große Konkurrenz erzwingt die Herstellung leistungsfähiger, zuverlässiger und preisgünstiger Apparate. Der Selbstbau ist daher heute nicht mehr zu empfehlen. – Die

**Naturbrut** ist, wie erwähnt, naturgewollt; auf die Erkenntnisse aus der Naturbrut gründet sich die künstliche Brut selbst bis in lächerlich anmutende Details. Es gilt daher, sich zuerst der Naturbrut zuzuwenden. Zur Naturbrut benötigt man ein Nest und eine gute

**Brüterin** (Glucke). Als Glucke eignet sich eine brütende Henne in der Regel der auszubrütenden Vogelart und Rasse. Ob freilich eine Henne drei bis vier Wochen lang sitzen bleiben wird, ist leider nicht eindeutig vorauszusehen. Auch ein bewährtes mehrjähriges Tier versagt gelegentlich, denn auch eine Glucke ist nur ein Lebewesen, das auf Umwelteinflüsse, auf körperliche Verfassung usw. reagiert und sich entsprechend verhält. Doch gibt es einige

**Kennzeichen der Brutlust,** die häufige Mißgriffe ersparen helfen. Zunächst ist zu beobachten, daß das Bruttier sein Nest nicht mehr verläßt und die untergelegten Eier wärmt. Es wird nach der meist nur einmaligen Futteraufnahme stets das gleiche Nest aufsuchen und sitzenbleiben, auch wenn sich jemand nähert. Es sträubt das Gefieder, breitet die Flügel aus und versucht zu beißen, doch wird es nur in Ausnahmefällen sein Nest verlassen. Brütende Glucken legen nicht mehr, haben einen blassen Kamm, ihr Ruf ist glucksend (daher der Name), die Kotablage von teils weißer Farbe (Durchfall darf eine Glucke nicht haben) erfolgt nur einmal täglich und ist daher ergiebiger, die Futteraufnahme ist eingeschränkt, die Henne flieht vor dem Hahn, hat weniger Federn auf dem Bauch und zeigt die bekannten Brutflecken: Die Haut ist auf der Bauchseite gerötet, ohne Federn, rauh, trocken und erscheint schuppig. Die Bruthenne sollte einer Rasse angehören, bei der die Brutlust typisch ist.

**Pflege und Fütterung** der Glucke unterscheiden sich von denen legender Hühner. Zunächst hat man das Tier an sein neues Brutnest zu gewöhnen. Man setzt es anfangs nur auf etwas angewärmte Gips- oder Porzellaneier. Die Glucke wird vom Züchter von ihrem Nest täglich zur gleichen Zeit abgehoben und zur Futteraufnahme und zum Koten in ein besonderes Abteil gesetzt. Um die Kräfte des Tieres zu schonen, sollte es, solange es nur auf Nesteiern sitzt, ruhig 15 bis 20 Minuten vom Brutgeschäft befreit werden. Als

**Futter** reicht man nur ganze Gerstenkörner, Grit und erwas Maiskörner (kein Weichfutter!). Dieses Futter erzeugt Wärme und verhindert Durchfall. Zum Trinken wird frisches Wasser gegeben. Bei Frühbruten sei es etwas überschlagen. Ein kleines Staubbad sollte nicht fehlen. Nie dürfen Futter und Wasser so aufgestellt sein, daß die Glucke sie vom Nest aus erreichen kann. Eine Hühnerglucke erhält kein Grünfutter. Dagegen ist vor der Brut das

**Einstäuben** des Gefieders mit gutem Insektenpulver unbedingt nötig. In der vorhandenen Wärme und bei der Ruhe der Glucke würden sich selbst einige wenige Schmarotzer schnell vermehren und die Brut in Frage stellen (deshalb auch das Staubbad). Wenn die Glucke gut gefressen und sich entleert hat, wird sie von der gleichen Person auf das Brutnest zurückgebracht und erst nach 24 Stunden wieder abgehoben. Hat sich nun das Bruttier auf das Brutgeschäft willig und richtig eingestellt, dann legt man ihm die eigentlichen Bruteier unter. Bei Hühner- und Zwerghuhneiern ist der Schlupf drei Wochen später zu erwarten, und zwar am gleichen Wochentag, an dem die Eier untergelegt worden waren. – Die

**Brutdauer** beträgt bei Hühnern und Zwerghühnern 20 bis 21 Tage, bei Fasanen 20 bis 24 Tage, bei Perlhühnern 26 bis 28 Tage, bei Truthühnern 28 bis 30 Tage, bei Pfauen 29 bis 33 Tage und bei Schwänen 35 bis 37 Tage. Die älteren oder auch kühler liegenden Eier schlüpfen etwas später. Deshalb ist die Brutdauer immer etwas verschieden und schwankt zwischen einem und mehreren Tagen. Die

**Anzahl der Bruteier,** die man einer Brüterin unterlegen kann, richtet sich nach der Größe des Tieres und der Bruteier. Wenn man ein Tier gesetzt und die Bruteier untergelegt hat, dann darf keine Eierschale mehr zu sehen sein. Das Huhn soll die Eier vollständig bedecken. Bei Frühbruten, wenn man also bei kälterem Wetter brütet, lege man zwei Eier weniger unter, als normalerweise gut bedeckt werden. Es wäre falsch, anzunehmen, die Henne würde die Eier ja doch ständig verlagern und die kühleren kämen ohnehin immer wieder in die Mitte. Der emp-

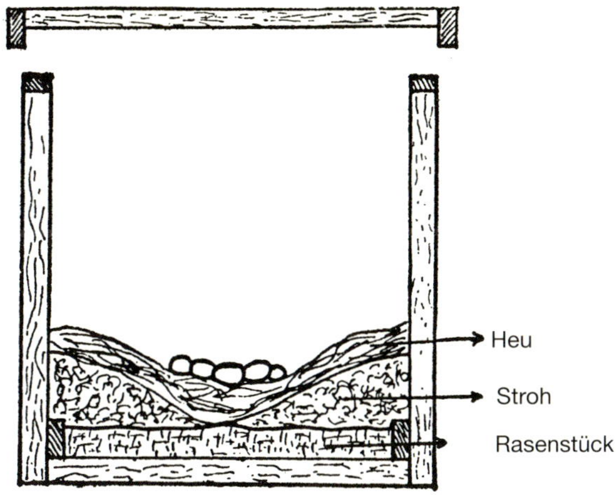

Schnitt durch die Brutkiste mit Nest

findliche Keim würde häufig doch zu sehr abkühlen; es würden im Laufe der Brut nicht nur zwei, sondern oft über 50 % der untergelegten Bruteier absterben. – Das

**Nest** für die natürliche Brut lege man in einer Brutkiste an, auch wenn man nur ein einziges Bruttier hat. Unten in die Brutkiste legt man zuerst ein frisch ausgestochenes (evtl. aufgetautes) Rasenstück; darauf bringt man einen Strohring an, in dessen Rundung man ein flaches Heupolster aus weichem Heu zurecht macht. Das fertige Nest muß eine flache Mulde bilden; sein tiefster Punkt hat in der Mitte zu liegen. Dann wird das gesamte Nest mit einem guten Insektenpulver eingestäubt. Schließlich kommen die Gips- oder Porzellaneier ins Nest, und das ebenfalls eingestäubte Bruttier kann seine neue Zwangsbehausung beziehen. – Der

**Brutraum** soll möglichst ruhig und gut zu lüften sein. Die Glucke darf von keinem anderen Tier, auch nicht von Menschen, gestört werden. Damit der Brutraum eine genügend hohe Luftfeuchtigkeit besitzt, verwende man am besten einen Raum des Untergeschosses (jedoch keinen feuchten Keller!) oder einen leeren Stall zu ebener Erde. Eine möglichst gleichmäßige Temperatur von 15 °C hat sich als günstig erwiesen. Auf dem Heuboden oder unter dem Dach sollte keine Henne brüten müssen, denn Temperaturschwankungen schaden der Glucke und den Bruteiern. – Das

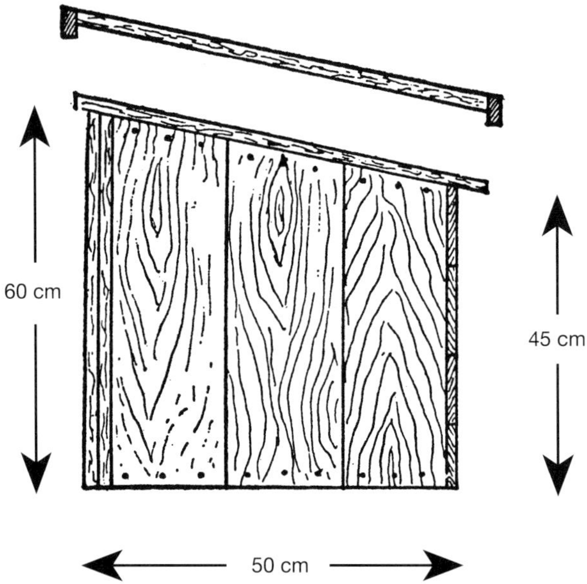


Seitenansicht der Brutkiste. Deckel aus Pappe

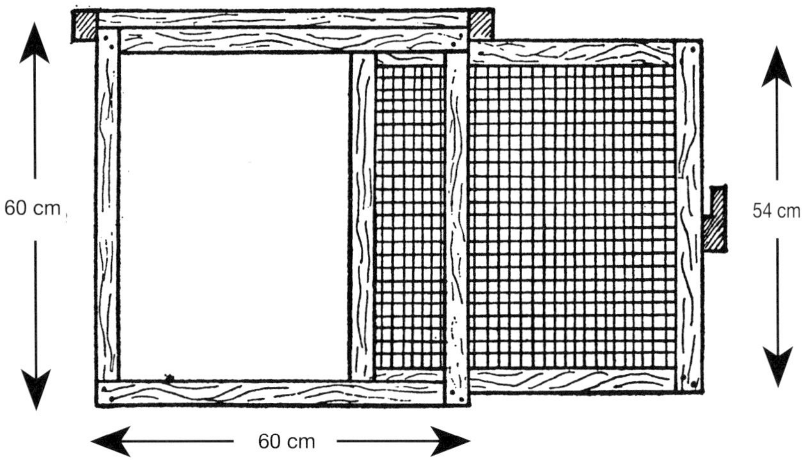


Vorderansicht der Brutkiste mit Schiebetürchen

**Kühlen der Bruteier** erfolgt bei der natürlichen Brut dann, wenn die Glucke zur Futtersuche das Nest verlassen hat. Da wir die Glucke durch die Haltung in einer geschlossenen Brutkiste daran hindern, ihrem Brutinstinkt zu folgen, haben wir einen Teil der Bruteipflege selbst zu übernehmen. Eine dieser Aufgaben ist das Kühlen der Eier. Die naturnotwendige Abkühlung der Bruteier ist dann richtig, wenn sich das stumpfe Ende des Eies (mit der Luftblase), an das Augenlid gehalten, bereits kühl anfühlt, während das spitze Ende noch warm ist. Zu diesem Zeitpunkt ist das Bruttier auf das Nest zurückzusetzen. Naturgemäß nimmt das Kühlen der Eier bei kalter Witterung weniger Zeit in Anspruch als bei warmer. Deshalb wird auch darauf verzichtet, in diesem Zusammenhang Abkühlungszeiten zu nennen, denn genau kann man sich ja doch nicht danach richten. Ein etwas längeres Kühlen schadet kaum; es verzögert nur den Schlupf um einige Zeit. Gefährlich ist dagegen ein zu kurzes Kühlen, da die Küken zu früh schlüpfen und der Ausfall stets größer zu sein pflegt. Im allgemeinen aber wird die Glucke manchen Brutfehler des Menschen, der ihm gelegentlich unterläuft, ausgleichen oder wenigstens abschwächen. Gerade deshalb ist dem Anfänger die natürliche Brut anzuraten. – Am siebten Tag nach der Brut hat die

**Durchleuchtung** oder das Schieren der Eier zu erfolgen. Der Anfänger möge das Durchleuchten am besten bei völlig weißschaligen Eiern erlernen, weil er hier die Entwicklung des Keimes (Embryo) und die daraus resultierenden Veränderungen im Ei ziemlich leicht beobachten kann. Die schematischen Zeichnungen (Seite 56) lassen deutlich den jeweiligen Zustand der Bruteier bei normaler Entwicklung, beim abgestorbenen Embryo und beim unbefruchteten Ei erkennen. – Das

**unbefruchtete Ei** erscheint bei der Durchleuchtung wie ein frisches Brutei mit einer größeren Luftblase. Es sind keine dunkleren Flecken sichtbar. Zum Vergleich nehme man zuerst ein frisches Ei und durchleuchte es, um sich das Bild einzuprägen. – Das

**befruchtete Ei** läßt einen Schatten erkennen, indem sich beim Drehen des Eies um seine Längsachse ein dunkler Fleck stets nach oben bewegt, also schwimmt. Von diesem Fleck gehen wie bei einem Spinnennetz fein verzweigte Linien nach allen Richtungen aus. Es sind die Adern des entstehenden kleinen Lebewesens. Ein solches Brutei ist befruchtet. Beim

**abgestorbenen Ei** scheint der dunkle Punkt von roter oder schwarzer Farbe an einer Stelle angeklebt. Der Keim hatte sich bereits entwickelt, doch ist er abgestorben. Ebenso beobachtet man den sogenannten „Totenkranz“, einem rötlichschwarzen Ring, der ebenfalls festsitzt, mit oder ohne dunklen Punkt. Übrigens tritt mitunter noch ein weiteres Erscheinungsbild auf, der sogenannte „falsche

Keim". Er ist im Ei durch eine wolkig trübe, bewegliche Masse mit einem kleinen Punkt darin zu erkennen. Hier handelt es sich um einen im frühesten Entwicklungsstadium abgestorbenen Embryo. Gelegentlich enthält ein Ei auch Blutflekken. Sie werden durch eine Störung im Eierstock hervorgerufen und sehen einem Keimling täuschend ähnlich. Da Blutflecken aber im Eidotter frei herumschwimmen, sind sie vom Keim bei einiger Übung gut zu unterscheiden. Zur

**Weiterbrut** werden nur die einwandfrei befruchteten Bruteier ins Nest zurückgelegt und der Glucke weiterhin anvertraut. – Die

**ausgeschiedenen Bruteier** – es sind die unbefruchteten klaren und die abgestorbenen dunkleren Eier – werden nochmals in aller Ruhe durchleuchtet. Man präge sich die einzelnen Entwicklungsstadien gut ein. Die einwandfrei klaren, unbefruchteten Eier werden auf die Seite gelegt. Sie können ohne Bedenken gekocht und in der Küche verwendet werden. Freilich kann aus dem Eiweiß kein Schnee mehr geschlagen werden. Die übrigen ausgeschiedenen Bruteier sind, gut gekocht, noch als Hunde- oder Schweinefutter zu gebrauchen. Wenn auch durch die starke Erhitzung der gekochten Eier wohl alle Krankheitskeime abgetötet sind, so ist ihre Verfütterung an das Geflügel schon deshalb nicht zu empfehlen, weil sie ziemlich schwer zu verdauen sind. Auf keinen Fall sind sie Futter für Küken! – Der ersten Durchleuchtung folgt die

**zweite Durchleuchtung** am 14. und 15. Tag, weil die meisten der schwächeren Keime etwa am 10. oder 11. Tag doch noch absterben. Die einwandfreien Bruteier besitzen jetzt eine viel größere Luftblase, ein größerer Teil des Eies erscheint infolge der fortgeschrittenen Entwicklung des Tierchens schwarz, und nur ein kleinerer, heller Streifen ist noch zu erkennen. Dagegen hat das abgetorbene Ei einen größeren hellen Streifen. Der dunkle Eikern erscheint mehr bräunlich und schaukelt stark hin und her. Die im fortgeschrittenen Entwicklungsstadium abgestorbenen Bruteier sind unbedingt zu entfernen, weil sie sehr rasch in Fäulnis übergehen und die gesunden Bruteier ebenfalls absterben lassen können. Sie werden sich je nach der Jahreszeit ohnehin früher oder später durch ihren Geruch bemerkbar machen und von mancher Glucke aus dem Brutnest geworfen oder zertreten. Die auf diese Weise verschmutzten Eier sind zu reinigen. Übrigens pflegen auch die brütenden Vögel abgestorbene Eier aus dem Nest werfen. In meiner Studentenzeit hatte ich Kräheneier zum Absterben gebracht; stets hat das Bruttier diese gekennzeichneten Eier entdeckt und „über Bord" gehen lassen. – Das

**Schwemmen der Bruteier,** das ist das Prüfen der Eier am 19. Tag in 39 bis 40 °C warmem Wasser, möchte ich nicht empfehlen, weil es die Entwicklung des Tierchens im Ei nicht eindeutig feststellen läßt. Des öfteren hört und liest man, durch die ruckartigen Bewegungen der Eier im Wasser würde sich das Leben im Inneren bemerkbar machen, doch haben Versuche ergeben, daß aus Hühnereiern, die sogar länger als 5 Minuten regungslos im Wasser lagen und sich keinesfalls bewegten, völlig gesunde Küken schlüpften, allerdings nach einer etwas längeren Brutzeit. Deshalb ist diese Probe nur bedingt zuverlässig. Man erspare sich daher Mühe und Zeit und verzichte auf diese Untersuchung, denn eine unsachgemäße Behandlung kann gute Bruteier zum Absterben bringen und die Anzahl der evtl. geschlüpften Küken unnötig reduzieren. Die notwendige einwandfreie Kontrolle erfolgt durch die Durchleuchtung der Bruteier. Diese Prüfung genügt völlig. Allerdings benötigt man zur sicheren Durchleuchtung eine

**Schierlampe,** die sich jeder selbst nach Abbildung Seite 54 herstellen oder kaufen kann. Wesentliche Merkmale einer guten Schierlampe sind eine starke Lichtquelle und die Möglichkeit, das Ei bis auf einen eiförmigen Ausschnitt einwandfrei abdunkeln zu können. Das Brutei muß auf diesem Ausschnitt gut aufliegen. Er sollte deshalb etwas kleiner sein als das Ei selbst, damit man durch einen Lichtrand neben der Eischale nicht geblendet wird. Daß man das Schieren nur in einem verdunkelten Raum vornehmen sollte, ist wohl selbstverständlich. Ebenso, daß Eier mit dicker und dunkler Schale schwieriger zu sortieren sind als solche mit heller Schale. – Auf das

**Wenden der Bruteier** sollte man verzichten und es ruhig der Bruthenne überlassen. Nur wenn tatsächlich ständig die gleichen Eier (die an der Beschriftung zu erkennen sind) am Rande des Brutnestes liegen sollten, nehme man einige Eier aus der Mitte heraus und lasse die anderen nachrollen. Die Eier aus der Hand werden um die übrigen Eier gelegt, und der Fall ist erledigt. Doch die meisten Bruttiere pflegen die am Rande liegenden Bruteier mit dem Schnabel über die anderen hinweg in die Mitte unter sich zu schieben und sie mit dem Bauch in schaukelnden Bewegungen zwischen die ruhenden zu drücken. Durch das Hin- und Herrutschen der Henne auf den Eiern werden alle Eier gleichzeitig gewendet. Dies alles sind Verrichtungen, die der Züchter bei der künstlichen Brut durch die Maschine ausführen läßt. – Es gibt noch eine andere Art der natürlichen Brut, die

**Zwangsbrut** der Pute. Sie unterscheidet sich von der eben beschriebenen natürlichen Brut darin, daß man ein noch nicht brütendes Tier zur Brut zwingt. Dazu eignen sich nur die Truthühner, und auch nur so lange, als der Geschlechtstrieb noch nicht entwickelt ist, die Henne also noch keinen roten Kopf zeigt und natürlich noch nicht legt. Die Zwangsbrut oder das „Zwingen“ wird dann angewendet, wenn man möglichst frühe Bruten durchführen lassen will, in der Regel also zu einer Zeit, in der die meisten Hühnerrassen noch legen und das Brutge-

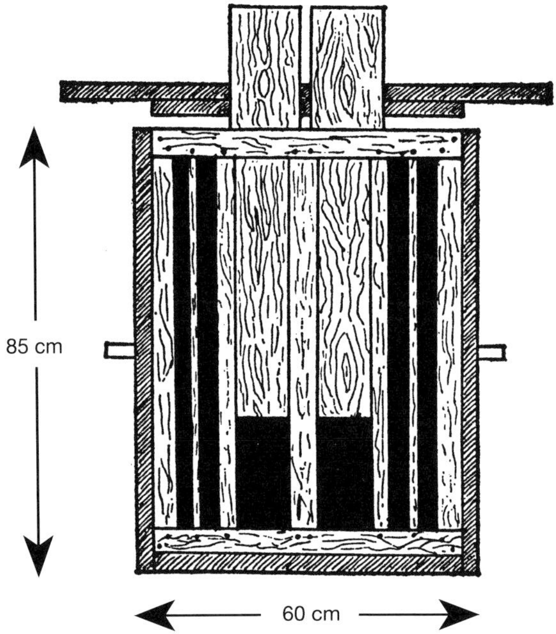


Vorderansicht der Brutkiste mit Türchen

schäft ablehnen. Darin besteht der große Vorteil der Zwangsbrut, daß sich Frühbruten auch bei natürlicher Brut durchführen lassen und daß dafür eine Bruthenne zur Verfügung steht, die in der Lage ist, eine größere Anzahl von Bruteiern gut zu bedecken und zu erbrüten. – Zum Zwingen benötigt man, wie schon erwähnt, eine Pute, deren Eierstock noch nicht völlig entwickelt ist. Ein Tier zwingen zu wollen, das kurz vor dem Legebeginn steht, ist sinnlos. Auch sollte die Pute möglichst aus einer Frühbrut stammen, gut entwickelt und kräftig gefüttert sein. Stets verwende man ein mehrjähriges Tier oder doch wenigstens eine Henne, die schon einmal gelegt hat. Bei Junghennen ist der Erfolg zu unsicher. – Für die Zwangsbrut benötigt man in erster Linie eine

**Brutkiste.** Man kann sie sich nach der Zeichnung, aus der alle Maße zu ersehen sind, sehr leicht selbst bauen oder anfertigen lassen. Steht die Brutkiste im dafür vorgesehenen ruhigen Brutraum bereit, dann wird das Nest eingerichtet. Auch hier dient ein genügend großes Rasenstück als Unterlage. Das Nest wird zunächst ganz nach vorn gerückt, damit die gezwungene Pute Futter und Wasser durch die Stäbe der Kiste erreichen kann. Auch dieses Nest ist zuvor mit einem Mittel gegen Ungeziefer einzustäuben; ebenso wird man eine Anzahl angewärmter Gips- oder Porzellaneier unterlegen. Nun setzt man die vorher ebenfalls gut eingestäubte Pute auf das Nest und drückt sie sanft auf die Eier. Dann wird der Zwangsdeckel angebracht und beschwert. So wird das Tier gezwungen, auf den Eiern sitzen zu bleiben. Am besten zwingt man die Pute am Abend, wenn es schon dunkel wird, da sie nachts auf den Eiern viel ruhiger sitzen bleibt. Täglich zur gleichen Zeit wird auch sie zur Entleerung, Bewegung und zu einem kurzen Weidegang, sofern die Natur bereits mit Grünfutter aufwartet, vom Nest genommen. Die Futter- und Wassergefäße stelle man ihr hin wie später, wenn das Tier richtig brütet. So gewöhnt sich die Pute an die kommende Behandlung und hat sich nicht umzugewöhnen. Im Gegensatz zur Hühnerglucke sollte eine brütende Pute ständig etwas Grün zum Picken vorfinden. Deshalb stelle man ihr täglich eine gewisse Zeit lang ein mit Getreide eingesätes Kistchen zum Abfressen der Halme hin. Das Grün regelt die Verdauung und regt den Appetit an. Durch ihre unzureichende Futteraufnahme hat schon manche brütende Pute ihren Züchter der Verzweiflung nahegebracht. Beim täglichen pünktlichen Abheben der Pute

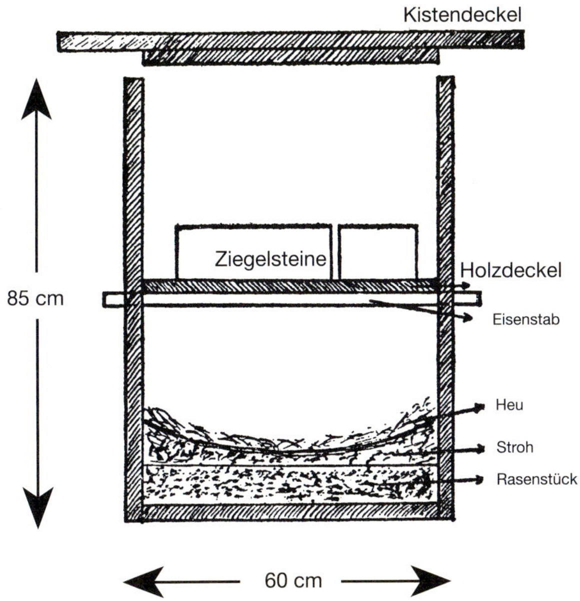


Schnitt durch die Brutkiste mit Nest zur Zwangsbrut

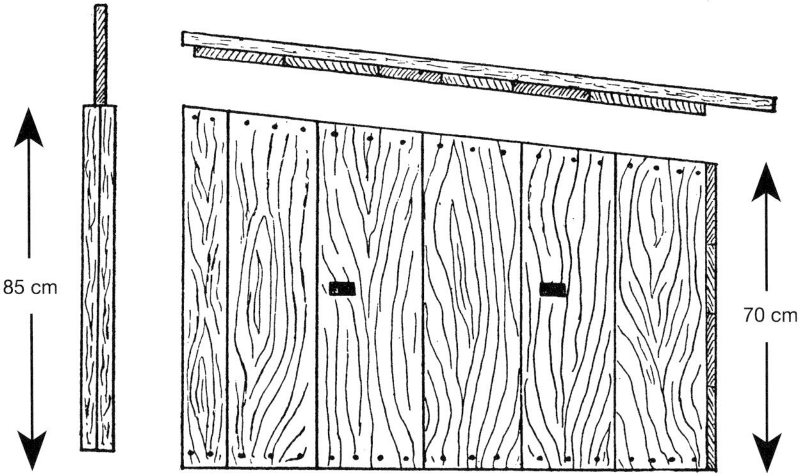


Seitenansicht der Brutkiste mit Türchen. Deckel mit Dachpappe überzogen.

vom Zwangsnest wird die verschmutzte Nesteinlage erneuert, die Nesteier werden gereinigt und aufgewärmt. Erfährt die gezwungene Pute in dieser Weise eine liebevolle Behandlung, dann dauert es meist nur ein paar Tage und sie wird selbst ihr Nest aufsuchen und brüten wollen, ohne vom Deckel der Kiste zur Brut gezwungen zu werden. Der Züchter hat nun gewonnenes Spiel, und weitere Zwangsmaßnahmen sind überflüssig. Nun reinigt man das Nest noch einmal, stäubt es erneut ein und rückt es in den hinteren Teil der Brutkiste. Wenn die Pute das Nest angenommen hat und selbst auf die Eier drängt, dann sind ihr während einer Bewegungspause die richtigen Eier unterzulegen. Bald wird die Truthenne an der mehr oder weniger federlosen Bauchseite die Brutflecken erkennen lassen. Von da an hat der Züchter alle jene Maßnahmen zu befolgen, die in den früheren Abschnitten bereits beschrieben sind. Wenn ein Tier sich selbst ein Nest gesucht hat und darin brüten will, so hat sie sich nach einem Begriff aus der Züchterwelt selbst gesetzt. Das

**Selbstsetzen** ist wohl nur dort wahrscheinlich, wo die Tiere in den selbst ausgesuchten Nestern vorher schon gelegt haben. Ist eine Bruthenne an ein solches Nest gewöhnt, dann wird sie meist nur schwerlich eine Brutkiste annehmen. Des Abends kann man ja einen entsprechenden Versuch unternehmen. Wo eine Brut ohne Störung zu erwarten ist, wird man das Tier ruhig gewähren lassen. Die Glucke darf weder durch Beutegreifer noch durch andere Tiere beunruhigt wer-

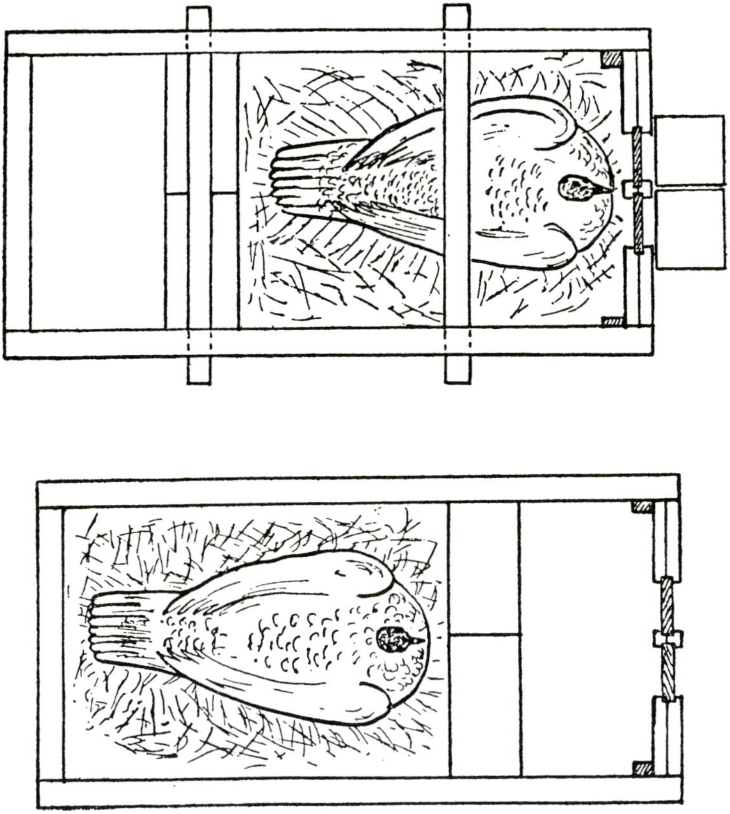

Zwingen der Pute in der Brutkiste

den; auch ist dafür Sorge zu tragen, daß andere Hühner ihre Eier nicht in das Brutnest legen können. Will man die Henne gewähren lassen, so stelle man ihr das richtige Futter (Gerste, Mais und Grit) und ein bequem erreichbares Staubbad zur Verfügung. Diese Bruten sind unbestreitbar die erfolgreichsten – ein Zeichen, wie naturwidrig der Eingriff des Menschen und seine willkürliche Brutzeitbestimmung sind. Freilich hat der Züchter nicht nur die Absicht, die Art zu erhalten, wie dies die Schöpfung vorsieht, sondern er will durch Frühbruten Tiere erhalten, die für zahlreiche Herbst- und Wintereier sorgen. Wer auf natürlichem Wege eine größere Anzahl von Bruteiern erbrüten lassen will, wird sich mehrere Glucken beschaffen und sie zur gleichen Zeit setzen.

**Mehrere Glucken** zur Brut zu setzen hat den Vorteil, daß man bei gutem Schlupf die Küken von ein oder zwei Hennen auf die übrigen verteilen kann und sie auf diese Weise als verwaiste Mütter bald wieder legen werden. Ist andererseits durch die Durchleuchtung der Bruteier ein größerer Ausfall zutage getreten, so können die Bruteier auf die einzelnen Glucken so verteilt werden, daß eine Henne ebenfalls frei wird und ihr noch einmal ein Satz Bruteier anvertraut werden kann. Mehrere Bruthennen oder Puten sind in ihren verschlossenen Brutkisten im gleichen Brutraum ohne weiteres unterzubringen, doch sollten sie sich bei der Fütterung nicht sehen und miteinander raufen können. Auch dürfen sie nicht auf fremde Nester gesetzt werden. Man kann mehrere Glucken bequem in genügend großen Kaninchenställen füttern, wo sie sich nicht sehen und gegenseitig belästigen können. Im übrigen wird mit jeder Glucke verfahren wie bei der Brut eines einzelnen Tieres. – Eine Ausnahmeerscheinung ist der

**brütende Truthahn,** der wie die Truthenne gezwungen werden kann. Wie bei jeder Zwangsbrut unterlasse man es aber, den Tieren Schnaps oder jede andere Art von Alkohol zu verabreichen, denn Alkohol ist allenfalls dem Züchter selbst bekömmlicher als seinen Tieren. Auch verzichte man auf das Ausraufen der Bauchfedern und andere Quälereien. Erste Bedingungen für das erfolgreiche Setzen eines Truthahnes sind große Zutraulichkeit und gute Kondition des Tieres. Sonst wird der Hahn genau wie die Henne gezwungen. Er wird selbst bereits geschlüpfte Küken nach einigen Zwangstagen recht gerne führen und betreuen. Man wird, sofern der Hahn sich damit abfindet, erstaunt sein, welch vorzügliches Aufzuchttier der Truthahn ist. Ja, er pflegt die ihm anvertrauten Küken viel länger und sorgfältiger zu führen als die Henne. In seinem Eifer kann er freilich selbst seinem Besitzer gefährlich werden. Sogar meine Deutschen Doggen haben den führenden Truthahn achten und fürchten gelernt. Gelegentlich mußte auch der Pfleger das Feld räumen. Diese Unerbittlichkeit eines Truthahnes ist vor seiner Verwendung wohl zu berücksichtigen. – Zur Betreuung der Küken eignet sich auch der

**Kapaun,** ein operativ kastrierter Hahn. Der Kapaun wird von einem Fachmann bereits als Junghahn kastriert (verschnitten), das heißt, durch eine Operation werden ihm die Hoden entfernt. Dadurch verweiblicht das Tier, setzt mehr Fett an und ist verträglich. Als besserer Braten wird er recht geschätzt. Ein kastrierter Hahn einer brütenden Rasse ist als „Stiefmutter" von Küken vortrefflich zu verwenden, seien sie natürlich oder künstlich erbrütet. Gegebenenfalls kann auf diese Weise eine Truthenne ein zweites Mal gesetzt werden. Zwei bis drei der geschlüpften Küken werden dem Kapaun des Abends nach einer guten Fütterung und Tränkung im verdunkelten Nest in einer Brutkiste untergeschoben. In der Regel fängt er sofort an, die Kleinen zu locken. Dann unterschiebt man ihm auch die restlichen Küken und überläßt sie bis zum nächsten Morgen ihrem Schicksal. Meist führt er am folgenden Tag seine Kükenschar wie eine alte erprobte Bruthenne, die ihre Küken selbst erbrütet hat. Der Kapaun führt die ihm anvertrauten Küken lange und vernachlässigt sie nicht wie legende Führerinnen, die es oft schon nach vier bis fünf Wochen tun. Er dehnt die Aufsicht meist noch auf die Jungtiere aus, wenn sie es gar nicht mehr nötig hätten, und er kann es, wie es scheint, nicht verstehen, wenn ihm seine Kinderchen untreu werden. In der Regel ist der Kapaun auch gegenüber fremden Küken recht verträglich. Allerdings fallen für ihn die Futterkosten das ganze Jahr über an. Doch ist er zur Betreuung der Küken jederzeit bereit. Seine Vorteile sind dabei so groß, daß sie seine Haltung unter Umständen rechtfertigen. Schließlich kostet ja auch die Erzeugung künstlicher Wärme Geld, das bei der Berechnung ebenfalls in Ansatz zu bringen ist. Wer eine kleine Kükenschar zu betreuen hat und als Züchter etwas Außergewöhnliches besitzen will, dem sei der Kapaun wärmstens empfohlen. Seine Haltung entspricht jener, die bei der natürlichen Aufzucht für die Glucke beschrieben ist.

**Zweimaliges Füttern** der brütenden Tiere wird in der Regel wohl nicht erforderlich sein, sofern während der einmaligen pünktlichen täglichen Fütterung genügend Futter aufgenommen wird. Ist dies nicht der Fall oder die Abkühlung der Bruteier erlaubt eine längere Fütterung nicht, dann möge man sich wohl oder übel dazu entschließen, täglich zweimal, und zwar immer zur gleichen Zeit, sich der Tiere anzunehmen. Häufig kann dies bei Puten nötig sein. Man glaube nie, sie würden eher fressen als verhungern. Einer brütenden Glucke nicht beizustehen wäre nicht nur eine Tierquälerei; ein entkräftetes Tier würde entweder ein unbefriedigendes Schlupfergebnis zu Wege bringen oder noch vor dem Schlupf der erwarteten Küken eingehen. Der Züchter aber sollte bedenken, daß eine mißratene Brut verlorene Zeit bedeutet, die nie wieder eingeholt werden kann, denn Zeit ist nicht käuflich. Deshalb sei es stets unser Bestreben, aus unserer Tierhaltung den größtmöglichen Gewinn zu erzielen.

**Zweimaliges Brüten** mit dem gleichen Bruttier ist nur in den seltensten Fällen anzuraten. Nur wenn die Futteraufnahme und damit die Kräfte des Tieres außer Zweifel stehen, kann man sich dazu entschließen. In meinen Augen ist es jedoch eine Tierquälerei, ein Tier, das seine Pflicht erfüllt hat, noch einmal in die Brutkiste zu zwingen. Zu den ersten meist vier Wochen kämen wenigstens noch drei Wochen hinzu; also müßte das Tier insgesamt sieben Wochen einem aufgezwungenen Brutgeschäft obliegen. Eine Wiederverwendung lasse ich mir eher gefallen, wenn man über eine gute Truthenne verfügt, die ausnahmsweise gut frißt und gern brütet. Bruthennen als lebende Brutapparate zu verwenden sollte uns allein schon die Tierliebe verbieten. Hat man aber einmal keine andere Möglichkeit, als eine Brüterin zweimal hintereinander zu setzen, so sei es unsere erste Pflicht, diesem Tier in allen züchterischen Belangen beizustehen, so gut es geht. Dabei ist eine zweimalige tägliche Fütterung immer angezeigt. Auch gönne man der Glucke einen kurzen Spaziergang im Freien. Wer alle diese Vorsichtsmaßregeln beachtet, wird sich über die Ergebnisse der natürlichen Brut nicht zu beklagen haben, namentlich dann nicht, wenn am

**20. und 21. Tag** angepickte Eier den Beginn des Schlupfes ankündigen und wenn Umsicht und Ruhe bewahrt werden. Sofern ein Bruttier unruhig werden will, kann man es sich selbst überlassen und zur Fütterung nicht mehr vom Nest abheben. Der Futterzustand der Brüterin sollte ja so gut sein, daß sie diese letzte Zeit auch ohne Futter übersteht; die Freude des Tieres entschädigt es reichlich. In der Natur läßt sich ja ebenfalls beobachten, daß der brütende Vogel in der Zeit des Schlupfes sein Nest nicht mehr verläßt. Man sollte also nur alle sechs bis acht Stunden die leeren Eierschalen entfernen und den Dingen ihren natürlichen Lauf lassen. Die Küken bleiben so lange unter der Henne, nicht nur bis sie trocken sind, sondern bis der ganze Schlupf vollzogen ist. In der dunklen Brutkiste besteht ja keine Gefahr, daß die Küken unter der Glucke hervorkommen und sich verlaufen könnten. Ebensowenig kann die Henne ihr Nest verlassen und die ungeschlüpften Küken dem Tod überliefern. – Je ungestörter die Glucke beim

**Schlupf** ist, desto größer pflegt der Erfolg zu sein. Ruhe ist erstes Gebot, bei Mensch und Tier. Bei der natürlichen Brut vor allem zeigt sich der wahre Tierfreund und gute Beobachter. Daher darf mit Recht jeder auf eine erfolgreiche Brut stolz sein, hat er doch – und sei es nur am Rande – an einem der größten Geheimnisse der Natur, der Gestaltung neuen Lebens, teilhaben dürfen. Damit sollte er sich begnügen.

**Hilfe beim Schlupf** ist zu unterlassen. Was nicht lebensfähig und lebenskräftig genug ist, um sich aus eigener Kraft an das Licht der Welt zu kämpfen, überlasse man seinem Schicksal. Es würden doch nur Schwächlinge geboren, die zeit ihres Lebens auf das Mitleid des Züchters angewiesen sind. Schwächlinge sind gegen Krankheiten und Seuchen stets anfälliger und eine ständige Gefahr für die gesunden Küken. Man würde an ihnen nie Freude haben, und sollten sie doch überleben, so wären es nie gute Leistungstiere, die Frohwüchsigkeit und Lebenskraft auf ihre Nachkommen vererben könnten. Ausnahmsweise kann man den Schlupf nur unterstützen, wenn ein Brutei an der falschen Stelle angepickt ist, also nicht im Eidrittel des stumpfen Teiles. In solchen Fällen kann man die Eischale ganz vorsichtig abblättern und so weit entfernen, daß das Küken genügend Platz hat und schlüpfen kann. Doch darf es nicht bluten; auch soll die Eihaut nicht beschädigt werden. Sollte die Eihaut ausgetrocknet und zäh (lederhart) geworden sein, so feuchte man sie mit warmem Wasser etwas an. Doch hat auch hier das Küken beim endgültigen Schlupf unter der Glucke seine Lebenskraft unter Beweis zu stellen. Auf jede andere Hilfe möge man verzichten. Es ist besser, ein Küken schlüpft erst gar nicht und verbraucht kein Futter, als daß es hochgepäppelt wird, um dann doch noch einzugehen oder andere Tiere in Gefahr zu bringen. Züchten und brüten heißt auslesen. Die Auslese soll bereits beim Schlupf beginnen, ja schon bei der Auswahl der Bruteier. Sollte einmal ein Küken mit dem eingezogenen Dotterrest in der Schale kleben bleiben, so befreie man es mit der Schere. Es ist lebensfähig.– Das

**Steckenbleiben** der Küken im Brutei kann verschiedene Ursachen haben. Es kann an den Zuchttieren nach unnatürlicher Fütterung und Haltung liegen; sie können zu jung oder konditionsschwach gewesen sein, um ihren Nachkommen genügend Lebenskraft mitzugeben; es kann ferner eine rachitische Erscheinung der Küken vorliegen, deren Ursache bei den Zuchttieren zu suchen ist. Schwierigkeiten beim Schlupf können unter Umständen auch eine Folge falscher Inzucht des Stammes und vererbt sein und sind nur durch einen Tierwechsel zu beseitigen. Andere Gründe können schließlich sein: falsche Aufbewahrung oder Alter der Bruteier oder Brutfehler. Diese vielen Ursachen abzustellen ist sicher nicht leicht, doch ist es unbedingt zu versuchen. Wer die Züchtung deshalb unterläßt, ist nicht mehr als ein gewöhnlicher, schlechter Hühnerhalter. Wer nicht in der Lage ist, die Ursachen von Mißerfolgen zu beseitigen, wird züchterisch wenig Erfolg haben. Die zuerst genannten Ursachen des Steckenbleibens sind ja bei den Elterntieren leicht abzustellen. Da, wo gute Zuchttiere richtig gepflegt und gefüttert werden, sind Schwierigkeiten nicht zu erwarten.

**Brutfehler** sind bei der natürlichen Brut weniger zahlreich. Deshalb führen manche Züchter zur Kontrolle neben der künstlichen Brut eine natürliche Brut durch, um das Übel des Steckenbleibens auf diese Weise leichter feststellen zu können. Denn es werden, wie schon erwähnt, viele Brutfehler durch das brütende Tier ausgeglichen oder doch wenigstens in ihrer Wirkung abgeschwächt. Durch zu große Wärme und ungenügende Luftfeuchtigkeit kann die Luftblase so groß werden, daß sie die Lage des Tierchens im Ei verändert und den Schlupf erschwert. Auch kann zuviel Flüssigkeit verdunstet sein; dies hat meist ebenfalls Schlupfschwierigkeiten zur Folge.
Bei einer Spätbrut in Rumänien hatte ich einmal gleichzeitig und im gleichen Raum einen Apparat und mehrere Hühnerglucken zur Brut angesetzt. Da sah ich eines Tages, daß die Glucken längere Zeit mehr über den Eiern standen, statt zu sitzen. Ich prüfte die Wärme: in den Brutnestern herrschte eine Temperatur von etwas über 38 °C. Bei meinem Brutapparat versagte die Wärmeregulierung immer wieder. Das Stehen der Tiere über den Eiern war nur erklärlich: Sie hatten diesen Fehler auszugleichen versucht. Nachdem die Brutkiste in einen kühleren Raum

gestellt worden war, war das Schlupfergebnis der Naturbrut wesentlich höher, als dies sonst der Fall war. – Bei zu trockener Luft hat man für

**künstliche Befeuchtung** zu sorgen und die Bruteier mit warmem Wasser zu besprengen. Dies geschieht am besten mit Hilfe eines Zerstäubers oder einer in Wasser eingetauchten reinen Haarbürste, deren Borsten man gegen den Strich streicht. Auch der Rasen mit Erde als Nestunterlage wird, solange vorhanden, Feuchtigkeit an die Bruteier abgeben. Bei Bedarf wird man ihn immer wieder mit Wasser besprengen. – Ein grober Brutfehler besteht darin,

**Bruteier verschiedener Geflügelarten** und -größen gleichzeitig unterzulegen. Vor einer Vermischung von Hühner-, Zwerghühner-, Enten- und Gänseeiern, ferner von Truthuhn- und Perlhuhneiern kann nicht nachdrücklich genug gewarnt werden. Nicht nur die verschiedenen Größen der Eier und Küken, auch die ungleiche Brutzeit bewirken nur zu leicht einen enttäuschenden Verlauf. Dazu kommt noch, daß die geschlüpften Küken infolge ihrer verschiedenen Kräfte auch noch getrennt aufgezogen werden müssen, von einer besonderen mehrfachen Fütterung ganz abgesehen.

**Grätschbeinige Küken** zeigen an, daß die Luftblase zu groß war und den Kopf des Kükens gegen die Spitze des Eies und, dadurch bedingt, zwischen seine Beinchen drückte. Diese unnatürliche Lage ist schuld an auftretenden Grätschbeinen. Da solche armen Wesen für die Zucht ungeeignet sind, töte man sie.

**Rachitische Küken** erkennt man zuerst an den Mißbildungen der Beine. Es zeigen sich an den Gelenken Knoten, oder die Zehen sind nicht in der richtigen Lage. In schweren Fällen kann diese Verkrümmung mit den Gelenkknoten zusammen auftreten. Rachitische Küken sind Krüppel und ebenfalls zuchtuntauglich.

**Mißgebildete Küken** sind in gleicher Weise rücksichtslos auszumerzen, weil wir Züchter den Tieren die Natur, die ja nach ewiger Weisheit unbarmherzig ausmerzt, zu ersetzen haben. Nur dadurch können wir ebenso lebensfrohe und gesunde Tiere aufziehen, wie dies durch die Schöpfung schon seit Jahrmillionen durch ständige Auslese mit bestem Erfolg geschieht.

**Krumme und Kreuzschnäbel** sind gleichfalls Mißbildungen und wie diese zu behandeln. Tiere mit einem schiefen Schnabel kann man als Schlachtware leben lassen, sofern sie fressen können.
Auf die Ursache der Mißbildungen wird im Abschnitt über die künstliche Brut näher eingegangen.

# Die künstliche Brut

Wesentliches Utensil für die künstliche Brut ist der Brutapparat, am besten ein Markenfabrikat. Sein Fassungsvermögen wähle man immer etwas größer, als man selbst vorgesehen hat. Dann kann man einem Zuchtfreund notfalls aushelfen; zweierlei Brutmaterial aber kann häufig mögliche Brutfehler auffinden helfen. Allerdings muß der Freund für kleine Mißerfolge Verständnis haben und sie gelassen tragen können. Ebenso kann es vorkommen, daß man selbst einmal eine größere Anzahl von Küken benötigt und der Apparat zu klein wäre. – Die heute üblichen Brutapparate werden ausnahmslos elektrisch beheizt. Die Heizung kann die Luft unmittelbar erwärmen; oder sie heizt einen Wasserkessel, dessen heißes Wasser in einem Rohrsystem durch den Brutkasten geleitet wird und die Luft in ihm erwärmt.

**Luftbrüter,** die die Luft im Brutapparat selbst erwärmen, werden heute wohl am meisten gekauft. Warmwasserbrüter geben hingegen eine sehr milde Wärme ab und bleiben beim Versagen der Heizung länger warm. Doch können sie mit der Zeit undicht werden und die Brut in Frage stellen. Deshalb müssen sie von einem Fachmann öfters nachgesehen werden. – Wir kleineren Züchter benötigen als Brutapparat einen

**Flächenbrüter** oder einen kleinen Motorbrüter, wie sie heute von den meisten Herstellerfirmen angeboten werden. Das sind Apparate, die die Bruteier in einer Ebene ausbrüten. Die Großbetriebe und Brütereien besitzen meist die großen Schrankbrüter, in denen die Eier in Schubladen übereinander angeordnet sind und so weniger Platz beanspruchen. Diese größere Art der Brutmaschine interessiert uns weiter nicht. Das uns gemäße Gerät soll möglichst

**neu gekauft** werden. Evtl. Beanstandungen lassen sich nur dann mit Erfolg durchsetzen, wenn der Apparat von einer großen Brutmaschinenfabrik mit einer Garantie neu erstanden worden ist. Dabei ist auch die beste Gewähr gegeben, daß man auch gut bedient wird. Daß man sich einen Apparat nicht selbst bauen oder bauen lassen soll, ist selbstverständlich. Die Physiologie des Brutvorganges und der Bau entsprechend einwandfrei arbeitender Apparate erfordern zu viele Fachkenntnisse und Erfahrungen, als daß ein solches Unterfangen empfohlen werden dürfte. Die meisten käuflichen Zeichnungen und Pläne nach der Methode „Selbst ist der Mann" sind nur Geldmacherei und lassen sich nur Unerfahrenen mit Erfolg verkaufen. – Vor dem Kauf ist eine

**Beratung** sehr zu empfehlen. Man suche Zuchtfreunde auf, die mit solchen Apparaten bereits erfolgreich brüten. Sie werden deren Vorzüge und Nachteile sicher gerne erklären. Wer es einrichten kann, kaufe ein Fabrikat, das sich bereits bewährt hat und dessen Besitzer in der Nähe wohnt und das Gerät zu behandeln weiß. Es ist immer eine große Beruhigung, wenn man, einmal auf Hilfe angewiesen, einen Kenner des Apparates zu Rate ziehen kann. Auch kann man ihn bei einer unvorhergesehenen Verhinderung bitten, sich des Apparates anzunehmen. Diese Gefälligkeit wird um so lieber übernommen werden, wenn die Arbeitsweise des Apparates vertraut ist. – Zur Brut mit einem Brutapparat braucht man natürlich einen geeigneten

**Brutraum.** Alle Flächenbrüter sind in einem gut gelüfteten und geschützten Raum des Erdgeschosses nach der Gebrauchsanweisung aufzustellen. Sogenannte „Sandbrüter", das sind Apparate, deren Boden trockener Sand bedecken muß, kommen in den ersten Monaten des Jahres mit trockener Zimmerluft zurecht, solange die Luft selbst noch ausreichend Feuchtigkeit enthält. Doch sollte ein solches Zimmer nicht anderweitig benützt werden, denn Frischluft, das heißt genügend Sauerstoff, ist eine entscheidende Bedingung. Auch soll der Brutraum heizbar sein, damit zu niedrige Temperaturen den Bruterfolg nicht gefährden. Ferner sollte Luftzug möglichst nicht entstehen können und an der Sonnenseite kein Fenster sein, damit die Wärme des Zimmers bei Sonnenschein nicht unerwartet steigt. – Jedem Brutapparat ist eine genaue

**Gebrauchsanweisung** und eine Vorschrift über die günstigsten Wärmeverhältnisse, die ja wesentliche Voraussetzungen des Bruterfolges sind, beigegeben. Daher erübrigen sich hier allgemeine Angaben. Auch hat man im Brutraum eine schnelle und zugfreie Lüftungsmöglichkeit vorzusehen, denn ohne genügend Sauerstoff entsteht kein Leben; im Brutapparat aber entwickelt sich Leben, dessen Sauerstoffbedarf täglich größer wird. – Nach

**Lieferung der Brutmaschine** lese man zuerst in aller Ruhe die beigelegten Anweisungen, packe den Apparat vorsichtig aus und vergleiche alle Einzelteile mit dem Liefernachweis, damit man sofort reklamieren kann, sofern Beanstandungen zutage treten. Erst wenn man sich von der einwandfreien Lieferung vergewissert hat, gehe man an den Aufbau des Apparates, der aus Gründen des besseren Transportes meist zerlegt geliefert wird. Man halte sich sorgfältig an die Bauanweisung. – Stets seien

**Ersatzteile,** im wesentlichen die leicht zerbrechlichen Meßgeräte, doppelt und geprüft zur Hand, denn hätte man bei einem etwaigen Bruch nicht einen sofortigen Einsatz zur Hand, dann wäre eine Schädigung der Brut die unausbleibliche Folge. Man scheue daher nicht die kleine Mehrausgabe, die sich in jedem Falle lohnt. Nochmals sei ausdrücklich auf die genaue Einhaltung der Gebrauchsanweisung hingewiesen. Man kann nur dann über die schlechten Ergebnisse eines

Brutapparates schimpfen, wenn man die Gewißheit hat, daß man selbst an ihnen schuldlos ist. – Auch die

**Anmeldung** eines elektrischen Brutapparates beim zuständigen Elektrizitätswerk darf nicht vergessen werden. Stromsperren werden rechtzeitig angezeigt, natürlich dem, der angemeldet ist; auch kann evtl. ein verbilligter Stromtarif für das neue Gerät in Anspruch genommen werden. – Steht nun die Brutmaschine vorschriftsmäßig am richtigen Platz, so nehme man eine

**Probebrut** vor, das heißt, man heize den Apparat ohne Einlage auf und mache sich mit der Bedienungsanweisung und der Arbeitsweise der Brutmaschine vertraut. Auch sind die Wärme- und Feuchtigkeitsgrade nach der Gebrauchsvorschrift einzustellen; mit Hilfe der Wasserwaage wird der Apparat völlig horizontal gestellt. Um ihn möglichst vor Erschütterungen zu schützen, legt man dicken Filz, Decken oder eine starke Papierunterlage unter den Apparat; auch damit läßt sich der richtige horizontale Stand erzielen. Der richtige Stand ist namentlich bei einem Flächenbrüter eine wesentliche Bedingung, denn andernfalls würden die Eier nicht gleichmäßig warm und daher zu oft verlegt werden müssen. Man lege zuvor auch einige Eier in den Apparat und überzeuge sich vom Vorgang des Wendens der Bruteier, das leicht und rasch geschehen muß. Bei der Probebrut sind ferner die Wärme- und Feuchtigkeitsmesser zu überprüfen. Die Wärme prüfe man mit einem Fieberthermometer, die Feuchtigkeit mit einem bereits erprobten Hygrometer. Einer besonderen Beachtung bedarf die

**Feuchtigkeit** im Brutapparat während der Brut. Nach einer zu hohen Luftfeuchtigkeit schlüpfen die Küken mit einem schmierigen, schwer trocknenden Überzug, weil ein Teil des Eiweißes noch nicht aufgebraucht ist. Durch eine zu geringe Luftfeuchtigkeit vergrößert sich die Luftblase zu sehr und hat die bereits geschilderten Schädigungen des jungen Lebens zur Folge. – Hat der Brutapparat einige Tage lang einwandfrei gearbeitet und haben wir uns an die regelmäßige Bedienung gewöhnt, dann kann man mit der eigentlichen Einlage der Bruteier, also mit der ersten richtigen

**Brut,** begonnen werden. Um es zu wiederholen: Man hält sich streng an die beigegebenen Brutvorschriften für die Eier der entsprechenden Geflügelarten. Eigener Hinweise in diesem Zusammenhang bedarf es nicht. Nur beachte man noch, daß bei der Bedienung und Öffnung des Brutapparates das Rauchen zu unterlassen ist. – Die

**Durchleuchtung** erfolgt auch hier zweimal, wie bei der natürlichen Brut. Erfahrene Züchter und Brüter, die weißschalige Bruteier verwenden, sind allerdings in der Lage, bereits nach einer Brutzeit von 20 bis 30 Stunden die Eier zum ersten

Mal zu durchleuchten. Sie werden hier schon die befruchteten Eier feststellen können; die unbefruchteten werden sie entfernen und den frei werdenden Raum mit frisch gelegten Bruteiern auffüllen. Auf diese Weise läßt sich der Bruterfolg erhöhen. – Der

**Schlupf** ist wohl der schönste Augenblick der Brut. Namentlich bei der künstlichen Brut ist die Versuchung groß, dieses Naturwunder mit dem gebotenen Interesse zu bestaunen. Jedoch besagt ein altes Züchterwort, man solle am Morgen des Schlupfes verreisen und erst am Abend zurückkehren. Dem Schlupf fernzubleiben ist durchaus zu empfehlen, denn das häufige Öffnen des Apparates reduziert die Brutwärme. Dies ist schädlich, und die nassen, kleinen Küken erkälten sich noch obendrein. Deshalb wird bei größeren Apparaten der Brutraum zur Zeit des Schlupfes geheizt, um den Wärmeunterschied zu verringern. Auf diese Notwendigkeit weisen auch die Bedienungsvorschriften der Herstellerfirmen hin. Auch bei der künstlichen Brut ist eine mehr als unumgänglich nötige Hilfe der Küken zu unterlassen. Ferner nehme man die bereits gut abgetrockneten Küken nicht gleich aus dem Apparat, sondern lasse sie bis zur Fütterung möglichst in der unveränderten Wärme der Brutmaschine oder im Kükenheim. – Noch einmal seien die

**Brutfehler** hervorgehoben, die bei der künstlichen Brut häufig sind. Bei den Flächenbrütern ist die Wärme an der Oberkante der gewendeten Bruteier zu messen. Dabei ist zu berücksichtigen, daß die Temperatur bis zur Unterkante um ein, zwei und mehr Grade niedriger ist, je nach dem Temperaturgefälle des Apparates. Aus diesem Grunde ist mit so hohen Temperaturen zu brüten, während in den zahlreichen Versuchen mit Großbrütern und bei Naturbrut sich eine Wärme von 35,5 °C als vorteilhafteste Temperatur erwiesen hat. Diese gleichbleibende Wärme ist in der Regel auch im Flächenbrüter entsprechend der Brutvorschrift zu erhalten. Es ist besser, mit einer etwas niedrigeren Temperatur zu brüten (die Küken schlüpfen dann nur etwas später), als mit einer zu hohen Temperatur, denn die Verluste, die durch eine zu starke Verdunstung des Eiinhaltes entstehen, sind weder durch erhöhte Feuchtigkeit der Luft noch sonstwie auszugleichen. Eine Schädigung des Kükens wäre unausbleiblich. Deshalb sei der

**Lüftung** des Brutapparates unsere ganze Aufmerksamkeit empfohlen. Zu weit geöffnete Lüftungsöffnungen des Apparates bewirken eine vermehrte Lufterneuerung; dadurch wird der Luft zu viel Feuchtigkeit entzogen, und die notwendige hohe Feuchtigkeit im Apparat wird reduziert. Wird andererseits zu wenig gelüftet, dann staut sich meist die nicht sehr hohe Luftfeuchtigkeit im Apparat, und das Hygrometer zeigt konstant eine sehr hohe Luftfeuchtigkeit an. Daher muß die Lüftung durch genaues Einstellen der Öffnungen sehr sorgfältig reguliert werden. – Es ist ein Irrtum anzunehmen, daß

**Gewitter, Blitz und Donner** die Küken in den Bruteiern erschrecken und absterben lassen würden. Vielmehr ist die sehr gefährliche Stauluft im Brutapparat daran schuld, weil sich die Kohlensäure der Luft durch den natürlichen Atmungsvorgang der werdenden Küken im unteren Teil des Raumes sammelt, ständig höher steigt und schließlich auch die Eier erreicht. Die Küken ersticken dann regelrecht, zumal die feuchtigkeitsgeschwängerte, schwüle, unbewegliche Luft vor Gewittern die Lüftung erschwert oder unmöglich macht. – Auf das ausreichende und regelmäßige Wenden der Bruteier wurde bereits hingewiesen (Seite 31). Sehr leicht können durch die künstliche Brut als Folge einseitig erhöhter Erwärmung oder Abkühlung in den Eiern Krüppel entstehen. Mißbildungen entstehen bereits zu Beginn des Brutvorganges, so lange der wachsende Keim durch den Luftschlauch oben am Dotter schwimmt und hier ständig der größeren Wärme ausgesetzt ist. Oder er kann, durch ein kaum merkliches Wenden des Eies hervorgerufen, an der Eihaut festwachsen und aus diesem Grunde absterben. – Man sollte die

**Eier verlegen** und vom Rande der Schublade in die Mitte und umgekehrt legen, weil es nicht ausgeschlossen ist, daß die Wärme an den Rändern und Ecken gegenüber der Mitte unterschiedlich ist. Dies hätte einen unterschiedlichen Schlupf zur Folge. Die Bruteier sollten zum Abkühlen so behutsam und ruhig wie nur möglich verlegt werden; dies hat namentlich am Anfang der Brut sehr schnell zu geschehen, solange die Eigenwärme der Embryonen noch nicht groß ist und die Eier daher rascher abkühlen. Sie ist dann richtig, wenn das Ei, an das Auge gehalten, eine deutliche Abkühlung wahrnehmen läßt (siehe Seite 33).

**Wasser** soll, wenn nicht schon früher verbraucht, alle zwei bis drei Tage im Brutapparat erneuert werden. Man verwende nur warmes Wasser mit einer Temperatur von 38 bis 40 °C.

**Endbetrachtung:** Die Behauptung, Küken aus dem Brutapparat seien schlechter als jene einer Naturbrut, ist ein Märchen. Bei einer einwandfreien Brut, gleichgültig, ob der Schlupf im Apparat oder im Nest erfolgt, sind alle Küken gleichwertig, sofern nicht durch unsachgemäße Pflege und Aufzucht Fehler gemacht werden und Schäden entstehen. Eine kranke oder von Ungeziefer heimgesuchte Henne kann die Brut selbst der bestveranlagten Tiere gefährden; ebensowenig wird ein schlecht bedienter Apparat einwandfreie Küken liefern. Daß die Brutdauer bei Natur- und Kunstbrut gleich ist, wurde bereits erwähnt. Auffallend schlechte Brutbedingungen können allerdings den Schlupf verzögern, besonders gute Bedingungen dagegen abkürzen. Der zeitliche Gewinn oder Verlust beträgt etwa einen halben Tag.
Je größer das Fassungsvermögen eines Brutapparates, desto geringer ist der Unkostenanteil je Ei; im gleichen Maße aber erhöhen sich die Verantwortung

und das Risiko des Brüters oder Züchters. Doch sind die meisten Fabrikate so gut durchkonstruiert, daß ein jeder, der um die Vorgänge der Brut weiß, mit diesen Maschinen ohne nennenswerte Schwierigkeiten arbeiten kann. Bei der Berechnung des Schlupfergebnisses in Prozenten wird gern ein typischer Rechenfehler gemacht: Nie sollte es heißen: ein 70prozentiger Schlupf; vielmehr gebe man ruhig auch die Zahlen der ausgeschiedenen und abgestorbenen Bruteier und die der geschlüpften und dann getöteten und nachher abgestorbenen Küken bekannt. Diese vollständigen Angaben allein entscheiden über Erfolg oder Mißerfolg, über Lob oder Tadel. Meist wird der Schlupf nur nach den befruchteten Eiern errechnet; dabei werden die Zahlen häufig sehr großzügig aufgerundet, und man ist erstaunt, wie solche Rechenkünstler allen Ernstes mit Schlupfergebnissen von 99 Prozent operieren, bei denen schon nach einigen Fragen offenkundig wird, daß ihnen die notwendigen Kenntnisse fehlen. Bei der Brut hat nun einmal keineswegs der Dümmste die größten Erfolge! – Zum Schluß sei noch eine bequeme Art der Brut erwähnt, die

**Lohnbrüterei,** das ist die Brut in einem fremden Apparat gegen Entgelt. Man hat die Bruteier an einem vereinbarten Tag zu bringen und die ausgeschiedenen und nach drei Wochen geschlüpften Küken abzuholen. Die Brut gegen Bezahlung ist damit ohne besondere Umstände abzuwickeln, und man kann sich ohne die bekannten Aufregungen an einer kleineren oder größeren Kükenschar erfreuen. Wer andererseits mit einem kleinen Nebenverdienst liebäugelt, kann die Brut fremder Bruteier gegen Lohn selbst aufnehmen. Lohnbrut ist allerdings nur einem Züchter zu empfehlen, der mit entsprechendem Erfolg zu brüten pflegt. Auch soll er sich nach Möglichkeit seine Kunden aussuchen, denn er hat mit Leuten zu rechnen, die schlechtes Eimaterial liefern und vom Brutapparat dennoch einwandfreie Arbeit verlangen. Lohnbrut ist einem Anfänger immer abzuraten. Wer sich intensiver mit der künstlichen Brut befassen will, muß sich über gute Spezialliteratur die entsprechenden Kenntnisse aneignen. Auch sollte er wenigstens eine Brutperiode lang in einer Großbrüterei in die Lehre gehen. Es ist noch kein Meister vom Himmel gefallen, und jede Beschäftigung mit lebenden Wesen erfordert eine größere Erfahrung als die Arbeit mit totem Material, dessen Verhalten sich vorher bestimmen läßt.
Der künstlichen Brut bedienen sich heute weiteste Züchterkreise. Unsere Zucht auf Leistung bedingt Frühbruttiere; ebenso zwingen die frühen Ausstellungen, die ja doch mit fertigen Tieren zu beschicken sind (und bei denen bekanntlich die Kauflust immer größer zu sein pflegt), zu Frühbruttieren. Da die Beschaffung und Haltung verläßlicher früher Glucken nicht überall möglich ist, wird der größte Teil auch der Rassegeflügelzüchter sich der künstlichen Brut zuwenden. Auch der Anfänger wird sie deshalb erproben. Der erfahrene Züchter aber sollte

sich einen größeren Apparat zulegen, damit mit dem gleichen Arbeits- und Zeitaufwand nicht nur die eigenen, sondern auch die Bruteier von Zuchtfreunden künstlich erbrütet werden, die wie er Frühbrutküken benötigen.

## Das Brutei

Neben Fleisch, Federn und Dünger ist das Ei das wichtigste Erzeugnis der Hühner. Es dient als hochwertiges Nahrungsmittel und seiner natürlichen Bestimmung gemäß zur Fortpflanzung der Art. Die

**Bestandteile** des Eies sind: 11 Prozent Mineralien, 10 Prozent Fett, 13 Prozent Eiweiß und 66 Prozent Wasser. Hinzu kommt die kalkhaltige Eischale. Der Vorgang des Werdens des Tierkörpers im Ei ist für den Züchter von zweitrangiger Bedeutung; dagegen sollte er den

**Aufbau** des Bruteies genau kennen, denn von diesem Wissen hängt wesentlich die richtige Behandlung des Bruteies ab. Die genaue Lage ist aus der Abbildung Seite 52 zu erkennen. Das Brutei schließt ein Lebewesen ein, dessen Entwicklung schon im Körper der Henne begonnen hat und bis zum Brutbeginn nur unterbrochen wird. Das Ei atmet durch die Poren der Schale und verdunstet Flüssigkeit, ist wärme- und kälteempfindlich; es nimmt durch die Poren jeden Geruch sofort an und behält ihn sehr lange. – Aus diesem Grunde sind alle nachstehend aufgeführten Maßnahmen sorgfältig zu beachten, denn Lebenskraft und Gesundheit des künftigen Wesens werden bereits im Brutei beeinflußt. Die

**Gewinnung** des Bruteies erfolgt durch den Legeakt des Huhnes in einem einwandfreien Legenest. Reinlichkeit ist deshalb erstes Gebot. Eine gute Stalleinstreu und richtige Futter- und Trinkgefäße werden die Tiere in der Regel vor schmutzigen Füßen bewahren. Um ein Beschmutzen mit Hühnerkot zu verhindern, wird man die Nestkontrolle häufig wiederholen und eine rasche Entfernung der Eier aus dem Fallnest veranlassen. Mit dem Kot der Tiere können unter Umständen Krankheitserreger bereits auf das Ei übertragen werden. – Unmittelbar nach dem Legen wird das Ei mit Bleistift (nie mit Tinten-, Kopierstift oder Stempelfarbe, da diese giftig sein können!) gekennzeichnet. Es interessieren das Legedatum, die Nummer der Henne, evtl. auch der Farbenschlag. Danach wird das Ei auf einen gekauften Bruteiständer (am besten ein Markenfabrikat) gebracht oder in eine offene Schublade, in ein Kistchen oder in eine Schachtel, die

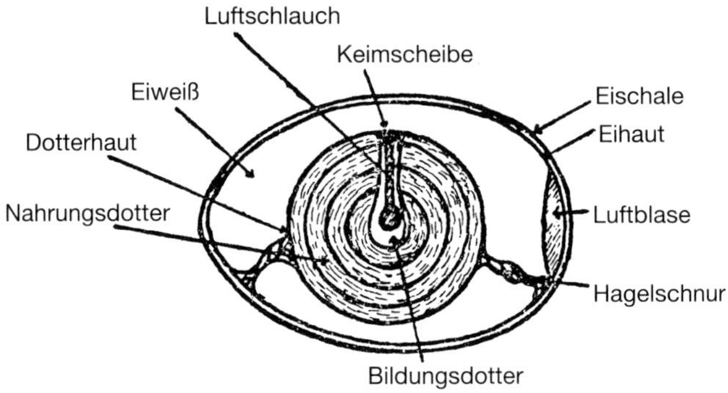

Schematische Darstellung eines Eies

mit trockenem Sand, geruchloser Spreu oder Häcksel, evtl. auch mit Hobelspänen oder Sägemehl eingestreut sind. Die Eier sind hier liegend aufzubewahren, ohne daß sie sich berühren. Auch sind sie täglich einmal um ihre Längsachse zu drehen, damit die Hagelschnüre ihre richtige Lage beibehalten. Die Hagelschnüre tragen die Dotterkugel, in der ein Luftschlauch vom Rande bis zum Mittelpunkt führt und die durch die Keimscheibe abgeschlossen ist. Aus diesem Grunde schwimmt der Keim immer oben; das tägliche Wenden aber verhindert das Anwachsen oder Ankleben an die Eihaut. Die günstigste

**Temperatur zur Aufbewahrung** der Bruteier beträgt zwischen 8 und 15 °C. Ein gut gelüfteter Raum ist Voraussetzung. Bereits bei einer Temperatur unter 5 °C nimmt der Keim beträchtlichen Schaden (Eier gefrieren leicht und schnell!);

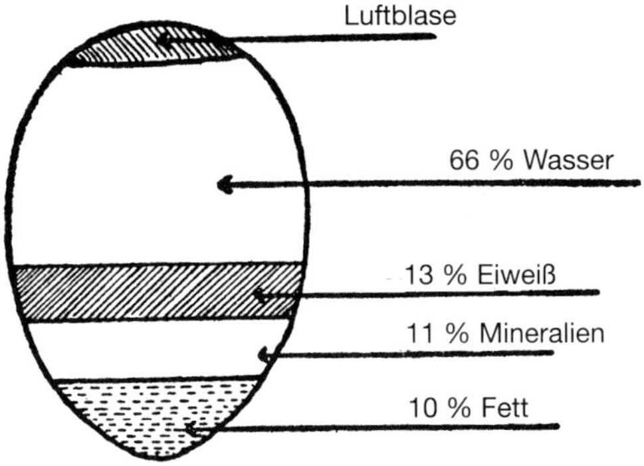

Zusammensetzung des Hühnereies

5 Italiener, goldfarbig

6 Italiener, silberfarbig

7 Jersey Giants, schwarz

8 Rheinländer, schwarz

dagegen kann eine zu hohe Temperatur die Entwicklung des Keimes vorzeitig einleiten. Deshalb ist bei der Gewinnung von Frühbruteiern der Stall bei strenger Kälte im Winter zu heizen; wenn nicht, muß das Ei sofort nach dem Legen aus dem Stall entfernt werden. Bruteier bewahre man auch nicht auf Schränken oder anderen hohen Möbelstücken auf, weil hier die Wärme meist zu groß ist und ebenfalls eine Schädigung des Keimes eintritt. Schließlich sollen Bruteier möglichst nicht über ihr spitzes Ende gekippt oder geschüttelt werden, so daß ihr Inhalt durcheinander gerät. – Die

**Auslese der Bruteier** ist unbedingt vorzunehmen. Zur Brut sind nur ganz normal geformte Eier mit guter Schalenbildung zu verwenden. Alle Eier mit Wulsten, Verdickungen, Kalkauflagerungen, fleckigen Poren usw. eignen sich zur Brut ebensowenig wie zu runde oder zu spitze Eier. Auch darf das Mindesteigewicht der betreffenden Rasse nicht unterschritten werden, weil aus kleinen Eiern nur kleine Küken schlüpfen und die Eigröße sich vererbt (sofern es sich nicht gerade um Spätbruttiere handelt, von denen Bruteier ja nicht gewonnen werden sollen). Auszusortieren sind ebenfalls die übergroßen Eier, denn in der Regel enthalten sie zwei Dotter oder sind nicht gut befruchtet und die Embryonen würden bei der Brut doch absterben. Auch Übergröße wird vererbt; sie führt zu Erkrankungen der Legeorgane. Zu akzeptieren ist lediglich ein Gewichtsunterschied von 10 g, dann wird der Stamm sich durch ein ausgeglichenes Eigewicht auszeichnen. Daß die Schalen keine Sprünge haben dürfen, ist selbstverständlich. Auf die Schalenfarbe der betreffenden Rasse ist gleichfalls zu achten und die Auslese auch auf sie auszudehnen. Nicht jedes gelegte Ei ist eben ein Brutei. – Die letzte Prüfung vor der Brut geschieht durch das

**Durchleuchten** der Eier, auf das nie verzichtet werden sollte, denn auf diese Weise zeigen sich deutlich die guten Schalen, die Schalen mit zu großen oder unregelmäßigen Poren, Blutklümpchen im Eiinhalt (infolge Eileiterstörungen), die Lage der Luftblase (die sich nur am stumpfen Ende befinden sollte) – alles Merkmale, die mit dem freien Auge nicht sichtbar sind und die den Bruterfolg günstig oder ungünstig beeinflussen. Wenn man alle fehlerhaften Eier von der Brut ausschließt, hängt das Brutergebnis nur von der Befruchtung (die am unbebrüteten Ei leider nicht festzustellen ist) und von der Brut selbst ab. Doch ist der größte Teil der untauglichen Eier bereits aussortiert, dann ist ein größerer Erfolg gesichert. Für sortierte Eier kann daher ruhig ein höherer Preis verlangt werden; er ist für solche Eier üblich. Nach einer Brutprobe kann, falls nötig, selbst die Befruchtung garantiert werden. – Das

**Alter** der Bruteier sollte bei der künstlichen Brut 10 Tage und bei der natürlichen 14 Tage nicht überschreiten, doch ist dieses günstige Alter nicht zu gewährlei-

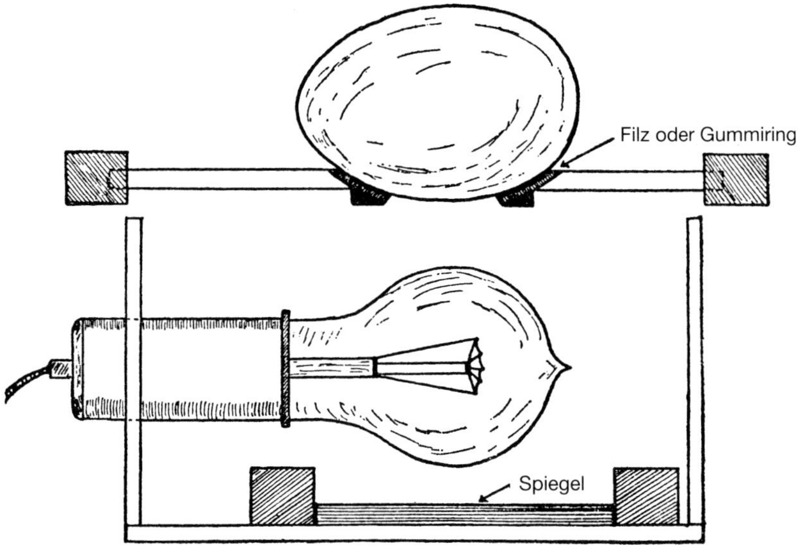


Prinzip einer Schierlampe

sten, wenn nur die Eier von wenigen wertvollen Zuchttieren gesammelt werden. Man hat also entweder häufiger brüten zu lassen und weniger Küken aufzuziehen oder die alten Bruteier aufzufrischen. – Das

**Auffrischen** älterer Bruteier geschieht in einem gut umwickelten Topf mit warmem Wasser (höchstens 38 °C), in den die Eier zwei bis drei Stunden lang gelegt werden. Sie nehmen dann die verdunstete Feuchtigkeit wieder auf; dies läßt sich an kleinen, aufsteigenden Luftbläschen erkennen. Aufgefrischte Bruteier werden einer guten Glucke anvertraut; sie werden also in Naturbrut erbrütet. Nach einer Bebrütungszeit von 10 Tagen können sie auch in den Brutapparat gelegt werden. Der Schlupf entspricht jenem frischer Eier. Legt man aufgefrischte Eier unmittelbar in den Apparat, dann läßt das Brutergebnis sicher zu wünschen übrig. Vortreffliche Schlupferfolge lassen selbst 20 Tage alte Bruteier nach natürlicher Brut erwarten, wenn Luftfeuchtigkeit und Außentemperatur günstig sind. Im Brutapparat aber versagen die gleichen Eier meistens. – Auf die Einlage verschmutzter Bruteier wird man in der Regel verzichten. Sollte jedoch die Verwendung unreiner Eier unumgänglich sein, so hat man die

**Eier zu reinigen.** Schmutzige Eier reinigt man nur mit einer reinen Bürste (weiche Nagelbürste). Die Eier sind dabei möglichst vorsichtig zu behandeln. Bürsten sollte man nur dann, wenn sich der Schmutz anders nicht lösen läßt. Nie wasche man die Eier! Eine getrocknete Schleimschicht auf der äußeren Eischale wirkt als natürlicher Schutz; sie darf deshalb nicht zerstört oder verletzt werden. – Da Bruteier häufig gekauft oder verkauft werden, ist es nötig, in diesem Zusammenhang auch auf den

**Transport** der Eier einzugehen. Als geeignete Transportmittel sind namentlich stabile Weidenkörbchen oder sehr starke Eierschachteln zu nennen. Die Eier werden schichtenweise in geruchlose Holzwolle gut verpackt. Dabei sollte jedes Ei einzeln von der Holzwolle gut geschützt sein und möglichst mit dem stumpfen Ende (Luftblase!) schräg nach oben zeigen. Alle vorhandenen Zwischenräume sind auszustopfen, so daß die Eier in ihrer Lage bleiben. Ausreichende Holzwolle befinde sich auch auf dem Boden, zwischen den einzelnen Eischichten und obenauf. Sparsamkeit ist hier falsch am Platze! So verpackt, sind die Eier sicher zu transportieren. Erfolgt die Beförderung per Bahn oder Post, dann bringe man unbedingt deutlich sichtbar eine Aufschrift an wie „Vorsicht! Bruteier“ oder „Nicht stürzen!“ oder „Zerbrechlich“ oder ähnliches. Selbstabholung ist vorzuziehen, denn der Käufer sieht an Ort und Stelle die Qualität der Bruteier und die Tiere, von denen sie stammen. Der Verkäufer hingegen kennt den Kunden, kann Ratschläge mit auf den Weg geben und vor allem: Mögliche Transportschäden werden auf ein Minimum beschränkt. Doch sind Fahrrad oder Motorrad, noch dazu auf schlechten Straßen, nur ein schlechtes Transportmittel, denn die Bruteier sind in jedem Fall vor Erschütterungen zu bewahren. Allein durch schlechte Behandlung während des Transportes gehen jährlich eine große Menge guter Bruteier zugrunde. Wir Züchter sollten daher alles tun, um das geschlüpfte und ungeschlüpfte Leben vor Schaden zu bewahren. Deshalb möge man auch dem Unfug ein Ende bereiten, die nach einem Transport angekommenen Eier zu schütteln. Jedes frisch transportierte Ei wird beim starken Schütteln eine schaukelnde Bewegung des Eiinnern erkennen lassen; Frische und Brauchbarkeit eines Eies sind daher auf diesem Wege nie festzustellen. Bruteier bedürfen nach einem langen und unsanften Transport der

**Ruhe.** Für die Naturbrut genügt es völlig, die ausgepackten Eier einige Stunden lang auf den Brutständer zu stellen oder in einen Behälter zu legen. Sind sie aber für die künstliche Brut vorgesehen, die ohnehin eine schräge Lagerung der Eier im Apparat verlangt, so kann die Ruhezeit um sechs Stunden abgekürzt werden. So lange braucht ein Ei im Apparat, bis die Entwicklung einsetzt. – Daher kann eine erfolgreiche

**Befruchtung** des Eies vor der Brut keinesfalls festgestellt werden. Die Befruchtung erfolgt durch den Tretakt des Hahnes. Da die Keimscheibe befruchtet wer-

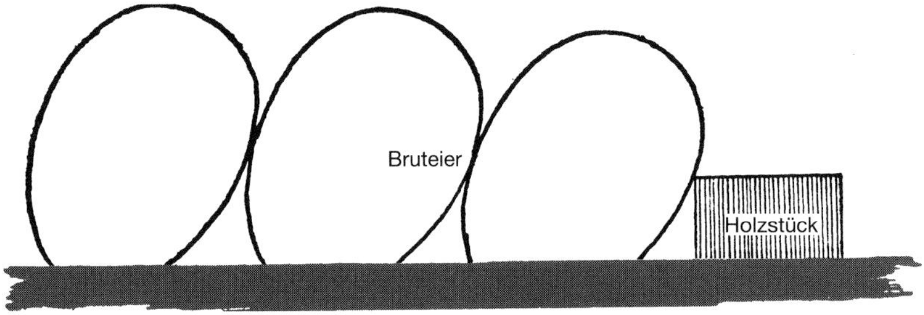


Ruhen der Eier nach dem Transport in Sand oder Spreu

den muß, bevor das Eiweiß den Dotter umschließt, steht die Befruchtung des Eies am Anfang seiner Entstehung. Daher hat der Samen einen recht langen und schwierigen Weg zurückzulegen, bis das Ei befruchtet wird. Es ist selbstverständlich, daß nicht jeder Tretakt erfolgreich zu sein braucht. Durch einen einmaligen erfolgreichen Tretakt aber können 10 bis 15 Eier sicher befruchtet werden. Aus diesem Grunde hat man beim Wechsel des Hahnes 20 bis 21 Tage zu warten, bis man die Gewißheit hat, daß der neue Hahn befruchtet. Bei den Hühnern sind völlig unfruchtbare (sterile) Hähne sehr selten. Meist liegt es leider an der Henne, die ständig unbefruchtete Eier legt; solche Hennen sind nicht einmal selten. Ja, oft handelt es sich sogar um sehr gute Legerinnen und Ausstellungstiere. In der Regel läßt die Befruchtung der Frühbruteier zu wünschen übrig. Ein

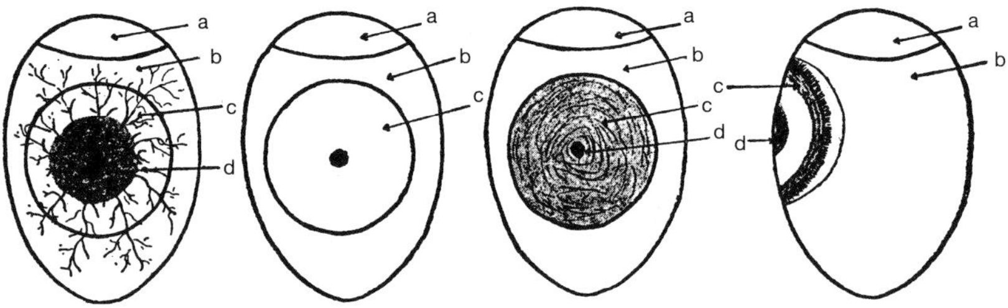


befruchtetes Ei
a = Luftblase
b = Eiweiß
c = Dotterkugel
d = Keim mit Schatten und Adern

unbefruchtetes Ei
a = Luftblase
b = Eiweiß
c = Dotterkugel

abgestorbenes Ei („falscher Keim")
a = Luftblase
b = Eiweiß
c = wolkiger Dotter
d = früh abgestorbener Keim

abgestorbenes Ei („Totenkranz")
a = Luftblase
b = Eiweiß
c = Totenkranz
d = abgestorbener Keim (angewachsen)

Befruchtungssatz von 60 Prozent gilt bereits als gut, denn zu dieser Zeit fehlt den Tieren das Grünfutter und im Auslauf das wichtige tierische Eiweiß. Näheres über die Erzielung guter Frühbruteier ist im Abschnitt „Die Fütterung“ eingehend behandelt.

**Gute Bruteier** lassen sich nur von frohwüchsigen, leistungsstarken, einwandfrei gefütterten und gepflegten Hennen aus guten Ställen mit den besten Erbanlagen erzielen. Die besten Bedingungen von Brut und Aufzucht gleichen schlechtes Brutmaterial nicht aus; deshalb kann die genaue Befolgung dieses Abschnittes nicht eindringlich genug empfohlen werden.

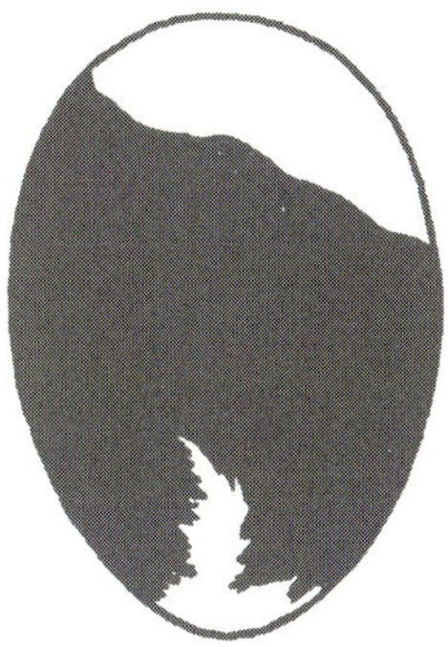

gut entwickeltes Ei (14. bis 15. Bruttag)
große Luftblase, festsitzender
dunkler Teil und heller Streifen

abgestorbenes Ei (10. bis 11. Tag abgestorben) große Luftblase, bräunlicher Teil
beweglich und großer heller Streifen

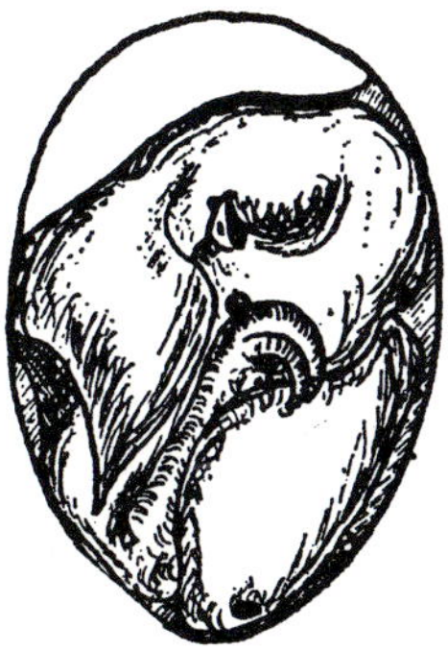

Brutei vor dem Schlupf
Lage des Kükens mit dem „Eizahn“
am Schnabel

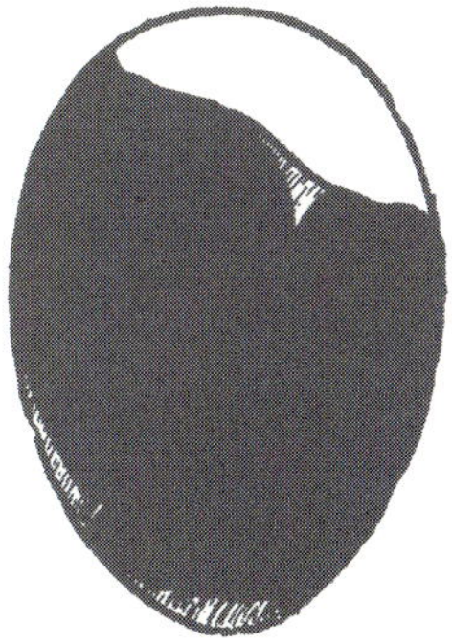

Brutei am 18. Tag
Inhalt des Eies schwarz und dunkles Grau

# Die Aufzucht

Man unterscheidet wie bei der Brut eine natürliche und künstliche Aufzucht der Küken. Naturgewollt ist die

**natürliche Aufzucht.** Als Wärmequelle dient die Glucke. Entweder hat sie die Küken selbst gebrütet, oder die geschlüpften Küken wurden dem Bruttier untergeschoben. In Frage kommen die Bruthenne einer brütenden Rasse, ein Truthahn oder eine Truthenne und ein Kapaun. Wie man die Küken den Tieren unterschiebt, ist bereits im Kapitel über die natürliche Brut behandelt. Der

**Raum** für die natürliche Aufzucht ist je nach Wetter und Jahreszeit zu wählen. Die gründlich gereinigte Brutkiste, in der die Glucke gebrütet hat, eine große Bucht eines Kaninchenstalles, eine leere Abteilung im Hühnerstall oder im Scharrraum, auch eine gute Hundehütte usw. eignen sich in den ersten Tagen der natürlichen Aufzucht vorzüglich, gründliche Desinfektion vorausgesetzt. Der Zweck des Raumes besteht ja darin, dem Muttertier einen ruhigen, hellen, trokkenen, zugfreien Sitzplatz und den jungen Küken zur Futter- und Wasseraufnahme eine kleine Fläche mit reinem, trockenem Sand zur Verfügung zu stellen. In der ersten Woche verlangen die Küken nur nach Wärme; die Bewegung ist möglichst einzuschränken. Manche Glucken, besonders gern die Puten, streifen viel durch das Gelände, so weit der Platz es zuläßt; die Kleinen ermüden dadurch leicht und verklammen häufig. Daher wird der Raum von vornherein auf das richtige Maß beschränkt. Von der zweiten Woche an dürfen die Küken bei gutem Wetter und Sonnenschein einige Stunden lang ins Freie. Dieser erste Auslauf sollte auf einem möglichst frischen, unverbrauchten Stück Wiese errichtet sein. Am besten verwendet man dazu ein sogenanntes

**Kükengatter,** ein mit engem Maschendrahtgitter bespannter Rahmen aus Holzleisten. Es genügt, wenn die vier Seitenteile mit einem sehr engen Drahtgeflecht bezogen werden und der Rahmen mit einem weiteren Drahtgitter geschlossen ist. Diese Gatter mache man am besten zum Zerlegen selbst. Als Grundfläche wähle man höchstens 2 $m^2$. Das Gatter mit der Brutkiste wird täglich auf eine andere Stelle des Grases gerückt. Aus diesem Grunde sei der Holzrahmen nicht zu schwer. Ein Gatter hilft Verluste durch Verlaufen und durch Beutegreifer (Katzen, Greifvögel usw.) verhindern. Auch wird die Grasfläche auf diese Weise besser abgeweidet und dennoch geschont, da die Tiere nicht die ganze Auslauffläche begehen. – Das

**Aufstellen und Halten** der Glucke mit ihren Küken erfolge möglichst an einem ruhigen Ort, wo Hunde, Kinder, andere Hühner usw. Mutter und Kükenschar nicht beunruhigen. In ihrer spürbaren Sorge um das Leben der Kleinen tun viele Glucken häufig des Guten zu viel und können Küken bei ihrer Verteidigung mitunter zertreten. Besonders die Puten sind angriffslustig und bescheren dem Züchter oft selbst die ersten Verluste. – Die

**Fütterung** der Küken sollte einsetzen, wenn die Tierchen zu picken beginnen und so zu erkennen geben, daß sie hungrig sind. Ruhe und Wärme sind den Küken zunächst wichtiger als Futter. So wie die Küken nicht gleichzeitig aus dem Ei schlüpfen, so werden sie auch unterschiedlich zum ersten Male Futter aufnehmen. Das

**erste Futter** sollte keinesfalls aus gekochten Eiern bestehen, denn gekochte Eier sind für die Kleinen nur schwer verdaulich. Weiches Ei wäre schon besser, doch halte ich auch dies nicht für geeignet. Die Natur bietet uns ja zur Fütterung kleiner Hühnerarten in freier Wildbahn während der ersten Zeit ihres Lebens genügend Hinweise. Danach wurden zahlreiche Großversuche durchgeführt mit dem Ergebnis, daß Mehlfutter, trocken gegeben, die handelsübliche Kükengrütze, kleine Körnchen von geschälter Hirse, Bruchreis usw., mit grobem Flußsand und Holzkohle vermischt, bestes und gesündestes Kükenfutter sind. Unter der Anleitung der Glucke werden die Küken das Fressen bald erlernt haben. Man füttert und tränkt frisch alle zwei Stunden, also fünf- bis siebenmal am Tag. Die Zeiten sind genau einzuhalten. Es ist nur so viel Futter zu reichen, als in zehn Minuten aufgenommen wird. Auf diese Weise bleiben die Küken häufiger unter der Wärmeglucke und gedeihen besser. Zur beliebigen Aufnahme aber sollten ständig reiner Sand und Holzkohle mit Grit bereitstehen.

In der Regel gibt man das käufliche Kükenaufzuchtmehl, evtl. auch Gersten-, Weizen- oder Buchweizengrütze, ferner Haferflocken, geschälte Hirse, etwas Bruchreis (ist ungeschält besser!), entweder einzeln, gemischt oder abwechselnd. Man nehme von den genannten Futterarten, was man am besten und billigsten erhält. In der letzten Zeit hat sich Milokorn als Kükenaufzuchtfutter bewährt. Die Grütze wird zuerst nur trocken gereicht, und zwar auf einem Futterbrettchen, das mit einer dünnen Leiste eingerahmt ist. Futterreste können an andere Tiere weiterverfüttert werden, doch sehe man sich vor, daß kein Futter in die Einstreu gerät. Auf diese Weise kann Futter verderben; an den ersten Krankheiten der Küken aber wäre man selbst schuld. Vom vierten Tage an kann man feingeschnittenes Grün trocken unter das Futter mischen. Am nährwertreichsten sind junge Brennesseln, Löwenzahn, Spinat, fein geriebene Möhren. – Vor der ersten Fütterung ist allerdings das

**Tränken** der Tierchen unbedingt notwendig. Man reiche reines, frisches Wasser. Vom vierten Tage an kann mit der Verabreichung von saurer Milch begonnen werden. Sehr zu empfehlen ist saure Buttermilch oder Magermilch. Jede Milchart aber ist in einwandfrei saurem Zustand zu verabreichen, denn nur angesäuerte Milch bewirkt schweren Durchfall mit tödlichem Ausgang. Quark ist ein hervorragendes Futter für Küken und größere Tiere. Bei der Zubereitung von Quark fällt immer die Flüssigkeit an, die zum Tränken und zur Bereitung des feuchtkrümeligen Weichfutters verwendet werden soll. Saure Milch ist das beste Vorbeugungsmittel gegen die weiße Kükenruhr. Alle sauren Milcharten dürfen keinesfalls aus metallenen Trögen gefüttert werden, denn die Milchsäure verändert eine Reihe von Metallen zu giftigen Metalloxyden. Erkrankung und Tod von Küken wären die Folge. Daher verwende man am besten Tröge aus Emaille, Kunststoff, Ton, lackgebranntem Blech oder reinem Aluminium. Bei den Tränken, in denen saure Milch gegeben wird, sehe man immer wieder nach, ob Milch auch nachlaufen kann. Die Milch kann dick werden und die Ausflußlöcher verstopfen. Auch ist besonders darauf zu achten, daß nur Kükentränken verwendet werden, bei denen sich die Kleinen nicht naß machen können und die auch die Glucke nicht umwerfen kann. Besonderer Aufmerksamkeit und häufiger Reinigung bedürfen daher die

**Kükentränken und -tröge.** Man kaufe nur die besten Fabrikate, und zwar solche, die von den Küken nicht verschmutzt werden können und aus denen Futter nicht zu vergeuden ist. Sehr empfehlen möchte ich, die Tröge mit dem Kükenfutter von der zweiten Woche an so aufzustellen, daß die Glucke sie nicht erreichen kann. Auf diese Weise läßt sich teures Futter sparen, und der Glucke wird das eiweißreiche Futter länger vorenthalten; ihr Legebeginn wird dadurch verzögert. Je später die Glucke mit der Legetätigkeit beginnt, desto länger wird sie die Küken zuverlässig betreuen. Eine der wichtigsten Voraussetzungen einer einwandfreien Aufzucht aber ist die ausreichend lange Betreuung der Küken durch das Muttertier. Was in der Jugend der Tiere versäumt wird, ist nach alter Erfahrung später nun einmal nicht mehr nachzuholen. – Ist eine

**Absperrung** des Kükenfutterplatzes nicht möglich, so daß die Glucke die Kleinen sich bald selbst überläßt und viel zu früh mit dem Legen beginnt, kann man, falls vorhanden, einer anderen brütenden Henne die Küken unterschieben, doch nur des Abends und nur im eigenen Nest. Meist wird das Tier des Morgens die älteren Küken als die eigenen annehmen und betreuen. Sollte jedoch die neue Mutter die Küken stark picken, dann soll man sie ihr wieder wegnehmen, denn es besteht die Gefahr, daß einige der Küken verletzt werden; Wunden in früher Jugend aber lassen Narben und Kahlstellen zurück, die auch das beste Tier später ausstellungsuntauglich machen. Daraus ergibt sich erneut der große Vorteil des Kapauns für die natürliche Aufzucht. Meist sind selbst die Puten bessere Betreuer als die Hühner, obwohl sie früher zu legen beginnen. Auf jeden Fall halte man vor dem Legebeginn die Hähne von den Glucken fern. Man würde sonst nur einen früheren Legebeginn fördern. – Sofern man

**mehrere Glucken** besitzt und Küken zur gleichen Zeit aufziehen läßt, sind sie voneinander zu trennen und dürfen sich nicht etwa durch einen Drahtgitterzaun bekämpfen können. Auch muß dafür gesorgt werden, daß Küken sich nicht einer fremden Kükenschar anschließen können. Sie würden von der fremden Glucke meist übel zugerichtet und nicht selten tödlich verletzt werden. Hat man jedoch mehrere Glucken mit wenig und verschieden alten Küken, dann kann man die älteren den jüngeren Küken zugesellen. Dieses

**Unterschieben ungleich alter Küken** ist bis zu einem Altersunterschied von vier Wochen durchaus möglich. Notwendig ist dabei, daß die älteren Küken in die ihnen fremde Umgebung gebracht werden; so werden sie nach ein bis zwei Tagen die jüngeren Tierchen zu beißen unterlassen. Sie unterstützen sogar die Glucke bei der Erziehung ihrer Kükenschar ganz wesentlich. Wenn Alter und Rasse es gestatten und mehrere Glucken zur Verfügung stehen, kann man die Geschlechter trennen. Wem eine solche Trennung möglich ist, der hat über die

**gleichmäßige Entwicklung** der Tiere nicht zu klagen. Man bedenke stets, daß ein Küken bis zur elften Lebenswoche sein Eigengewicht verveilfacht. Eine derart starke Beanspruchung des Organismus bedarf einer ungestörten Entwicklung der jungen Lebewesen. Deshalb verlangt die verlustfreie Aufzucht eine einwandfreie, ja liebevolle Pflege. Dazu gehören gutes, richtig zusammengesetztes Futter, klares Wasser, ein täglich gereinigter Übernachtungsplatz, Schutz vor Zugluft und Erkältung (die in der Regel eine Folge der Nässe durch Tränke oder Gras ist), behagliche Wärme unter der alten Glucke. Sonst entspricht die Pflege in allen Belangen jener der künstlichen Aufzucht. Futteranweisungen und Kükenkrankheiten werden am Schluß dieses Abschnittes behandelt. – Die

**künstliche Aufzucht** ist gar nicht so schwierig, wie sie dem Anfänger oft erscheint. Eine den hohen Anforderungen gemäße richtige Einrichtung erfordert sicher nicht mehr Arbeit; vor allem können die Küken nach Belieben unter die Wärmequelle und haben nicht erst lange zu betteln, bis die Glucke sich bereit findet. Meist werden künstlich aufgezogene Küken ihrem Pfleger gegenüber viel zutraulicher. Nicht zu befürchten sind ferner Verluste unter den Küken, denn sie können weder im Bauchgefieder der Glucke ersticken noch von ihr zu Tode getreten oder erdrückt werden; auch sind Ermüdungen nach weiten Spaziergängen ausgeschlossen. Die Wärme (in Kammhöhe der Küken gemessen) kann je nach Bedarf eingestellt und entsprechend den Erfordernissen der Aufzucht über eine entsprechende Zeit erhalten werden. Natürlich erfordert die künstliche Aufzucht notwendige Erfahrung in der Einstellung und Erhaltung gleichmäßiger Wärme. Den Vorteilen stehen als

**Nachteile** der künstlichen Aufzucht gegenüber: Feuergefahr, Entwicklung schädlicher Gase, schwieriger Transport des Kükenheims, Schutzlosigkeit der Tierchen und daher Haltung in Gehegen, fehlender Zutritt zu den natürlichen Leckerbissen wie Kerbtieren, Maden, Würmern usw., schwierige Bekämpfung von Krankheiten und Seuchen bei einer größeren Anzahl von Küken. Die Kosten der Heizung entsprechen meist den Futterkosten der Glucke.
Erstaunlicherweise zeigt sich in der Praxis immer wieder, daß die Aufzucht während der ersten Zeit oder auch insgesamt meist tadellos gelingt; später wird sie leider immer mehr vernachlässigt, weil man in der Selbsttäuschung des Erfolges sich zu sicher fühlt und die notwendige Sorgfalt außer acht läßt. – Beim

**Kauf** des künstlichen Kükenheimes lasse man sich nie verleiten, sich auf die Größenangabe der Firmen sorglos zu verlassen. Kükenheime, die z. B. für 50 Küken angeboten werden, sind nach einigen Wochen bereits zu klein, denn die Küken wachsen schnell und benötigen schon nach kurzer Zeit mehr Raum. Eintagsküken haben in sechs bis acht Wochen die zehnfache Größe. Wohin aber mit diesen Tieren bei einem zu kleinen Kükenheim? Küken benötigen ausreichend Bewegung; Platzmangel läßt Kümmerlinge entstehen. Da hilft weder gutes Futter noch gleichmäßige Wärme. Wer eine größere Anzahl von Küken zur Aufzucht vorgesehen hat, lege sich besser mehrere der teueren, kleineren Heime zu und ziehe die Küken, auf verschiedene Heime verteilt, getrennt auf. Dies hat den großen Vorteil, daß man die Küken nach Geschlecht, Alter und Entwicklung trennen kann. Auch sind kleinere Kükenherden leichter zu überblicken, erkrankte Tiere rascher festzustellen und Verluste besser zu vermeiden. Schirmglucken, die in Aufzuchtställen, sogenannten Kükenställen, aufgestellt sind, bedeuten stets eine erhöhte Gefahr während der Aufzucht; Fütterung und Pflege einer entsprechend großen Anzahl von Küken erfordern sehr viel Erfahrung. Alle Kükenheime genügen hohen Ansprüchen; leider läßt ihre Größe noch zu wünschen übrig. Das Bestreben der Firmen, preiswert zu sein, trägt nicht dazu bei, diesem untragbaren Zustand ein Ende zu bereiten. Man verlasse sich nicht auf einen großen Auslauf oder Scharraum. Die ungünstigen Witterungsbedingungen in unseren Breiten lassen es nicht geraten erscheinen, den Küken ungeschützte Plätze zur Verfügung zu stellen. Gerade deshalb warne ich nachdrücklich vor der Einengung der Küken bei der künstlichen Aufzucht. Meist ist sie die Ursache der großen jährlichen Fehlschläge. Dies bestätigen meine Besuche namentlich bei den Anfängern immer wieder. Die Geflügelfarmen und größeren Betriebe arbeiten mit bedeutenden Kükenherden. Ihre Verlustziffer ist daher größer; die Hähnchen werden so bald wie möglich aussortiert und abgesetzt. Der Rassegeflügelzüchter dagegen benötigt zur Auslese jeden Hahn. Größere Ausfälle sucht er zu verhüten, da er ja ohnehin nur über eine kleine Anzahl von Nachwuchstieren verfügt. Auch ist er ständig bestrebt, die kostspielige Aufzucht durch bestes Aufzuchtmaterial zu verbilligen und die Verluste an guten Tieren klein zu halten. – Der

**Selbstau eines Kükenheimes** ist nur dem Fachmann zu empfehlen, doch kann auch ein guter Bastler sich aus guten, trockenen und gespundeten Brettern ein Kükenheim bauen und dessen Außenseite mit Dachpappe überziehen. Allerdings ist die Heizquelle unbedingt von einer Markenfirma zu beziehen, denn wesentliche Erfordernisse einer erfolgreichen künstlichen Aufzucht ist eine gleichmäßige Wärme. Wärmeausfall, ja selbst Temperaturschwankungen sind durch nichts mehr auszugleichen. Als

**Wärmequellen** bietet heute der Handel eine Vielzahl unterschiedlicher Beheizungsarten an. Ich gebe der elektrischen Schirmglucke mit oder ohne beheizter Bodenplatte den Vorzug. Gut sind auch die Brikettheizung und die Warmluftsysteme, doch verursachen sie wie die Warmwasserglucke im Laufe der Zeit größere Reparaturen und dadurch nicht unerhebliche Kosten. Alle Wärmequellen mit offener Flamme sind ungeeignet; sie verbrauchen den ohnehin lebenswichtigen Sauerstoff der Luft und gefährden die Aufzucht obendrein durch Ausdünstung und schlechten Geruch. Elektrische Kükenheime sind mit einer Alarmanlage leicht zu versehen, die Störungen sofort meldet. Auch sind evtl. nötige Reparaturen billig und schnell zu erledigen. Ihr Stromverbrauch ist äußerst gering. Bei den heutigen Fabrikaten schwankt die Wärme nicht mehr als um 5 °C; auf die Aufzucht hat dies keinen Einfluß. Sehr geeignet sind die modernen Infrarotstrahler, bei denen man allerdings den Dunkelstrahlern den Vorzug geben sollte, da die Küken bei Verwendung von Hellstrahlern nachts kaum zur Ruhe kommen. Die Reduzierung der

**Wärme** erfolge von anfänglich 32 bis 38 °C um wöchentlich 2 °C. Je nach Jahreszeit und Rasse kann die Wärme schon bei 20 °C langsam entzogen werden, sofern die Tiere genügend befiedert sind und den Warmraum nicht mehr benützen wollen.

**Tröge und Tränken** rate ich von einer guten Spezialfirma zu beziehen. Auf eine stabile Ausführung ist zu achten, ferner auf eine leichte Reinigungsmöglichkeit. Ein Küken benötigt an Platz anfänglich 2 cm, später 5 cm der laufenden Troglänge. Nie berechne man die Anzahl und Größe der Tröge, der Futterbrettchen und Tränken zu klein, denn alle Tierchen müssen zur Futter- und Wasseraufnahme gleichzeitig genügend Platz finden. Der Kampf um unzureichende Futterplätze begünstigt die Entwicklung von Kümmerlingen! – Auf eine gute und sachgemäße

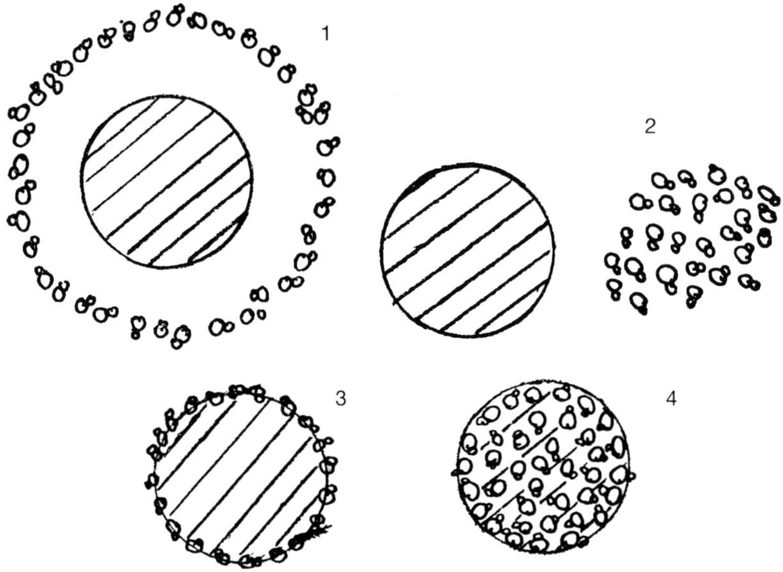


Verhalten der Küken unter der Wärmequelle
1 zu warm
2 Zugluft
3 richtige Temperatur
4 zu kalt

**Lüftung** ist zu achten, denn gerade bei den wachsenden Küken ist der Luftverbrauch groß. Damit man das Kükenheim auch ins Freie stellen kann, muß es mit einem soliden, dichten Dach ausgestattet, leicht zu öffnen und einwandfrei zu verschließen sein, um ungebetene Gäste fernzuhalten. – Der

**Aufzuchtstall** ist nichts anderes als ein größeres Kükenheim auf einem festen Platz, in dem eine größere Anzahl von Küken untergebracht werden kann. Der Raum entspricht dem des Stalles für große Hühner. Er hat lediglich keine Inneneinrichtung, und die Fenster reichen tiefer auf den Boden. In der Mitte des Aufzuchtstalles steht die Schirmglucke. Bei entsprechender Heizungsart ist ein Blech zu unterlegen, um die Brandgefahr durch herausfallende Glut zu verhindern. Während der ersten zwei bis drei Tage wird um die Schirmglucke ein niedriger Drahtgeflechtzaun gestellt, damit die Kleinen sich nicht in alle Winkel verlaufen und die Wärmequelle womöglich nicht mehr finden. In der Höhe der Küken wird ein Thermometer angebracht, damit man die Wärme kontrollieren kann.

Die Ecken des Stalles sind abgerundet, denn es besteht sonst die Gefahr, daß sich die Küken später in ihnen gegenseitig erdrücken.
Stets hat man darauf zu achten, daß sich die Tierchen nicht zusammenballen; wenn doch, dann fehlt es ihnen meistens an der nötigen Wärme. Die Gefahr, daß die unteren Tierchen dabei ersticken, ist um so größer, je größer die Anzahl der Küken im gleichen Raum ist. Die Küken können sich im Kükenheim auch dann erdrücken, wenn die Stromzufuhr unterbleibt und die Wärme sinkt. Wegen der geringen Kükenzahl ist dies jedoch selten. – Zu jedem Kükenheim gehört ein passendes

**Kükengatter** (Gehege) aus Drahtgeflecht. Es soll den kleineren Küken den ersten Ausflug ins Freie gestatten. – Selbstverständlich muß die

**Einstreu** trocken sein. Gut eignen sich trockener Sand, Strohhäcksel oder Kleesamenreste. Am besten jedoch ist eine Unterlage aus trockenem Sand und darauf eine Schicht gehäckseltes Stroh. Nicht zu verwenden sind Torfmull oder Torfstreu. Die Tierchen würden davon fressen; nach dem Trinken aber würde der Torf im kleinen Kröpfchen so stark aufquellen, daß erhebliche Verdauungsstörungen und Verstopfungen die Folge wären. – Sogenannte

**Kükenwindeln** gehören unter die Schirmglucke oder auf die Bodenplatte. Man legt aufgetrennte Säcke, Papier oder Rupfenstücke auf die Einstreu unter die Wärmequelle, damit der Kot gesammelt wird. Die Windeln werden täglich gereinigt und gewendet. Nach zweimaligem Gebrauch werden sie gewaschen. So sorgt man billig und arbeitssparend für einen ständig reinen Lagerplatz der Küken. Auch läßt sich der Kotabsatz täglich kontrollieren und mögliche Verdauungsstörungen von Anfang an beheben. Man präge sich ein: Gerade durch den Kot werden die meisten und gefährlichsten Seuchen übertragen. Deshalb ist Reinlichkeit in der Geflügelhaltung oberstes Gebot, im besonderen Maße aber während der Aufzucht. – Wesentlich ist ferner ein

**Thermometer,** das das Maximum und Minimum zur Feststellung der richtigen Wärme anzeigt. Für unsere Kükenställe und -heime genügt bereits ein ungeeichtes Thermometer, das wesentlich billiger ist und den gleichen Zweck erfüllt. Seiner Aufgabe wird es nur dann gerecht, wenn es 2 bis 3 cm über der Einstreu, also in Kükenhöhe, angebracht ist. In größerer Höhe über der Einstreu ist die Temperatur bereits deutlich höher. Zu wenig Wärme hat namentlich in den ersten Tagen der Tierchen eine Reihe von Erkältungskrankheiten zur Folge; unter solchen Umständen würden sich unweigerlich Verluste einstellen.

**Vor der Benutzung** des Kükenheimes oder -stalles ist die Heizquelle in Betrieb zu setzen und auf die notwendige Temperatur von 36 °C zu bringen. Diese

Wärme muß unbedingt erhalten bleiben. Dann erst sind die Küken unter die Schirmglucke zu setzen. Bei kleinen Kükenheimen mit etwas stärkerer Besetzung wird man mit 36 °C beginnen. Da die Tierchen noch etwas Eigenwärme besitzen, würde es sonst zu warm werden. Wer eine gebrauchte Heizung, vielleicht gar eine Kohleheizung auf Blechunterlage erneut verwendet, muß diese schon einige Wochen zuvor sorgfältig prüfen und in Ordnung bringen lassen. Die lange Zeit der Aufbewahrung kann Reparaturen nötig machen; Feuerungsrohre, in denen glühendes Heizmaterial noch wochenlang brennen soll, sind auf dünne, etwa durchgebrannte Stellen zu untersuchen. Daß Küken, meist bei Nacht, durch herabfallende ausgebrannte Metallteile verbrennen, ist leider keine Ausnahmeerscheinung; Brand und Rauchvergiftungen sind die Begleiterscheinungen solcher Tiertragödien. Um es noch einmal zu betonen: Man sei beim Nachschüren und dem Entfernen der Asche äußerst vorsichtig. Ein genügend großes Blech oder eine feuerfeste Kunststofftafel gehört unter die Feuerung und ihre Öffnung. – Wenn alle Vorbereitungen getroffen sind, erfolgt das

**Einsetzen der Küken.** Dabei muß die trockene Einstreu gleichfalls angewärmt sein. Die Eintagsküken werden unter die künstliche Glucke gesetzt. Man möge sie noch einmal zählen und sorgfältig auf mißgebildete Tierchen achten. Man beachte, daß nur ganz abgetrocknete Küken unter die künstliche Heizung gehören, sagte doch ein alter bekannter Fachmann: „Nach dem Schlupf dauert die Brutzeit der Küken noch drei Tage." Das bedeutet, daß die Wärme in den ersten Tagen Leben spendet; Futter dagegen erhält nur dieses Leben. – Sofern unsere Eintagsküken von einer Brutanstalt stammen, muß ebenfalls alles vorbereitet sein, wenn die Tierchen eintreffen. Die Transportschachteln sind vor dem Bahn- oder Postbeamten zu öffnen (damit sie etwaige tote Tiere bescheinigen) und zu zählen. Vor dem Einsetzen in das Kükenheim werden sie mit der Schnabelspitze einzeln in eine überschlagene Tränke getaucht. Dabei sollen die Beinchen auf dem Boden bleiben. So lernen sie von Anfang an, daß sie das Köpfchen zum Fressen haben. Die Tierchen zu füttern halte ich nicht für notwendig; wesentlich wichtiger ist dagegen meist die schnelle Erwärmung der kleinen Ankömmlinge. Sie werden das Fressen um so schneller erlernen, je behaglicher sie sich in ihrem neuen Heim fühlen. – Zur

**ersten Fütterung** setzt man die Küken auf die bestreuten Futterbrettchen und klopft mit dem Finger leicht auf das Futter. Bald werden die ersten Tierchen anfangen, Futter aufzupicken. Sehr rasch gucken auch die übrigen diese Tätigkeit ab, und innerhalb kurzer Zeit hat die kleine Gesellschaft begriffen. Doch möge man unbedingt darauf achten, daß die Küken die Tränke finden und benützen. Und daß sie alle nach dem Fressen (nach etwa 15 Minuten) die Wärme wieder

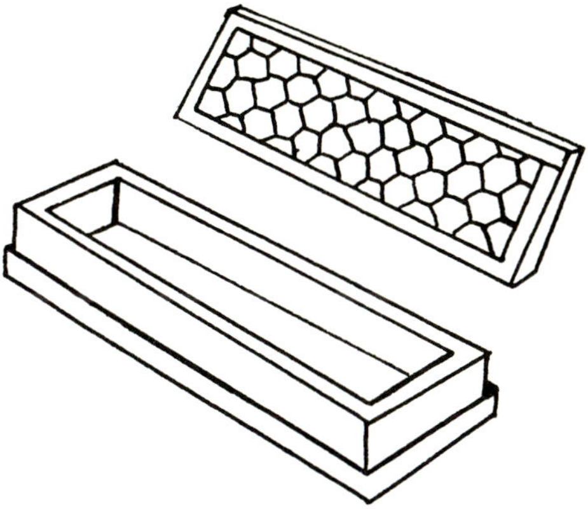

Kistchen mit Drahtrahmen, geeignet als Kükenfutterbrett oder zur Einsaat von Grünfutter

aufsuchen. Haben die Küken die Wärme- und Futterquellen erst ausfindig gemacht, dann hat man sie nur noch zu beaufsichtigen. – Die

**Fütterungszeiten** alle zwei Stunden, also sechs- bis siebenmal am Tage, sind pünktlich einzuhalten. Sie sind auf zehn Minuten zu beschränken. Die Küken sollen sich rasch sättigen und danach unter der künstlichen Glucke ihr Verdauungsschläfchen halten. Um diese Ordnung zu erzwingen, verdunkeln findige Züchter den Futterraum und jagen die Tierchen unter den Wärmeschirm zurück. Auf diese Weise kann man die Küken in der ersten Zeit ganz ordentlich treiben. Diese Methode sollte aber nicht ausarten und keineswegs länger als acht Tage lang dauern. Sie ist bei einer Spätbrut zu vertreten, wenn man etwas Zeit gewinnen will. Unbedingt zu beachten ist, namentlich dann, wenn man solche Treibhaustierchen ausstellen will, daß durch konzentriertes Futter (mit tierischem Eiweiß) und durch reichliche Wärme sich die Kämme auffallend stark entwikkeln.

**Kükenfutter** kann, wie schon erwähnt, in seinen Bestandteilen einzeln oder gemischt gegeben werden oder nur aus einer Körnergrütze bestehen. Dazu werden verwendet: Haferflocken, geschälte Hirse, Buchweizen, Gersten-, Weizengrütze, Milokorn, Bruchreis (ungeschält), Maisgrütze. Jeder mag davon wählen, was er am besten und damit am billigsten erhalten kann. Uns darf für unsere kleinen Küken nur das beste Futter gut genug sein. Grütze wird trocken gegeben; vom vierten Tage an darf sie auch als feuchtkrümeliges Weichfutter gereicht werden. Zur ständigen Aufnahme hat immer Kükenmehl bereitzustehen. Ferner müssen stets

**Grit und Holzkohle** in feiner Körnung, mit Flußsand vermischt, in einem Trögchen aufgestellt sein. Sehr hoch einzuschätzen sind als

**tierisches Eiweiß** saure Milch jeder Art und Quark. Ebenso gehört als erste Eiweißgabe gutes, reines Fischmehl (Dorschmehl) in das Futter. Erst nach drei Wochen (bei Großrassen) bzw. nach der vierten Woche (bei Zwerghühnern) ist es ratsam, pflanzliches Eiweiß (z. B. Sojamehl) beizumischen. Doppelt vorsichtig aber muß sein, wer

**süße Milch** geben will. Süße Milch darf den Küken nur kurze Zeit zur Verfügung stehen, denn Wärme und etwaige Verschmutzung führen allzu leicht zur Ansäuerung der Milch; angesäuerte Milch aber schadet mehr, als Frischmilch je nützen kann. Schaf- und Ziegenmilch möge man wegen ihres höheren Fettgehaltes mit etwas überschlagenem Wasser verdünnen; süße Kuhmilch braucht dagegen nicht verdünnt zu werden. Besonders wertvoll gerade für Küken ist abgerahmte, also Magermilch, denn die Jungtiere benötigen in erster Linie Eiweiß, nicht aber Fett. Auch säuert Magermilch viel schneller. Bei Frühbruten ist die Gabe von

**Lebertran** oder guter Lebertran-Emulsion unerläßlich, wenn Sonne und vitaminreiches Grün noch nicht oder noch nicht ausreichend zur Verfügung stehen. Die Emulsion darf nicht mehr als höchstens 1% freie Fettsäure enthalten und muß mit Vitaminen angereichert sein. Gibt man Lebertran wöchentlich nur zweimal, dann rechnet man für jedes Tier 3 g; reicht man dagegen eine tägliche Gabe, dann ist es besser, die Flüssigkeit unter das Mehlfutter zu mengen und von diesem Mehlfutter die benötigte Menge täglich unter das übliche Futter zu mischen. Wenn man Lebertran in Futter, z. B. in Kleie mischt, darf dieses Futter nie länger als drei bis vier Tage stehen bleiben, denn schon in ein paar Tagen werden die Vitamine zum Teil zerstört und unwirksam; deshalb muß das Gefäß, in dem Lebertran bzw. Emulsion aufbewahrt wird, dicht verschlossen sein und kühl gelagert werden. Als tägliche Lebertrangabe sind für Hühnerküken vorzusehen:

| | |
|---|---|
| von der 1. bis 3. Woche | etwa 0,1 g |
| von der 4. bis 6. Woche | etwa 0,3 g |
| von der 7. bis 10. Woche | etwa 0,4 g |
| von der 11. bis 20. Woche | etwa 0,5 g |
| nach der 20. Woche | etwa 1,0 g |

**Grünfutter** ist in der Kükenaufzucht nicht wegzudenken. Grünfutter können die Küken nicht genug bekommen. Man kann Hühner mit allen Futtermitteln überfüttern, nicht aber mit Grünfutter. Auch der beste und gepflegteste Auslauf mit zarter junger Grasnarbe allein genügt nicht. Vom vierten Tage an gebe man

9 Rhodeländer

10 Sundheimer, hell

11 Bantam, schwarz

12 Bassetten, wachtelfarbig

bereits feingehackte Brennesseln, Löwenzahn, Spinat, Mangold und Schnittlauch; geriebene Möhren oder auch Rote Beete (Rote Rüben) und Zwiebeln werden gerne im Weichfutter aufgenommen. Salate reiche man nur wenig, und dann nur geschnitten im Weichfutter, denn durch die Bitterstoffe verursachen Salate reichlich Durchfall. Man füttere Jungtieren auch keine Kohlarten, Rübenblätter und das Grün der Karotten und Möhren. Markstammkohl, Winterkohl usw. sind Wintergrünfutter und, da nur schwer verdaulich, nur für erwachsene Hühner geeignet. –

**Grünsaat** von Getreidekörnern (Hafer, Weizen oder Gerste) ist als Ersatz für Grünfutter und Auslauf sehr wertvoll. Man säe die Körner rechtzeitig in ein mit Erde gefülltes Kistchen. Wenn die Saat etwa 5 cm hoch ist, stellt man das Kistchen zum Abweiden in das Kükenheim oder reißt die Halme samt Wurzeln aus und verfüttert sie. Die Saatkistchen werden immer wieder frisch eingesät, an einen warmen Ort gestellt und ständig feucht gehalten. Auf diese Weise haben die Küken immerfort Grünfutter zum Naschen; Grünfutter verursacht die erwünschte schöne gelbe Beinfarbe bei entsprechenden Rassen; hierfür weniger geeignet sind Mais und Möhren.

Die Fütterung der Küken ist je nach ihrem Alter in folgende

**Entwicklungsabschnitte** einzuteilen: Der erste Fütterungsabschnitt reicht vom 2. Tag bis zur 2. Woche und der zweite Fütterungsabschnitt von der 2. Woche bis zum Wärmeentzug. Danach gelten die Tierchen nur noch als Jungtiere, Junghennen oder Junghähne. Im

**ersten Abschnitt** besteht das Futter ausschließlich aus pelletiertem Küken-Alleinfutter oder aus Kükenmehl und hochwertiger Grütze trocken, evtl. auch feuchtkrümelig. Man füttert nur einmal täglich. Dazu kommen saure Milch, Grünfutter, Lebertran und guter Futterkalk. Im

**zweiten Abschnitt** wird zu dem genannten Futter des ersten Entwicklungsabschnittes Mischfutter aus Getreidemehlen zur beliebigen trockenen Aufnahme in kleinen Automaten oder Futterhäuschen gegeben. Auch Weichfutter wird zum Teil aus dieser Mehlmischung bereitet. Diese Mischung besteht aus 83 Teilen Getreideschroten wie Gerste, Hafer, kleiner Weizen usw. Haferspelzen sind jedoch vorher durchzusieben! Danach folgen 15 Teile besten Fisch- oder Fleischmehles und 2 Teile phosphorsaurer Futterkalk. Die richtige Zusammenstellung ist im zweiten Entwicklungsabschnitt der Küken wesentlich. Am ersten Tag wiegen die Küken etwa 36 bis 40 g, nach 14 Wochen mindestens 1000 g! Diese außergewöhnliche Entwicklung von Knochen, Fleisch und Federn innerhalb einer sehr kurzen Zeit ist durch hochwertiges Kükenfutter zu unterstützen. Ferner müssen

die Tiere ihre Reife erlangt haben; keinesfalls sollten sie zu früh mit dem Legen beginnen, denn ihr Körpergewicht würde leiden. Oft gibt die gute Entwicklung der Tiere zu stolzen Hoffnungen Anlaß; nicht selten aber zeigt sich später, daß die Tiere nicht halten, was sie versprochen hatten. Und nur durch eine gute Fütterung lassen sich Wert und Brauchbarkeit der Hühner für den Zuchtstamm feststellen. Die Aufzucht der Küken ist nun einmal keine einfache und billige Angelegenheit, wenigstens nicht bis zur 17. Woche. Keinesfalls spare man an einwandfreiem tierischem Eiweiß. Dabei lassen sich je nach der billigeren Bezugsmöglichkeit Blut-, Fleisch-, Tierkörper- oder Fischmehl ebensogut verwenden wie Milch- und Molkereiprodukte. Der Anteil an tierischem Eiweiß ist genau festzustellen; die Menge hat dem obigen Futterrezept zu entsprechen.
Einfacher allerdings ist die Fütterung mit gekauftem Kükenaufzuchtmehl. Gut ist möglichst frisches Futtermehl, denn die beigegebenen Vitamine, Antibiotika und Spurenelemente sind noch in voller Menge und Wirkung vorhanden. Daher ist auf dem gesetzlich vorgeschriebenen Anhängezettel unbedingt das Herstellungsdatum zu beachten. Von der

**dritten Woche** an ist abends die gleiche Menge von Weizen zu füttern, wie tagsüber an Kükenmehl gefressen wurde. Diese fortwährend zu erhöhende Ganzkorngabe an Zuchttiere hat sich in den USA auffallend bewährt. Von der sechsten bis achten Woche an lassen sich die Kosten insofern senken, als man anstelle des teuren Kükenaufzuchtmehles ein gutes Markenlegemehl gibt und die Weizenkörnergabe bis zu einem Verhältnis von 1:1 steigert. Daher hat man abends so viel Weizen zu geben, als Legemehl am Tage gefressen wurde. – Als

**Zugabe zum Kükenfutter** vergesse man nie, zerkleinerte Garnelen, Muschelschalen, Grit, Holzkohle, Futterkalk, Küchenabfälle, wenig gekochte Kartoffeln (denn viele würden mästen und das Wachstum hindern!), reichliches Grünfutter im Weichfutter zu reichen und seinen Tieren einen gesunden Auslauf mit zartem Graswuchs zur Verfügung zu stellen. Das Huhn ist ein Allesfresser; wer sich daher die Mühe macht und für eine abwechselnde Fütterung sorgt, hat über Mißerfolge in der Aufzucht nicht zu klagen. Das Grundfutter bleibt stets unverändert. Futterübergänge nehme man nur allmählich vor und erhöhe nur langsam die Mengen des neuen Futters. Namentlich Küken reagieren auf schroffen Futterwechsel meist mit Wachstumsstockungen. Die insgesamt benötigte Futtermenge errechnet sich aus der Anzahl der Tiere, der Rasse, und selbst die Jahreszeiten mit den verschiedenen Wetter- und Temperaturschwankungen sind nicht ohne Einfluß. Als Norm der benötigten

**Futtermenge** seien einige Zahlen genannt, die sich aus zahlreichen Versuchen ergeben haben. Allerdings entsprechen sie der Farmhaltung und den leichteren

Legerassen wie Leghorn und Italiener. Man braucht sie nur seinen Tieren entsprechend höher oder niedriger zu berechnen oder abzuschätzen. Nach diesen Versuchen rechnet man in der ersten Woche mit 40 g Futterverbrauch je Küken; in jeder weiteren Woche bis einschließlich zur achten Woche kommen jeweils 40 g hinzu; man gebe also 40, 80, 120 bis 320 g. Nach der achten Woche steigt der Verbrauch von 340 g in der neunten Woche um jeweils 20 g bis zur 16. Woche und von da an nur noch um 10 g bis zu 520 g in der 20. Woche. Nach diesen Zahlen kann sich jeder Züchter eine brauchbare Tabelle anfertigen und seinen wöchentlichen oder auch täglichen Futterbedarf errechnen. – Je nach Rasse und Jahreszeit hat zwischen der neunten und elften Woche der

**Entzug der Wärme** zu erfolgen. Diese Maßnahme ist sorgfältig vorzubereiten, denn es kommt vor, daß die Tiere die gegenseitige Wärme suchen und sich zusammenballen. Die Folge sind nicht selten Todesfälle durch Ersticken oder Erdrücken. Man beugt dieser Gefahr dadurch vor, daß man für jedes Tier ein Sitzbrett vorsieht. Auf einen Lattenrahmen legt man in dafür vorgesehene Ausschnitte etwa 8 cm breite gehobelte Brettchen in der erforderlichen Länge. Der Abstand von Brett zu Brett hat sich nach der Rasse zu richten. Abends bringt man die Jungtiere bei Dunkelheit nebeneinander auf die Sitzbretter; so ist es den Tierchen unmöglich, sich zusammenzuballen. Außerdem werden sie keinen Schaden durch zu frühes Aufsitzen nehmen. – Die Jungtiere sind wenigstens von jetzt ab nach

**Geschlechtern zu trennen** und in Jungtierhütten oder Jungtierställen unterzubringen. In diesem natürlichen Lebensbereich sollen die Tiere bis kurz vor dem Legebeginn ihrer Reife entgegengehen. Unverändert bis zur 17. Woche entspricht die Fütterung jener der Kükenzeit des zweiten Fütterungsabschnittes. In der 16. Woche werden die Jungtiere gewogen. Auf der Grundlage des Gewichtes erfolgt die

**Auslese.** Man wiegt die Jungtiere einzeln und notiert das Gewicht und die Ringnummern (denn in der zehnten bis zwölften Woche sind die Tiere mit Bundesringen zu beringen!). Man errechne das Durchschnittsgewicht aller Jungtiere; jene, die in der 16. Woche ein geringeres Körpergewicht besitzen, sind als künftige schlechte Legerinnen auszumerzen. Dieses Verfahren hat sich bei Versuchen namentlich mit leichten Hühnerrassen vorzüglich bewährt. Doch habe auch ich bei Tieren der Zwerg-, Mittel- und schweren Rassen ebenfalls recht gute Erfolge mit dieser Methode erzielen können. Allerdings ist das Lebensalter von 16 Wochen genau einzuhalten. Früher zu wiegen und auszumerzen ist zwecklos; später aber holen die zurückgebliebenen Tiere sehr rasch auf, so daß ein Leistungsunterschied kaum noch festzustellen ist. Nochmals sei allen Züchtern der

Rat gegeben, die Auslese schon bei den Küken konsequent durchzuführen und alle Krüppel und Kümmerlinge zu beseitigen. Nur dann wird man einen leistungsstarken und gesunden Stamm erhalten, wenn bereits beim ersten Erkennen alle kränklichen und schwächlichen Tierchen abgesondert und von der weiteren Aufzucht ausgeschlossen werden.
Schlachttieren das teure Kükenfutter zu füttern ist heute nicht mehr zu verantworten. Vereinzelt auftretende typische Rassenmerkmale sollten den bewußten Züchter nie verleiten, die Aufzucht zurückgebliebener Tiere zu versuchen, denn die Trennung von zuchtuntauglichen Hühnern ist später noch weit schwerer. Zum Wohle der gesunden Tiere ist es besser, die Auslese so bald wie möglich und rasch vorzunehmen. Auch in der Rassezucht stehen Gesundheit und Leistungsfähigkeit unserer Tiere an erster Stelle; dann erst kommen die rassischen Vorzüge. – Nach der sorgfältigen Auslese, d.i. nach der 16. Woche, ist den verbliebenen Tieren

**Jungtierfutter** zu reichen. Es besteht aus den gleichen Bestandteilen wie das bisher verwendete Futter. Etwas billigere Kartoffeln, die jedoch nur mit Milchprodukten zu mischen sind, erfüllen ihren Zweck ebenfalls. Auch ist das Eiweißverhältnis, d.h. der Gehalt an tierischem Eiweiß im Verhältnis zur Stärke, etwas zu verringern und bis zu zwei Teilen durch pflanzliches Eiweiß (Sojamehl, Nährhefe usw.) zu ersetzen. Tierisches Eiweiß ist teuer und würde die Junghennen veranlassen, ihre Legetätigkeit zu früh zu beginnen. Voraussetzung einer optimalen Legeleistung aber ist eine völlige Reife der Tiere. Darauf ist die gesamte Arbeit der Jungtieraufzucht auszurichten. Junghennen, die je nach Rasse zu früh mit dem Legen beginnen, werden erfahrungsgemäß stets weniger Eier, dazu Eier mit einem geringeren Eigewicht, produzieren, als zu erwarten wäre. Hinzu kommt namentlich bei Frühbruttieren eine kaum zu vermeidende unerwünschte Mauser. Die Tiere werden wohl einen hohen Anteil an Leistungsfutter erhalten, ohne jedoch die normalerweise zu erwartende Legeleistung zu erreichen. Ein großer, gepflegter Auslauf, Schattenspender für die heißen Tage, Trennung der Geschlechter, unbeschränkte Weidegelegenheit gehören zur unerläßlichen

**Fürsorge** in der Jungtieraufzucht. Nach wie vor gilt es, pünktlich zu füttern und zu tränken. Auch hat man weiterhin auf gelegentlich auftretendes Ungeziefer zu achten. Alle übrigen Maßnahmen möge man den folgenden zusammenfassenden

**Geboten der Kükenaufzucht** entnehmen:

1. Man züchte nur von gesunden und leistungsfähigen Tieren, denn nur sie lassen den erwünschten Gewinn und die erhofften Erfolge erwarten.
2. Gute Herbst- und Winterleger sowie leistungsfähige Zuchttiere erhält man nur durch Frühbrut. Ein Huhn benötigt je nach Rasse bis zum Legebeginn

eine Entwicklungszeit von fünf bis acht Monaten. Daher sollen schwere Rassen im Februar/März, mittelschwere im März/April und leichte Rassen sowie Zwerghühner im April/Mai schlüpfen. Dann werden sie auch bei den Ausstellungen in ihrer ersten Blüte stehen.

3. Man verjünge den Bestand durch eine genügend große Anzahl von Küken. Für 30 gute, brauchbare Junghennen benötigt man erfahrungsgemäß 100 Eintagsküken.
4. Man achte stets auf einen sauberen Stall. Die Ecken des Stalles seien abgerundet, die Glucken ungezieferfrei.
5. Man halte die Tierchen trocken und die Zugluft von ihnen fern. So werden sie am besten vor Erkältungen und Seuchen geschützt. Trockene, frische Einstreu ist daher wesentlich. Unter der Wärmequelle ist die Einstreu in der ersten Woche täglich, danach wöchentlich zweimal und von der fünften Woche an wöchentlich einmal zu erneuern. Völlig zu erneuern ist die gesamte Stalleinstreu wenigstens alle vier Wochen. Sägemehl und Torfmull sind als Einstreu unbrauchbar, denn sie führen zu Kropfverstopfungen.
6. Eine genügend große Anzahl von Trögen und Tränken sei stets vorhanden, damit alle Tiere gleichzeitig fressen und trinken können. Alle Geräte seien sauber. Die Tröge und Tränken sind gründlich zu reinigen.
7. Man füttere nur gutes, gesundes Getreide und achte stets auf Frischwasser. Futtermischungen nehme man nur nach erprobten Rezepten vor. Die Hühner sind Frühaufsteher; man beginne mit der Fütterung also am frühen Morgen des Tages. Unentbehrliches Futter und Beigaben sind Lebertran, Emulsion, Futterkalk, Holzkohle, Grit und scharfer Sand, ferner viel Grünfutter. Grünfutter (Brennessel, Möhren, Löwenzahn usw.) kann nie zu viel gegeben werden. Sofern man anstelle von Fischmehl ein vom Handel angebotenes Eiweißkonzentrat reicht, ist die Mischung mit Getreidemehlen entsprechend dem Eiweißgehalt des Konzentrates herzustellen. Es kann vorkommen, daß 30 Teile Eiweißkonzentrat den Eiweißgehalt von 51 Teilen Fischmehl enthalten. Man überzeuge sich bereits beim Kauf von der Richtigkeit der Angaben. Pünktlichkeit und Reinlichkeit sind wesentliche Bedingungen der Fütterung. Stets ist dafür zu sorgen, daß Futter weder verschmutzen noch ansäuern kann.
8. Man stelle den Küken einen gepflegten Auslauf zur Verfügung. Man setze sie reichlich der Sonne aus, vergesse aber die Schattenspender nicht.
9. Gesundheitszustand, Frohwüchsigkeit und Befiederung der Tiere sind laufend zu überprüfen. Kränkliche und schwache Küken sind auszumerzen. Sie sind für die gesunden Tiere eine ständige Gefahr. Krüppel und Mißbildungen sind zu töten, schwache Tiere sind keinesfalls bis zur Schlachtreife durchzufüttern. Das teure Futter wäre für sie zu schade, denn sie gehen meist ohnehin

vor der Reife zugrunde. Nie sollte ein Tier beringt werden, dessen Entwicklung mit jener der übrigen Tiere nicht Schritt hält.

10. Die Hähnchen sind von den Hennen so bald wie möglich zu trennen; die fehlerhaften sind zu mästen und abzusetzen. Mehr als nötig zu füttern ist sinnlos. Ohne Trennung der Geschlechter verzögert sich der Legebeginn um etwa 3 Wochen; auch läßt das Körpergewicht namentlich der Hähnchen trotz gleicher Haltungsbedingungen zu wünschen übrig. Meist fehlt es ihnen an der richtigen Brusttiefe, und die dritte Feder braucht zur völligen Entfaltung länger.
11. Je nach Alter und Rasse härte man die Jungtiere genügend ab. Besonders die Junghennen sollten nicht verweichlichen. Verweichlichte Tiere sind gegen Erkältungen anfälliger; Erkältung aber bedeutet eingeschränkte Eierproduktion. Vor dem Legebeginn sind die Junghennen in den Winterstall umzustallen, nicht erst dann, wenn die ersten Eier in der Jungtierhütte liegen. Man würde andernfalls die vermeidbare Halsmauser nur begünstigen. Auf jeden schroffen Futterwechsel antworten die Tiere mit einer geringeren Legetätigkeit.
12. Nie gehören Küken und Jungtiere unter die großen Hühner. Man merke: Das Beste ist für unsere Tiere gerade gut genug. Vor allem: Man pflege die Jungen mit einer echten fürsorglichen Liebe.

Pünktlichkeit, Zuverlässigkeit, Reinlichkeit, verständige Pflege und aufgeschlossene Beobachtung sind die höchsten Gebote der Tieraufzucht. So zeigen z. B. die Küken allein durch ihr Verhalten die richtige Wärme an. Es ist ihnen zu kühl, wenn sie sich zusammendrängen; es ist ihnen zu warm, wenn sie, die Schnäbel geöffnet, von der Heizung so weit wie möglich entfernt sind. Die Wärme ist dann richtig, wenn die Küken ruhig nebeneinander leise zirpend unter der Glucke liegen. Man merke: Der Erfolg setzt sich aus der Summe der Beobachtung und der Beachtung vieler Kleinigkeiten zusammen. Aus der Beobachtung und der Beachtung einiger Grundregeln wird dem Züchter eine der entscheidendsten Aufgaben, die

**Gesunderhaltung** des Bestandes, wesentlich vereinfacht. Der Züchter eigne sich nicht allein besondere Kenntnisse in der Erkennung von Krankheiten und Heilung erkrankter Tiere an; Vorrang hat unter allen Umständen die Verhütung von Krankheiten und Seuchen. Im besonderen Maße hat seine Sorgfalt den Küken zu gehören; er präge sich daher folgende Maßnahmen ein:

1. Das Kükenheim und sämtliche Geräte müssen so rechtzeitig gereinigt und desinfiziert werden, daß die Vernichtung aller Krankheitserreger gewährlei-

stet und eine Schädigung der Tierchen durch Desinfektionsmittel nicht zu befürchten ist.

2. Der Auslauf muß frisch sein; ältere Tiere dürfen ihn noch nicht begangen haben. Andernfalls ist auch er zu desinfizieren.
3. Nur eine saubere, gute und völlig trockene Einstreu, auch einwandfreier Flußsand oder gute Drahtböden verhindern eine Ansteckung der Tierchen.
4. Zur Vorbeuge gebe man ein Mittel in das Trinkwasser, das die Seuchenerreger im Körper der Tiere nicht zur Entwicklung kommen läßt. Nicht zuletzt gewöhne man seine Tiere deshalb rechtzeitig an Trinkwasserzusätze, damit sie nach Ausbruch einer Seuche auch in ausreichendem Maße aufgenommen werden.
5. Man verwende nur die neuesten, in der Regel also die besten Mittel. Über die Fachzeitschriften, den Orts- bzw. Nachbarverein, das zuständige Landwirtschaftsamt, vor allem durch entsprechende Literatur, orientiere man sich beizeiten.
6. Man bewahre seine Küken sorgfältig vor allen möglichen Ansteckungsgefahren. Man halte sie gleichsam in ständiger Quarantäne. So sollten Besucher oder andere Tiere (auch Vögel, namentlich Spatzen) mit dem Nachwuchs nicht in Berührung kommen können. Tierarzt, Berater oder Vereinskameraden ohne desinfiziertes Schuhwerk sollten eine gewisse Sperrzone nicht betreten dürfen. Allein der Pfleger sollte Zutritt zu den Tieren haben, und auch er sollte sich vor dem Eintritt in den Stall Gummistiefel überziehen (und sie beim Verlassen wieder ablegen).
7. Man achte auf trockene Einstreu, namentlich bei Tiefstreu. 35 % Feuchtigkeitsgehalt der Einstreu gelten als normal. Auch die Luftfeuchtigkeit beeinträchtigt die Wärmeisolierung und fördert die Bildung von Ammoniak und die Entwicklung schädlicher Kleinlebewesen.
8. Wesentlich ist Trockenheit auch an und unter den Tränken und eine größtmögliche Reinhaltung aller Geräte.
9. Für ein gutes Aufzuchtklima ist Sorge zu tragen. Dieses Klima ist abhängig von der Temperatur, dem Sauerstoffgehalt der Luft und dem Feuchtigkeitswert. Hierüber mehr im Kapitel „Intensivhaltung“.
10. Man reiche seinen Tieren bestes und stets frisches Futter. Futtermischungen stelle man nach den neuesten Erkenntnissen zusammen. Eine Prüfung des Anhängers an der Verpackung auf Datum und Prüfungsvermerk ist unerläßlich. Zu altes Futter kann milbenverseucht sein; es würde unweigerlich zu Erkrankungen führen.
11. Man beschäftige seine Tiere laufend und halte von ihnen Langeweile fern. Dies kann geschehen durch die Fütterung von Grünfutter aus Kistchen (die mit Drahtgitter abzudecken sind, damit Erde und Wurzeln nicht herausge-

kratzt werden können). Von der zweiten Woche an kann man ihnen auch kleine Mengen roher Zwiebelringe überlassen, die Leben in die kleine Gesellschaft bringen; bei größeren Kükenherden verwende man mit dem gleichen Ziel nur Garnelen. Zusätzlich kann man durch Anstreichen der Fenster und durch rote Glühbirnen für rotes Licht sorgen.

12. Ungeziefer und Schädlingen (Mäusen und Ratten) gelte die ständige Sorge des Züchters, denn sie richten nicht nur Schaden an, sondern sind auch als Krankheitsüberträger zu fürchten.

## Krankheiten der Hühner

Jeder Züchter sollte sich bemühen, Erscheinungsformen, Ursachen, Bekämpfung und Heilung der häufigeren Geflügelkrankheiten kennenzulernen, damit er notfalls rasche Entscheidungen treffen und helfen kann. Er schützt nicht nur seine Tiere, die ihm in die Hand gegeben sind; er bewahrt sich selbst vor Verlusten und der Vernichtung von nicht selten jahrelanger züchterischer Arbeit. Am meisten bedroht sind unsere Tiere durch Seuchen; Seuchen aber sind deshalb eine besondere Gefahr, weil die Infektion meist erst dann erkannt wird, wenn es zu spät ist. Es lohnt sich in jedem Falle, den Tierarzt zu Rate zu ziehen, denn die Symptome einer Reihe von Seuchen sind unbestimmt und ähneln sich stark; es ist daher dem Züchter nur selten möglich, die richtige Diagnose zu stellen. Darüber hinaus ist der Besitz eines zuverlässigen Fachbuches dringend anzuraten. Man würde sich in der Humanmedizin bedanken, einem Arzt ausgeliefert zu sein, der nur einige wenige Krankheiten und die nur oberflächlich kennt. Auch ist es schwierig, die Vielzahl der Erscheinungsformen der einzelnen Krankheiten und Seuchen in diesem begrenzten Rahmen ausreichend darzustellen.

### **Weiße Kükenruhr** (Pullorumkrankheit)

*Erscheinung:* Freßunlust, Küken verlangen nach Wärme, piepsen beim Kotabsatz sehr stark, lassen bei geschlossenen Augen die Flügel hängen, sind matt, trinken viel; es zeigt sich grünlicher bis gelblichweißer Durchfall, die Flaumfederchen am After sind verklebt. Der Tod tritt meist nach wenigen Tagen ein. Zerlegte Tiere zeigen vielfältige, z. T. entzündliche Veränderungen im Körperinnern. Die Sterblichkeitsrate der Küken ist außerordentlich hoch.
*Ansteckung:* Erfolgt durch das Ei infizierter Hennen oder durch Aufnahme des Erregers im verseuchten Futter, Sand oder der Einstreu, im Kot usw. Am ersten

bis dritten Tag der Küken ist die Gefahr der Ansteckung am größten.
*Bekämpfung:* Zwecklos, da spezifische Heilmittel bisher unbekannt. Überlebende Tiere bleiben Dauerausscheider und sind eine ständige Gefahr für die gesunden Tiere. Am besten töte und verbrenne man alle erkrankten Tiere. Unbedingt notwendig ist eine gründliche Desinfektion des Stalles und aller Geräte und Einrichtungen sowie die Erneuerung der Einstreu. Möglichst frühzeitig sondere man die gesunden von den kranken Tieren ab und bringe sie in eine nicht verseuchte Umgebung (Auslauf!). Die Küken sollten auf einem Drahtgitterboden laufen. Ebenfalls wichtig ist die tägliche Entfernung des Kotes.
*Vorbeugemaßnahmen:* Sorgfältige Reinhaltung, jährlich einmal Pullorumprobe, gesunde Haltungsbedingungen, die einen Niederbruch der natürlichen Seuchenfestigkeit nicht erst begünstigen.

**Rote Kükenruhr** (Kokzidiose)

*Erscheinung* und Verlauf der Seuche sind je nach Alter, dem Grad der Ansteckung und den Haltungsbedingungen sehr unterschiedlich: zunehmende Mattigkeit, verminderte Freßlust, vielfach dunkler, weil blutiger Kot, oft plötzlicher Tod. In Zweifelsfällen empfiehlt es sich, ein totes Küken an die zuständige veterinärmedizinische Untersuchungsanstalt einzusenden.
*Ansteckung* erfolgt durch Urtierchen (Kokzidien) über infizierten Kot, Futter, Streu, Trinkwasser, Geräte aller Art, durch Zwischenträger wie Mäuse, Ratten, Vögel, Fliegen usw. Man achte auf verschmutzte Schuhe und verkotete Bruteier! Die ersten Anzeichen der Krankheit machen sich zwei bis zehn Wochen nach der Ansteckung bemerkbar.
*Bekämpfung* ist durch die heute zur Verfügung stehenden Kokzidiostatika sehr gut möglich. Bei Krankheitsausbrüchen haben sich vor allem Sulfonamide bestens bewährt, während bei der Vorbeugung Nichtsulfonamide, z. B. Amprolium und Zoalen, verwendet werden.
*Vorbeugemaßnahmen:* Größte Reinlichkeit, Drahtgitterboden, regelmäßige und gründliche Beseitigung von Kot und Einstreu, Vorsorge gegen einen feuchten Stall, wiederholte gründliche Desinfektion von Stall und Geräten, ausgeruhter Auslauf, kleine Kükenherden, denen reichlich Platz zur Verfügung steht, reichliches Futter, richtige Fütterung, Ausmerzen aller Schwächlinge und zurückgebliebenen Tierchen.

**Marekssche Lähme**

*Erscheinung:* Hängende Flügel und unnatürlich eingeknickte Beingliedmaßen; im fortgeschrittenen Stadium liegende Stellung mit abgespreizten Beinen und

verkrampften Zehen, typische Bewegungsunfähigkeit. Charakteristisch ist eine Verzerrung des Sehloches der Augen und dessen Verfärbung. Der Tod tritt nach mehreren Wochen ein. Die Krankheit befällt nur Hühner; anderes Geflügel ist unempfänglich.
*Ansteckung* erfolgt durch infizierte Küken oder Junghühner, beim Treten des Hahnes durch Übertragung auf das Ei, durch verseuchten Kot, Futter, Trinkwasser, Einstreu, Geräte, Auslauf, durch Zecken und Vogelmilben.
*Behandlung:* Da es ein Heilmittel gegen die Mareksche Lähme nicht gibt, kann nur eine Schutzimpfung der Eintagsküken empfohlen werden. Der Impfstoff ist nur über den Tierarzt erhältlich. Beseitigung aller kranken und krankheitsverdächtigen Tiere, danach gründliche Desinfektion sind dringend erforderlich. Ein verseuchter Auslauf ist erst nach wenigstens vier Wochen wieder begehbar.
Nicht jede Lähmungserscheinung ist jedoch eine echte Lähme. Lähmungserscheinungen können auch durch Gicht, Vergiftungen und starken Wurmbefall hervorgerufen werden.

## Rachitis

*Erscheinung:* Beinschwäche, Gelenkverdickung, Lahmheit, Laufen auf den Sprunggelenken, Einknicken der Zehen, Hocken auf den Fersengelenken, weiches Schnabelhorn und Brustbein, aufgetriebener Schnabel usw., schließlich Tod. Rachitis kommt am häufigsten bei den Frühbruttieren, doch auch bei erwachsenen Tieren vor. Sie ist eine Mangelkrankheit und in richtig gefütterten Herden unbekannt.
*Behandlung:* Durch Vigantol nach genauer Gebrauchsanweisung, bevorzugte Gaben von Luzerne, Klee, Brennessel, jungem Gras, Salaten, Lebertran, Milch, Hefe u. ä.
*Vorbeugemaßnahmen:* Richtige Ernährung, großer, gut bewachsener Auslauf, viel Bewegung in Luft und Sonne, bei Regen und Kälte Aufenthalt in einem warmen und trockenen Stall, regelmäßige Gaben von Vigantol und bzw. oder Lebertran.
Die sog. Bretterkrankheit von Jungtieren, die zu früh Sitzstangen zum Aufbäumen erhielten, besitzt die anfänglichen Erscheinungsformen der Rachitis, hat aber ursächlich nichts mit ihr zu tun.

## **Schimmelpilzkrankheit** (Aspergillose)

*Übertragung:* Die Krankheit wird durch die giftigen Sporen des Schimmelpilzes Aspergillus fumigatus, auch auf den Menschen, übertragen. Die Erkrankung kann akut oder chronisch, in Massen oder nur in einzelnen Fällen, in den Lungen

oder im gesamten Tierkörper, ja selbst in den Augen und im Gehirn auftreten. *Erscheinungsformen* sind daher sehr unterschiedlich: keuchender, rasselnder Atem bei geöffnetem Schnabel, Nasen- und Augenausfluß, mit Lidbindehautentzündung und Hornhautentzündung, stets begleitet von Mattigkeit, Abmagerung, zunehmender Entkräftung trotz guter Futteraufnahme, Durchfall, bei Küken Tod, bei erwachsenen Tieren meist chronisch.
*Ansteckung:* Durch Atmung und Futteraufnahme, verseuchte Einstreu und Futter, Stalluft, Brutschrank. Besonders anfällig sind Tiere, bei denen durch schlechte Fütterungs- und Haltungsbedingungen ein Zusammenbruch der Seuchenfestigkeit erfolgte.
*Bekämpfung:* Die Aussicht auf eine erfolgreiche Behandlung ist gering; dennoch empfiehlt es sich, den Tierarzt zu Rate zu ziehen. Besser ist es, seine Tiere so zu halten, daß das Auftreten von Aspergillose unwahrscheinlich ist. Daher gelte die Sorge des Züchters den
*Vorbeugemaßnahmen* durch einwandfreie Einstreu, gute Lüftung, gutes, frisches, vitaminreiches Futter, ausgiebige Auslaufmöglichkeit, gründliche Desinfektion des Brutapparates nach jedem Brutvorgang. Auffallend ist das gehäufte Vorkommen der Schimmelpilzkrankheit bei Küken, die auf Hobel- oder Sägespänen gehalten werden.

**Kannibalismus** mit den gelinden Formen des Federfressens und des Zehenpikkens, die über das Afterpicken zum ausgesprochenen Kannibalismus übergehen können, gehört zu den Unarten, namentlich der Küken, und kann so weit führen, daß dem verfolgten Tier die Gedärme bei lebendigem Leibe aus dem After gezogen werden. Die Formen des Kannibalismus werden durch das Fehlen eines (noch nicht einwandfrei bekannten) Futtergrundstoffes oder durch Langeweile, evtl. durch eine blutige Verletzung an der Zehe eines Tieres oder durch eine gezogene Feder, an dessen Ende sich ein Blutstropfen befand, ausgelöst. Diese Unart erkennt man rasch daran, daß ein einzelnes Tier von den gesunden ständig verfolgt und belästigt wird. Es wird nicht lange dauern, dann wird die ganze Herde leidenschaftlich Jagd auf das unglückliche Opfer machen. Doch nicht nur die Küken, sondern auch die erwachsenen Tiere sind gefährdet.
*Bekämpfung:* Die Übeltäter sind zu isolieren und dunkel zu halten; sie sind alle zwei Stunden zu füttern. Sofern sie von ihrer Unart nicht ablassen, sind sie zu töten. Die befallenen Tiere sind bis zur völligen Genesung ebenfalls zu isolieren, die verletzten Stellen mit Desinfektionslösung zu behandeln, danach leicht einzufetten. Verletzte Zehen können des lästigen Geruchs wegen auch mit Holzteer bestrichen werden. Besser ist es, es zu den genannten Unarten gar nicht erst kommen zu lassen. Man wird daher den Stall mit Weizenstreu dick einstreuen, damit die Zehen in ihr verschwinden; man wird Grünfutter in Büscheln hochhängen,

Zwiebelringe in den Auslauf werfen, ferner Körnerfutter in die Einstreu streuen, um die Tiere zu beschäftigen. –

**Gründe dieser Unarten** sind nur zum Teil bekannt. Falsche Fütterung oder Futtermangel dürften als Ursache kaum in Frage kommen. Von ausschlaggebender Bedeutung dürfte dagegen falsche Haltung sein. Diese Ursachen lassen sich jedenfalls mildern oder völlig beheben, wenn eine Überfüllung des Stalles, besonders bei Frühbruttieren oder bei Intensivhaltung, vermieden wird. Ein Eintagsküken wiegt etwa 35 bis 40 g, nach acht Wochen ca. 560 g (bei leichten Rassen) bis 650 g (bei mittelschweren Rassen). Dieses beträchtliche Wachstum schränkt die Bewegungsfreiheit der Tiere wesentlich ein. Die Temperatur steigt durch erhöhte Eigenwärme. Wenn die künstliche Wärmeerzeugung nicht entsprechend reduziert wird, sind eine zu hohe Temperatur und zu trockene Luft die Folge. Bei ausschließlicher Stallhaltung sollten nicht mehr als 10 Küken auf 1 $m^2$ gehalten werden; bei Tieren aus Normal- und Spätbruten, die vom 10. Tage an zeitweise ins Freie dürfen, sind 15 Tiere auf 1 $m^2$ die Norm. Zu trockene und zu warme Luft veranlaßt die Küken, das Gefieder aufzuplustern. An struppigem Gefieder aber wird bei starkem künstlichem und natürlichem Licht ebensogern gezupft wie an glänzenden Federspitzen oder Zehen und Läufen. Für Abhilfe sorgt gute Lüftung (durch geöffnete Fenster, nachts offene Lüftungsschieber, Einbau von Ventilatoren bei größeren Räumen); leichtes Übersprühen der jungen Tiere und das Besprengen der Stallwände mit frischem Wasser bei ständig trockener Luft dämmte nach gemachten Erfahrungen die Untugend ein. – Besonderer Erwähnung bedarf die

*Langeweile,* die sich unter den Tieren dann breitmacht, wenn infolge zu dichter Besetzung der Platz zum Herumlaufen und zum Scharren fehlt. Auch zu schnell sättigendes oder eintöniges Futter in Verbindung mit zu hoher Raumtemperatur und zu geringem Luftumsatz fördert das Federpicken. Die Hauben- und Barthühner sind anscheinend mehr gefährdet, denn offenbar reizen die üppigen Federpartien in besonderem Maße. In Großbetrieben mit Rhodeländern und rebhuhnfarbigen Italienern ist das Federpicken häufiger zu beobachten als in Beständen mit New Hampshires und weißen Hybridhühnern. In kleinen Beständen von Rassehühnern und bei zahlreichen seltenen Rassen oder Zwerghühnern kennt man die Untugend kaum.

Als Ursache wird auch der Juckreiz genannt. Der verantwortungsbewußte Züchter sollte es durch entsprechende Ungezieferbekämpfung nicht so weit kommen lassen. Gut bewährt hat sich das Bestreichen der Fenster mit roter Farbe und das Anbringen roter an Stelle der üblichen hellen elektrischen Birnen. Vorteilhaft sind auch ein Stallwechsel und die Aufteilung größerer Herden in kleinere Gruppen, sofern ausreichende Wärmequellen vorhanden sind.

**Gewöhnlicher Durchfall** der Küken ist eigentlich selten, weil er nur auf Fütterungsfehler zurückgeht. Die dem Kükenfutter beigemischte Holzkohle ist ein bewährtes Vorbeugemittel. Häufig tritt Durchfall nach der ersten Fütterung von saurer Milch auf. Er wird durch Milchsäure verursacht und ist ungefährlich. Meist entsteht er auch nach der Fütterung von eingeweichten Brotresten oder sauer gewordenen Futtermehlen (Weichfutter). Wird die Ursache sofort abgestellt und eine erhöhte Gabe von Holzkohle gereicht, dann sind die Tiere meist noch zu retten. Sauer gewordenes Weichfutter und Brotreste rufen Säureüberschuß hervor und bewirken nicht selten eine tödliche Darmentzündung. – Auch

**Erkältung** führt nicht selten zu Durchfällen. Wärme und Trockenfütterung helfen rasch. Dagegen fallen ganze Herden von Küken den Erkältungen durch Feuchtigkeit und fehlende Wärme zum Opfer. Daher können die richtige Beheizung und die Aufstellung geeigneter Tränken nicht eindringlich genug empfohlen werden.

**Schlechte Befiederung** wird entweder durch die sog. Gefiederbremse oder durch Ungeziefer verursacht. Sehr langsam befiedern sich meist die Küken schwerer und mittelschwerer, in der Regel asiatischer Rassen, namentlich die Hähne. Man hat es hier nicht mit einer Krankheitserscheinung, sondern mit Vererbung zu tun. Daher wird man Tiere, die sich nur schlecht und langsam befiedern, von der Zucht ausschließen, damit diese unerfreuliche Erbanlage verschwindet. Schnelle Befiederung sollte ein Zuchtziel sein. –

**Kahle Köpfe** der Küken sind meist eine Folge der Kopflaus. Man kommt ihr dadurch leicht bei, daß man auf den Köpfen der Küken je einen Tropfen reines Speiseöl mit dem Finger verreibt, ebenso unter den Flügeln und in der Aftergegend. Eine tägliche Behandlung der Küken vernichtet das Ungeziefer und beugt vor, wenn sie wöchentlich einmal vorgenommen wird.

## Die Pflege

Die richtige tägliche Pflege ist das wichtigste und billigste Verfahren, um Hühner gesund und leistungsfähig zu erhalten. Ihre Notwendigkeit sieht der Züchter in der Regel zwar ein, dennoch werden so manche Pflegemaßnahmen als unnötig abgetan oder vergessen. Die tägliche Pflege hilft überdies Arbeit und Kosten (z. B. bei notwendigen Ausbesserungen) sparen.

**Reinlichkeit** ist erstes Gebot einer jeden Tierhaltung, denn der Mensch hat die Tiere ihrer naturgemäßen Lebenshaltung entzogen; sich selbst zu helfen sind sie daher nicht in der Lage. So kämen z.B. Hühner in freier Wildbahn mit ihrem Kot nie in Berührung; daher werde die Entfernung der Exkremente vom Kotbrett zur täglichen Gewohnheit des Züchters. Auf diese Weise ist er auch in der Lage, die ersten Anzeichen von Verdauungsstörungen zu beobachten und deren Ursachen sofort zu bekämpfen. – Ein wesentliches Erfordernis der Reinhaltung des Huhnes ist eine gute, trockene und ausreichende

**Einstreu** im Stall und Scharraum. Am besten verwende man Spreu, Kaff, Häcksel, Torfstreu oder kurzes Stroh (Sand und Erde eignen sich als Einstreu nur im Sommer). Die Einstreu muß, wie erwähnt, stets trocken und frei von muffigem Geruch und damit von Schimmelpilzen sein. Staubige Einstreu ist abzulehnen. Die Einstreu ist drei- bis viermal je Jahr zu erneuern, weil sie andernfalls zu stark verkotet und feucht wird.

**Tiefstreu** ist laufend zu lockern, damit der obenauf liegende Kot nach unten fällt. Die Tiefstreu befindet sich dann im richtigen Zustand, wenn nirgends Streuklümpchen zu beobachten sind. Auch wird die Tiefstreu durch die Auflockerung gut durchlüftet. Auf diese Weise bilden sich gesunde Kolonien von Kleinlebewesen, die das Wachstum der Hühner fördern. In der Zwerghuhnzucht sucht man daher auf sie zu verzichten. Damit Tiefstreu nicht zu rasch feucht wird, mischt man trockene Häcksel, Hobelspäne oder Spreu darunter. Mit Torfmull sei man vorsichtig; er ist nur in kleinen Mengen zu verwenden. Der Feuchtigkeitsgehalt der Tiefstreu betrage nach Möglichkeit, wie oben erwähnt, 35 %; so besitzen die Tiere weder staubiges noch trockenes Gefieder.

**Nesteinstreu** bestehe aus weichem Stroh, Heu oder einer geflochtenen Matte (die ich wegen der höheren Kosten und der schwierigen Reinigung ablehne). Auch die Nesteinstreu ist, wie die Streu des Stalles und des Scharraumes, öfters zu verbrennen und zu erneuern. Die Stalleinstreu darf wie der Mist auf dem Kotbrett mit den Hühnern nicht in Berührung kommen. Beide sind auf den Komposthaufen oder auf eine Dunglege zu befördern, zu denen den Hühnern der Zutritt zu verwehren ist. Es gehört zu den fragwürdigen Reinlichkeitsprinzipien so mancher Züchter, den Stall von verkoteter Einstreu freizuhalten und sie über den Auslauf als Dung für die Grasnarbe auszustreuen. – Als

**Nesteier** verwende man Porzellan-, Gips-, weiße Holz- oder Bakeliteier. Kampfer- oder sonst stark riechende Nesteier sind ungeeignet, denn die natürlichen Eier sind sehr empfindlich und nehmen jeden Geruch sofort an. Wohl werden Kampfereier vom Handel als unschädlich angepriesen, doch ist dies noch nicht einwandfrei nachgewiesen. Im Gegenteil: es ist vorgekommen, daß Hennen nach kurzer Zeit ihre Brutlust verloren oder das Nest verlassen haben, wenn man sie in einem Nest brüten ließ, in dem drei oder vier Kampfereier gelegen hatten. Solange sich dieses ungewöhnliche Verhalten der Glucken nicht anders erklären läßt und keine Gewißheit darüber besteht, daß der strenge Geruch auf den Keim ohne Einfluß ist, sind Nesteier mit Geruchzugabe mit Vorsicht zu verwenden. Nicht zu übersehen ist ferner, daß Kampfereier durch die Verdunstung der Kampfermittel ständig kleiner werden und in gewissen Zeiträumen zu ersetzen sind. Auf die Dauer sind die teureren Holz-, Gips-, Bakelit- und Porzellaneier doch billiger und zudem geeigneter. – Ein Gebot der ständigen Reinhaltung ist ferner die

**Bekämpfung des Ungeziefers,** die nicht erst dann einzusetzen hat, wenn Leistung und Gesundheit der Tiere zu denken Anlaß geben. Primär sind auch hier gründliche Reinlichkeit, ein gutes Staubbad und von Zeit zu Zeit eine Behandlung mit einem guten Bekämpfungsmittel. Häufigstes Ungeziefer unserer Hühner sind die Milben und Federlinge. Die Milben leben vom Blut ihrer Wirtstiere, die Federlinge von den Schuppen, Hautausscheidungen und Federkielteilchen der Hühner. Sie sind nicht selten auf den Tieren selbst zu beobachten; zum größten Teil aber verbringen sie den hellen Tag in den Fugen und Ritzen der Sitzstangen und Stallwände und in der Nesteinstreu (deshalb ist sie stets zu verbrennen!). Von Zeit zu Zeit sind die Sitzstangen laut Gebrauchsanweisung mit einem guten Vertilgungsmittel zu bestreichen und die Hühner mit einem wirksamen Insektenpulver zu bestreuen. Heute gibt es auch sehr preiswerte Verdunstungsmittel, die in der Stallwärme Gase entwickeln, die sämtliche Tracheenatmer, wie Milben und Läuse, töten, den Lungenatmern, wie Mensch und Huhn, jedoch nicht schaden. – Möglichst zweimal im Jahr steht ein gründlicher Großputz auf dem Programm. Bei dieser Gelegenheit sollten auch die Wände

**gekalkt** werden. Wenn der Stall ausgeräumt, alle Geräte abgekratzt und mit heißer Sodalauge gescheuert sind, sollte man Stall und Scharraum mit dem Pinsel oder einer Spritze kalken. Der Kalkmilch ist ein Desinfektionsmittel zuzusetzen. – Ein ständiges und sehr billiges Bekämpfungsmittel gegen das Ungeziefer ist das

**Staubbad.** Es sollte aus trockenem Straßenstaub, Kalkstaub, Holzasche und etwas Tabakstaub zusammengesetzt sein. Im Winter gehört es in jeden Stall oder besser in den Scharraum, im Sommer ins Freie auf einen sonnigen Platz und ist mit einem kleinen Dach zu versehen. Bei starkem Ungezieferbefall flammt man alle Ritzen und Fugen mit einer Lötlampe aus. Dabei werden nicht nur die Schädlinge, sondern auch alle Krankheitserreger sicher beseitigt. Diese Arbeit läßt sich ganz gut bei schlechtem Wetter erledigen. Im besonderen Maße ist auf das Einschleppen von Ungeziefer durch Vögel, Tauben und Weidetiere zu achten. – Die

**Futter- und Trinkgefäße** sind möglichst oft zu reinigen. Man bekommt im Laufe der Zeit eine solche Übung darin, daß die Arbeit nahezu im Handumdrehen getan ist. – Die

**Futtertische und Aufflugstangen** sind einmal in der Woche abzukratzen und zu reinigen. Öfteres Streichen mit einem Desifektionsmittel ist zu empfehlen. – Die

**Lüftung** des Stalles muß einwandfrei funktionieren, d.h., die Schieber müssen gleichfalls gepflegt werden und sollen leicht in ihren Nuten laufen. Das Huhn verbraucht im Verhältnis zu seiner Größe etwa zehnmal so viel Sauerstoff wie eine Kuh; deshalb hat die Lüftung dem enormen Sauerstoffverbrauch der Hühner Rechnung zu tragen. Die Lüftungsöffnungen möge man mit einem Fliegendraht bespannen. In regelmäßigen Zeitabständen kontrolliere man mit einer offenen Flamme den Luftzug des Stalles, um die Luftzufuhr bei Bedarf entsprechend zu regeln. Starker Luftzug darf allerdings nicht entstehen. Er ist bei Lüftungen, die nach den beigegebenen Zeichnungen angelegt sind, nicht zu befürchten. Man scheue nicht die größeren Kosten eines Luftschachtes, der sich in den Großviehstallungen vorzüglich bewährt hat. In einem Stall mit Satteldach ist er ohnehin anzubringen. Seine Vorteile sind so eindeutig, daß ein Luftschacht auch in Ställen mit Pultdach empfohlen wird.

**Stall und Einrichtungen** sind ständig zu pflegen, d. h. alle auftretenden Schäden sind sofort zu beheben. So ist der Schmutz ständig zu beseitigen; namentlich der ammoniakhaltige Kot ist regelmäßig zu entfernen, da er ätzt und Seuchen begünstigt; das Material wird geschont, solange Reparaturen nur wenig Zeit und Geld erfordern; Scharniere, Angeln und Schlösser sind zu ölen, Fensterscheiben zu reinigen, Fensterkitt, falls nötig, zu erneuern; Stellen der Wand, an denen der Anstrich lückenhaft ist, sind nachzustreichen. Nagetiere und Kleinraubtiere, die nachts häufig in den Stall eindringen und die Wände beschädigen können, sind zu beachten. Von Zeit zu Zeit sollte die Dichte des Daches überprüft werden, denn der Dachbelag ist der Hitze des Sommers und der Kälte des Winters im besonderen Maße ausgesetzt; Schadstellen sind unmittelbar nach ihrer Entdeckung zu reparieren, damit eindringender Regen und ständige Feuchtigkeit vermieden werden. Die Dachrinnen wolle man wenigstens zweimal reinigen; Staub, Blätter, Kalk usw. verringern das Fassungsvermögen der Rinnen häufig so sehr, daß sie bei starkem Regen die Wassermassen nicht mehr aufnehmen und ableiten können. Ebenfalls ist die Befestigung der Windbretter immer wieder zu überprüfen, da die Nägel haufig durchrosten; auf diese Weise könnten Windbretter u.U. zu Totschlägern werden. – Der Besitzer eines

**elektrischen Anschlusses** hat Beleuchtungseinrichtungen und Steckdose trocken abzustauben und die elektrischen Zuleitungen namentlich nach Sturm zu überprüfen. – Eine

13 Zwerg-Bielefelder Kennhühner

14 Deutsche Zwerghühner, gold- und silberfarbig

15 Zwerg-Dresdner, goldbraun

16 Holländische Zwerghühner, goldhalsig

**Beheizung** des Stalles ist je nach seiner Bauart in der Regel nur bei strenger Kälte nötig. Der Handel bietet einwandfreie Stallheizungen mit geringem Stromverbrauch an, so daß deren Anschaffung jedem Züchter empfohlen werden kann. Überdies wird eine Stallheizung meist nur selten verwendet, so daß ihre Gebrauchsdauer praktisch unbegrenzt ist. Das Huhn verträgt starke, trockene Kälte in einem einwandfreien Stall recht gut. Allerdings darf ihm kein gefrorenes Wasser vorgesetzt werden; eine künstlich erwärmte Tränke ist bei Bedarf jedenfalls vorzusehen. Überraschend hoch ist auch der Futterverbrauch der Tiere in kalten Ställen, denn ein nicht unbeträchtlicher Teil des Futters dient ausschließlich der Wärmeerzeugung. Die Kosten des Mehrverbrauches an Futter und der erwärmten Tränken sind wesentlich höher als die der Beheizung des Stalles. Auch fühlen sich die Tiere in einem warmen Stall wohler. Ihre Leistung ist deshalb entsprechend höher. Eine Wärme von höchstens 14 bis 16 °C genügt; Treibhaustemperaturen sind von Übel. Zudem halte man die Tiere in ständiger Bewegung dadurch, daß man z.B. Körnerfutter in die Einstreu streut und sie damit zum Suchen anregt. Die Hühner dürfen nicht frieren; ebensowenig aber dürfen sie auch verweichlicht werden. Deshalb stehe jederzeit ein Thermometer zur Verfügung, das es gestattet, die Stundenschaltung der Stallheizung je nach der Außentemperatur zu regeln. Eine elektrische Heizung hat darüber hinaus den Vorteil, daß sie die Luft des Stalles trocknet und die Luftfeuchtigkeit gering hält. Außerdem verbraucht sie weder Sauerstoff, noch beeinträchtigt sie die Qualität der Luft durch Gase oder Gerüche. Nach der Gebrauchsanweisung ist der Heizkörper so aufzuhängen, daß die Tiere sich nicht aufsetzen und die Heizung nicht verschmutzen können. Besonders sei darauf hingewiesen, daß die Installation aller elektrischen Leitungen und Einrichtungen nur von einem Fachmann ausgeführt werden darf. – Die

**Beleuchtung** der Tiere während der kürzeren Wintertage wird seit Jahren in den Großbetrieben mit bestem Erfolg durchgeführt. Daher sollte sich auch der Rassegeflügelzüchter die künstliche Verlängerung des Tages zunutze machen, denn wenn das Huhn täglich 12 Stunden lang Futter aufnimmt, steigt die Leistung, und auch die Gesundheit der Tiere wird erhöht. Wohl ist der Futterverbrauch etwas größer; auch muß, wie im Abschnitt „Die Fütterung“ erläutert, teureres Beifutter gegeben werden, doch werden die Mehrkosten durch den größeren Nutzeffekt und die Gesundheit der Tiere mehr als ausgeglichen. Bei Frühbruten ist eine Beleuchtung nicht mehr ungewöhnlich; selbst in zahlreichen Kleinzuchtbetrieben des Auslands ist sie seit Jahren die Regel, da die Befruchtung der ersten Bruteier wesentlich besser ist. Man benötigt lediglich Tiere, die aus einer Frühbrut stammen und im zweiten Legejahr stehen. Spätbruttiere pflegen durch die künstliche Verlängerung des Tages bei richtiger Fütterung die Nachteile des späten Schlupfes auszugleichen; man verlange von ihnen nur nicht die Produktion von Frühbruteiern. Die Stärke der Lichtquelle muß so bemessen werden, daß alle Ecken des Stalles hell erleuchtet sind. Namentlich die Sitzstangen sollten es sein, um die Tiere am Aufsitzen zu hindern. Für den üblichen Zuchtstall genügen meist Glühlampen mit einer Stärke von 50 bis 60 Watt. Das Licht schalte man stets pünktlich zur gleichen Zeit ein und aus. Am besten bedient man sich eines Weckers oder einer Schaltuhr. Auch hier ist die Pünktlichkeit wie in der gesamten Hühnerzucht der erste Schritt zum Erfolg. Wer in der künstlichen Beleuchtung noch wenig Erfahrung hat und neben einem Legestamm einen Zuchtstamm besitzt, sollte zuerst den Legestamm beleuchten; erst drei bis vier Wochen vor Brutbeginn dehne man die Beleuchtung auch auf den Zuchtstamm aus. Man übersehe dabei nicht die geänderte Fütterung! – Die Pflege des

**Sandauslaufes** ist in erster Linie eine Frage der Reinlichkeit. Der Sand ist aufzulockern, der Kot abzurechen. Flußsand bildet mit dem Kot kleine Kugeln, die sich leicht entfernen lassen. Der Sand sei überall locker; vorhandene Löcher sind einzuebnen. Häufig, immer aber bei einer Wurmkur, ist die Sandfläche mit der Gießkanne nach Vorschrift zu desinfizieren. Dem Wasser füge man ein Desinfektionsmittel bei, das nicht nur die Wurmeier, sondern darüber hinaus möglichst viele der gefürchteten Seuchenerreger vernichtet. Steinplatten sind, wo vorhanden, öfters zu reinigen und abzukehren. Zweige und Äste von Sträuchern und Schattenspendern, die in den Auslauf hineinragen, sind abzuschneiden, denn nicht jeder Zierstrauch eignet sich als Grünfutterersatz für unsere Hühner. – Die

**Pflege des Auslaufs** wurde bereits in einem früheren Abschnitt behandelt. Den Auslauf rein zu halten, die Grasnarbe des öfteren abzurechen, Wege zu kehren, trockene Stellen zu gießen oder einen grasarmen Teil zu düngen, sollte selbstverständlich sein. Jauche ist nur bei leichtem Regen oder kurz vorher zu geben, damit die wichtigen Ammoniakverbindungen, die im Wasser stark löslich sind, in den Boden eindringen und nicht nutzlos in die Luft entweichen. – An heißen Sommertagen sorge man für

**Schattenspender** im Auslauf, unter die sich die Tiere vor der Sonnenglut flüchten können. Obstbäume, Sträucher, Hecken (die übrigens als Windschutz an der Windschutzseite des Auslaufs gute Dienste tun), auch Schatten von Nachbargebäuden usw. machen künstliche Schattenspender überflüssig. Schattenspender lassen sich aus einfachen und mit Sackrupfen bespannten Lattenrahmen sehr leicht und billig herstellen. Den gleichen Effekt bewirken auf Holzrahmen befestigte Stroh- oder Schilfmatten oder nur Reisig. Schattenspender müssen so groß sein, daß sie, schräg gestellt, allen Hühnern gleichzeitig genügend Platz und Schatten bieten. Man stelle sie nicht in der Nähe von Zäunen auf, damit die Hühner nicht veranlaßt werden, sie zu überfliegen. Mitunter genügt auch ein Bretterzaun oder ein Vorhang aus Rupfen am Drahtgitterzaun (meist nur bei sehr hoher Einzäunung oder bei einem Auslauf in Hanglage). Auch Kletterpflanzen eignen sich als Schattenspender. Jeder Züchter möge sich nach den örtlichen Gegebenheiten richten. Man übersehe nicht, in den Schatten auch Tränken zu stellen. – Man lasse sich auch die Vertreibung von

**Greifvögeln** angelegen sein. Meist hilft wiederholtes Erschrecken dieser Tiere; das Töten von Greifvögeln ist verboten und würde nur die Freunde des Tierschutzes – zu denen ja auch wir gehören wollen – auf den Plan rufen. Über kleinere Ausläufe kann man ein Drahtnetz spannen; bei größeren Ausläufen hat sich ein Geflecht von kreuz und quer gespannten Drähten gegen größere Greifvögel sehr gut bewährt. Der Abstand der einzelnen Drähte darf 50 bis 100 cm betragen; sie werden dennoch ihren Zweck erfüllen, weil die Greife die Absicht des Menschen erkennen und einen Anflug nicht erst unternehmen. Gut bewährt haben sich auch die im Handel erhältlichen Greifvogel-Abwehrkugeln. Diese spiegelnden Kugeln vermitteln dem angreifenden Greifvogel beim Überfliegen den Eindruck eines ständig größer werdenden und genau auf ihn zufliegenden Vogels, worauf in aller Regel die Attacke abgebrochen wird. – Zum Schutz gegen

**Wiesel und Marder** mache man ein Loch in die Stallwand und setze innen eine Kastenfalle davor. Sie ist gut zu befestigen. Es empfiehlt sich, eine Reihe kleiner Löcher in die Falle zu bohren, damit die Witterung des Geflügels in sie eindringen kann. Die Räuber werden ihrem Geruchssinn folgen und todsicher in die Falle gehen. Natürlich dürfen die Hühner nicht selbst in solche Fallen geraten. Der Züchter beachte: Jagd auf Wiesel und Marder zu machen, ist untersagt, dagegen ist Selbsthilfe gestattet, doch empfiehlt es sich in jedem Fall, den zuständigen Jagdpächter zu verständigen. – Man unterlasse es ferner nicht, die

**Zäune** zu pflegen, denn sie sind teuer und werden durch die Witterung stark in Anspruch genommen. Eine bewußte Pflege lohnt sich immer. Zeigen sich z.B. am Draht leicht rostige Stellen, dann streiche man etwas Ölfarbe beidseitig über diese Stellen. Auf diese Weise wird die Bildung von Löchern unterbunden. Trotz eines Anstriches mit Karbolineum, Teer u.a. pflegen Pfosten, an denen der Zaun befestigt ist, oberhalb des Bodens abzufaulen. Man kann in solchen Fällen auf Jahre hinaus die Kosten einer Neuanschaffung sparen, wenn man einen kürzeren Holzpflock („Frosch") dicht neben den abgefaulten Pflock in den Boden schlägt und Frosch und Restpfosten mittels Nägeln, Draht, Bandblech usw. zusammen befestigt. Das Drahtgeflecht selbst ist gleichfalls von Zeit zu Zeit zu überprüfen und, falls nötig, nachzuziehen. Ein gut gespannter Drahtzaun hält den Witterungseinflüssen erfahrungsgemäß viel länger stand. Türen, Türangeln, Schlösser und Pfosten sollten Schutzbleche oder ein kleines Dach aus Blech oder Holz erhalten, damit Regen, Kälte und Trockenheit ihr Zerstörungswerk nicht ungehindert treiben können. Alle Eisenteile des Stalles sind zu streichen, Riegel und Schlösser zu ölen.

Doch nicht nur totes Inventar ist zu schützen und zu pflegen, auch die Hühner selbst bedürfen der Pflege durch den Züchter. Wohl sind die meisten Züchter Tierfreunde, die schon im eigenen Interesse auf das Wohlbefinden ihrer Tiere achten. Nicht selten aber wird die nötige Pflege nicht konsequent oder rechtzeitig vorgenommen, oder die ersten Anzeichen werden nicht gebührend beachtet. Wichtigste Maßnahme ist die Bekämpfung des Ungeziefers. Der Pflege bedürfen in gleicher Weise die

**Füße und Krallen.** Kalkbeine werden von den Kalkbeinmilben hervorgerufen. Sie bohren sich unter die Schuppen der Läufe, lassen unter den hochgehobenen Schuppen eine schmutziggraue Masse erkennen, die dem Kalkstaub sehr ähnlich sieht. Die Läufe der Tiere sind mit einem im Fachhandel erhältlichen Mittel gegen die Kalkbeinmilbe zu behandeln, oder man reinigt und weicht die befallenen Schuppen mit Schmierseife auf. Danach werden sie mit einer aus 1 g Kreolin auf 10 g Vaseline selbst hergestellten Salbe täglich behandelt. Gleichzeitig sind auch die Sitzstangen zu behandeln. Man reinigt sie gründlich, wäscht sie mit Sodawasser, dem Kreolin beigegeben wurde, ab und bestreicht sie, wenn sie trocken sind, mit einem Langzeitdesinfektionsmittel. Von Zeit zu Zeit sehe man sich auch die Krallen seiner Hühner an, namentlich dann, wenn sie sich auf weicher Einstreu oder auf weichem Boden bewegen. Dann nützen sich die Krallen nicht genügend ab und sind deshalb vom Züchter gelegentlich zu kürzen. Bekanntlich zeichnet sich die beste Futtersucherin durch die höchste Leistung, doch auch durch die kürzesten Krallen aus. Man schneide oder feile die überflüssigen durchsichtigen Hornteile der Krallen in Richtung vom Ballen zur Spitze hin ab. Auch fette man die Läufe der Tiere im Jahr wiederholt mit etwas Öl ein, und nicht nur unmittelbar vor den Ausstellungen. Durch scharfe Kanten an den Sitzstangen oder durch Prellungen auf harten Gegenständen bilden sich an den Ballen und Zehen der Hühner nicht selten Geschwülste, die bekannten „Hühneraugen". Am besten lasse man sie durch einen Tierarzt oder durch einen erfahrenen Vereinszuchtwart behandeln. Auch kann man die Fachliteratur zu Rate ziehen. – In gleicher Weise ist auch der

**Schnabel** der Hühner zu beobachten. Häufig wächst die Spitze des Oberschnabels über den Unterschnabel hinweg. Dadurch wird das Huhn am Fressen gehindert. Der sog. „Habichtschnabel" ist mit einem scharfen Messer von der Kehle her und auf dem unteren Schnabel aufliegend abzutragen. Den gleichen Dienst verrichtet auch eine gut gekrümmte Nagelschere. Blutungen sind nicht zu erwarten, da ja nur der abgestorbene Teil der Spitze übersteht und überdies durchsichtig ist. So oft man die Füße der Tiere einfettet, behandele man auch das Schnabelhorn. Habichtschnabel wird bei der Bewertung mit einem entsprechenden Vermerk bedacht. – Für

**Frostschutz** der Tiere in kalter Jahreszeit ist rechtzeitig zu sorgen. Erste Voraussetzung ist ein trockener Stall, damit die Luftfeuchtigkeit sich nicht auf die empfindlichen Kopfteile niederschlagen kann. Die großkämmigen Rassen sind natürlicherweise mehr gefährdet als die kleinkämmigen. Daher fette man immer, wenn eine Kältewelle zu erwarten ist, die Hautteile des Kopfes mit Vaseline, reinem Öl, ungesalzenem Schweinefett u. ä. ein, nie aber mit Glyzerin, da es Wasser absorbiert. Wichtiges Vorbeugungsmittel ist auch eine gute Tränke, die verhindert, daß sich die Tiere beim Trinken die Kehllappen naß machen können. – Bei

**Erfrierungen** schafft man die Tiere möglichst rasch in einen warmen Raum und lasse sie nicht noch länger in der Kälte stehen. Denn nie wird eine Erfrierung durch Kälte rückgängig gemacht. Auch reibe man die erfrorenen Teile keinesfalls mit Schnee ein, wie dies oft irrtümlicherweise geraten wird. Vielmehr spüle man sie mit möglichst warmem Wasser, gilt es doch vor allem, die noch gesunden Teile zu retten. Und dies geschieht durch Wärme. Auf diese Weise werden die Blutzirkulation angeregt und die Schädigungen, soweit noch möglich, eingedämmt. Auf dieser Erkenntnis der modernen Tierheilkunde gründet der Frostschutz unserer Hühner. Die erfrorenen Teile werden zweimal täglich mit einer aus 5 g Terpentinöl, 15 g Safrantinktur, 15 g Chinarindentinktur und 10 g Kampferspiritus hergestellten Mischung eingepinselt. Die kranken Tiere werden abgesondert; nach einigen Tagen ist die frühere Farbe wieder vorhanden. Durch Kälte zerstörtes Gewebe ist allerdings abgestorben und nicht mehr zu retten. Etwa vorhandene Wunden sind mit warmer Chinosollösung (evtl. auch mit einer Rivanollösung) zu reinigen und mit einer 1%igen Myrrhe-Tinktur zu bestreichen. Später wird mit Vaseline nachbehandelt. – Erfrierungen der Füße, der Zehen und Fußballen sind sehr selten. Wenn die Tiere keine nassen Füße haben, sind Erfrierungen so gut wie ausgeschlossen. Jedenfalls bei uns. Hühner mit erfrorenen Fußballen und Zehen sind mir nur aus Osteuropa bekannt, bei uns nur bei Geflügelhaltern, die ganz zuletzt Anspruch auf den Ehrentitel „Tierfreund" erheben konnten.

**Ständige Beobachtung** ist die beste Pflege der Hühner. Bereits beim Betreten des Stalles am Morgen wird der Züchter die Kotablagerungen während der Nacht prüfen; Tiere mit vollem Kropf sind abzusondern, da der Verdacht auf Kropfverstopfung besteht. Tiere, die nicht richtig fressen, sind immer krankheitsverdächtig; sie sind mit besonderer Sorgfalt zu beobachten. Auf diese Weise ist eine größere Gefahr zu verhüten, bevor spürbarer Schaden eintritt. Die guten und gesunden Tiere mit hoher Legeleistung sind bei der Futtersuche morgens die ersten, die die Sitzstangen verlassen, und abends die letzten, die sie aufsuchen. In der Regel besitzt der Züchter nur so viele Tiere, daß er jedes einzelne mit seinen Merkmalen und Eigenschaften kennt. Zur Unterstützung des Gedächtnisses sollte man ständig ein Heft bereitliegen haben, um Eintragungen machen oder nachsehen zu können. Über die Eigenschaften z.B. der Brutlust, Frohwüchsigkeit, Legeleistung, Dauer der Mauser, Anfälligkeit gegenüber Krankheiten, Tugenden und Untugenden usw. eines jeden Tieres immer Bescheid zu wissen, ist schließlich keinem Züchter möglich. Diese

**Aufzeichnungen** sind ebenfalls ein Teil der Pflege unserer Rassetiere. Namentlich bei der Zusammenstellung der Zuchtstämme sind sie unentbehrlich. Nur wer die Erbanlagen seiner Tiere zuverlässig kennt, kann wünschenswerte Eigenschaften und Merkmale in seinem Stamm festigen und unerwünschte ausmerzen. Sie seien so umfangreich wie möglich; stichwortartige Aufzeichnungen genügen; Ausstellungserfolge einzutragen kann man unterlassen, denn sie sind unwesentlich. Wesentlich dagegen ist die Feststellung aller wichtig erscheinenden Eigenschaften und Merkmale aller Zuchttiere, auch deren Eltern, Großeltern und Geschwister. Der Erfolg kann dann nicht ausbleiben. Nichts aber bereitet mehr Freude als der Erfolg. Freude gewährt richtige Entspannung und schafft neue Kraft zu neuer Tätigkeit. Einwandfrei gepflegte Tiere und Anlagen aber lassen sich jederzeit mit berechtigtem Stolz und gutem Gewissen Freunden und Fremden zeigen. – Um Zeit und unnötige Wege zu sparen, bewahre man unter der Klappe auf den Nestern etwas Werkzeug, Nägel, Schrauben, Notizblock und Bleistift usw. auf. So ist bei Bedarf alles zur Hand.

## Die Fütterung

Futter und Fütterung der Tiere haben sich nach deren Verdauungsapparat zu richten. Ein Wiederkäuer benötigt anderes Futter als ein Allesfresser, ein Huhn ein anderes als das Wassergeflügel. Das Huhn besitzt einen kurzen Verdauungsweg und daher einen sehr lebhaften Futterumsatz. Zähne zum Zerkleinern des Futters fehlen ihm gänzlich. Der Schnabel ist spitz; die Körnerform des Futters sagt ihm daher am meisten zu. Breiartiges Futter, das z.B. die Enten bevorzugen, einem Huhn zu reichen ist unangebracht. Es kommt also nicht nur auf die Art,

sondern auch auf die Form des Futters an. Das Huhn ist ein Allesfresser und für abwechslungsreiches Futter dankbar. Bei jeder Fütterung oder Futterzusammenstellung ist dies zu berücksichtigen. Der Züchter, der über verhältnismäßig wenige Tiere verfügt, braucht sich an schematische Futterrezepte insofern nicht zu halten, als er seinen Lieblingen immer wieder Leckerbissen zur Abwechslung reicht. Doch bleibt auch in der Rassegeflügelzucht das Grundfutter innerhalb eines gewissen Zeitraumes unverändert. Plötzlicher Futterwechsel bekommt dem Huhn schlecht, denn es reagiert durch deutlichen Leistungsabfall.
Zur einfacheren Handhabung hat die Fütterungswissenschaft Futtermitteltabellen geschaffen, die die Arbeit des Züchters wesentlich erleichtern. Sie fordert von ihm lediglich die Kenntnis der drei wichtigsten Grundnährstoffe, aus denen alle Futterarten aufgebaut sind. Diese Grundnährstoffe sind Eiweiß, Fett und Kohlehydrate. Kohlehydrate enthalten z.B. sämtliche Getreidearten in Form von Stärke, Zucker und Rohfaser. Auch Fett ist ein Kohlehydrat; in einigen Tabellen wird es gesondert aufgeführt. Fette und Kohlehydrate sind stickstoff-(N-)freie Futterstoffe; dagegen enthält verdauliches Eiweiß Stickstoff. Neben diesen drei Grundnährstoffen enthält das Futter einen gewissen Ballastanteil und Wasser. Ebenfalls zur Vereinfachung hat die Fütterungswissenschaft in ungezählten Versuchen das günstigste

**Nährstoffverhältnis** ermittelt. Danach gilt das Verhältnis 1 Teil verdauliches Eiweiß zu 4 bis 5 Teile stickstoff-(N-)freie Nährstoffe als günstigstes Nährstoffverhältnis des Huhnes. Vereinfacht wird dies ausgedrückt mit 1:4 bzw. 1:5. Zur entsprechenden täglichen Futtermenge dieses Nährstoffverhältnisses kommen 20 bis 24 g Ballastfutter hinzu. Es ist Leistungsfutter. Da Fleisch (neben Blut, Innereien, zum Teil auch Federn) und das Ei im wesentlichen aus Eiweiß bestehen, ist dem Jung- und dem Muttertier in erster Linie eiweißreiches Futter zu geben. Futter mit weniger Eiweiß dient als Mastfutter; Legeleistung bzw. Wachstum lassen nach. – Für jeden Besitzer von Hühnern sind die

**Kosten** der Futtermischungen von ausschlaggebender Bedeutung. Deshalb können die geeigneten Rezepte nicht einfach vorgeschrieben werden. So rechne sich jeder auf Grund der vorliegenden Preislisten und Angebote Menge und Preiswürdigkeit der einzelnen Futterarten selbst aus; er hat dann die Gewähr, gut zu füttern und dennoch günstig zu kalkulieren. Stets halte man sich vor Augen, daß die Futterkosten die Hühnerhaltung am meisten belasten; wer daher nicht vernünftig rechnen kann, wird auf einen materiellen Gewinn, sofern er Wert darauf legt, verzichten müssen. - Mit gekauftem

**Markenfutter** ist die Fütterung wohl am einfachsten. Jede Futtermittelfirma ist um eine gute und gleichbleibende Qualität ihrer Erzeugnisse bemüht. Überdies wird das Futter nach gesetzlichen Bestimmungen geprüft. An der Verpackung ist die Zusammensetzung des Futters ersichtlich. – Es gibt eine kombinierte und eine Alleinfütterung der Zucht-, Jung- und Legetiere. Bei der

**kombinierten Fütterung** steht Legemehl (gekörnt oder mehlig) zur beliebigen Aufnahme in Automaten zur Verfügung. Dazu gibt es abends 50 bis 70 g Körnerfutter je Tier. Die Tröge müssen leer werden; wenn eine Getreideart übrig bleibt, wird die Ration gekürzt. Eine zu hohe Körnergabe verursacht Verfettung und damit einen Leistungsabfall (bezüglich der Eizahl, durch ungenügende Befruchtung, schlechten Schlupf, dünnschalige Eier). Das Legemehl im Automaten muß immer trocken sein und gut nachrutschen. Pelletiertes, d. i. gepreßtes Legemehl wird gern gegeben, wenn die Tiere zu wenig Mehlfutter aufnehmen. Auch läßt sich damit die Eiablage beim Ablegen vor der Mauser beschleunigen. Der Verzehr von gepreßtem Legemehl pflegt etwas größer zu sein, doch hat es den Nachteil, daß es den Kropf der Tiere schneller füllt und sie dann gelangweilt herumstehen. – Eine

**Abart der kombinierten Fütterung** besteht darin, daß man frühzeitig am Morgen zuerst Keimhafer, tagsüber Legemehl und abends Körnerfutter gibt. Von der Menge des Körnermischfutters ist aber die Menge des Trockenhafers abzuziehen. Abends sind die Mehlautomaten zu schließen; natürlich darf das Öffnen am nächsten Morgen nicht vergessen werden! – Die

**Alleinfütterung** erfolgt mit „Preßkorn“, dem Alleinfutter. Es besteht aus dem benötigten Legemehl und der Körnermischung in Mehlform. Beide sind vermischt und in Körnerform gepreßt. Die Fütterung mit Preßkorn spart Zeit und Arbeit, denn man hat nur noch für eine ausreichende Frischtränke zu sorgen. Bei ausschließlicher Stallhaltung gilt es freilich, die Tiere zu beschäftigen; denn allzu leicht entsteht Langeweile und mit ihr die Untugend des Federfressens und Schlimmeres. Ferner ist zu berücksichtigen, daß durch diese Fütterungsart eine Reihe von Rassen leicht verfetten, andere aber zu wenig fressen. Der Preßvorgang des Futtermehles beeinträchtigt die Wirksamkeit des Futters keineswegs. Die beigemischten Vitamine bleiben erhalten; ja, in Versuchen wurde sogar festgestellt, daß Preßfutter eine bessere Futterverwertung und damit eine höhere Gewichtszunahme garantiert als Mehlfütterung. Die Alleinfütterung hat sich vorwiegend in der Jungmast mit Mastalleinfutter bewährt. Wer Hunderte von Jungtieren mästet, hat auf eine möglichst wirksame Verringerung des Arbeitsaufwandes zu sehen. Selbst wenn es nur Pfennige sind, die man einspart: Die Vielzahl der Hühner und die tägliche Wiederholung der Einsparungen lassen auch Pfennigbeträge zu ansehnlichen Summen anwachsen. Es lohnt sich in der Tat, sorgfältig zu rechnen.

Die nachstehenden Nährwerte der einzelnen Futtermittel beziehen sich auf jene Bestandteile, die von den Hühnern verdaut werden. Zunächst seien die kohlehydratreichen und eiweißarmen Getreidearten genannt. – Der

**Weizen** als ganze Körnerfrucht wird von den Hühnern bevorzugt gefressen. In geschrotetem Zustand ist er ein hervorragendes Kükenaufzuchtfutter. Preisgünstig ist Weizen allenfalls nur im Futtergemisch. Man hat die Hühner daher zu veranlassen, sich auch mit den übrigen Bestandteilen des Mischfutters anzufreunden.

**Weizenkleie** enthält 12,0 % Eiweiß, 49,2 % N-freie Stoffe und 23,1 % Ballast. Sie wird sehr gern in Mehlmischungen trocken und zur Weichfutterbereitung verwendet, da sie einen sehr hohen Eiweißgehalt besitzt, der nur noch von den

**Weizenkeimen** übertroffen wird. Weizenkeime bestehen aus 23,8 % Eiweiß, 45,9 % N-freien Stoffen und 20,4 % Ballast. Sie finden ebenfalls in den Mischungen von Futtermehlen Verwendung.

**Roggen** wird von den Hühnern wahrscheinlich wegen seines bitteren Oberflächengeschmacks nur sehr ungern aufgenommen. Er wird in geringen Mengen zu Mehlmischungen verarbeitet und dann nur, wenn er ganz billig erhältlich ist.

**Gerste** wird nach Gewöhnung restlos gefressen. Ihre Bestandteile sind 6,7 % Eiweiß, 55,0 % N-freie Stoffe und 23,0 % Ballast. Man verfüttert entweder die ganzen Körner oder verwendet die geschrotete Gerste für Mehlmischungen. Gerstengrütze ist ein vorzügliches Kükenfutter; beliebt ist die Gerste als Mastfutter, weil sie den Fett- und Fleischansatz und deren Qualität selbst günstig beeinflußt.

**Gerstenkleie** besteht aus 6,9 % Eiweiß, 46,9 % N-freien Stoffen und 37,0 % Ballast.

**Gerstenfuttermehl** (sollte eigentlich als solches behandelt werden) enthält 8,3 % Eiweiß, 52,9 % N-freie Stoffe und 24,3 % Ballast. Gerstenkleie und Gerstenfuttermehl sind nur in Futtermischungen oder als Weichfutter zu füttern.

**Hafer** mit den Bestandteilen 7,7 % Eiweiß, 51,8 % N-freie Stoffe und 23,5 % Ballast wird trocken nicht gern genommen. Seiner sehr wertvollen Eigenschaften wegen wird man ihn ankeimen lassen, d.h.

**Keimhafer** herstellen. Die Körner werden in einem Gefäß mit lauwarmem Wasser – das Wasser hat die Körner immer zwei Finger breit zu bedecken – 12 bis 24 Stunden lang gut durchfeuchtet. Danach läßt man das Wasser ablaufen; den feuchten Hafer läßt man, dicht zusammenliegend, je nach der Jahreszeit und, falls nötig, an einem warmen Ort bzw. warm zugedeckt keimen. Keimhafer muß verfüttert werden, wenn sich der Keim zeigt; er darf nicht länger als höchstens 2 bis 3 mm sein, denn in dieser Entwicklungsstufe besitzt Keimhafer den größten Nährwert; auch wird er durch die Verdauung am besten aufgeschlossen. Wenn man länger wartet, bis der Keim größer oder gar grün geworden ist, treten starke Nährwertverluste ein. Grüner Keimhafer ist nur noch als Grünfutterersatz zu gebrauchen. Besonders hervorgehoben zu werden verdient, daß Keimhafer die Legeleistung fördert und die Befruchtung der Frühbruteier günstig beeinflußt. Er stehe den Tieren bis in den Monat Mai hinein zur Verfügung. Heute ist die Fütterung von Zuchttieren ohne Keimhafer kaum noch denkbar. Je nach der Jahreszeit hat man Keimhafer täglich oder alle zwei Tage zuzubereiten, denn die täglich benötigte Menge sollte vorhanden sein. Es geht nicht an, daß man heute und morgen Keimhafer füttert, dann einige Tage pausiert, um ihn gelegentlich seinen Hühnern erneut vorzusetzen. Pro Huhn und Tag rechne man 40 g Trocken- und 60 g Keimhafer. Man füttere Keimhafer nie aus der Einstreu, sondern ausschließlich aus Trögen, um Verluste zu vermeiden. Wem die Zubereitung von Keimhafer zu viel Arbeit machen sollte, der gebe seinen Tieren

**Quellhafer,** d.h. er lasse Haferkörner wenigstens einen Tag lang in Wasser aufquellen und füttere die gequollenen Körner. Hafer den Hühnern trocken zu geben, wäre Verschwendung und überdies sinnlos. Bezeichnenderweise füttern nicht selten gerade jene Leute trockenen Hafer, die über die teure und unrentabel gewordene Hühnerhaltung zu Felde ziehen. Hafer wird gemahlen oder geschrotet oder dem Weichfutter beigegeben.

**Haferflocken** sind ein bewährtes Futter während der Kükenaufzucht. Sie enthalten 9,8 % Eiweiß, 72,7 % N-freie Stoffe und 11,1 % Ballast. Haferflocken gelten, ob allein oder in einer Mischung gegeben, als ausgezeichnete Knochenbildner; eigentlich enthalten sie alle Aufbaustoffe, die die Entwicklung junger Tiere fördern. Deshalb kann die bevorzugte Verwendung von Haferflocken nur empfohlen werden, auch wenn ihr Preis meist etwas hoch ist.

**Haferschälkleie** besitzt 6,0 % Eiweiß, 42,9 % N-freie Stoffe und 35,8 % Ballast. Sie wird nur in Mischungen mit anderen Futtermehlen älteren Tieren gegeben. Schälkleie fällt an, wenn Hafer, wie der Name sagt, geschält wird.

**Geschälter Hafer** wird von den Hühnern auch in trockenem Zustand sehr gerne gefressen und sollte Bestandteil eines jeden guten Körnermischfutters sein.

**Mais** enthält neben Hafer von allen Getreidearten den größten Anteil an Fett. Er besteht aus 7,9 % Eiweiß, 65,8 % N-freien Stoffen und 15,7 % Ballast. Legehühner erhalten Mais ganz als Körnerfutter; Jungtieren wird er grob gebrochen, den

Küken als feine Grütze oder Grieß gegeben. Die Meinung, Mais mäste zu sehr und würde die Tiere verfetten, ist nur bedingt richtig. Wer seinen Tieren abwechslungs- und eiweißreiches Futter zur Verfügung stellt, wird nie zu klagen haben. Übrigens verfetten alle Tiere, wenn sämtliche Getreidearten einseitig gefüttert werden. Sonst wäre Gerste ja nicht das bekannte Mastfutter!

**Geschälte Hirse** enthält 7,0 % Eiweiß, 51,8 % N-freie Stoffe und 7,4 % Ballast. Auch sie gilt als hervorragendes Kükenaufzuchtfutter. Geschälte Hirse kann man auch unter das Legemehl mischen. Allerdings pflegen die Kosten einer solchen Mischung meist sehr hoch zu sein, so daß man sich mit billigen Futtermitteln behelfen wird.

**Kartoffeln,** gedämpft oder eingesäuert, besitzen nur 1,3 % Eiweiß, 11,8 % N-freie Stoffe und 7,8 % Ballast. Sie werden von den Hühnern gierig aufgenommen. Kartoffelstärke ist leicht verdaulich, doch eignen sich Kartoffeln ihres hohen Wassergehaltes und ihres geringen Eiweißanteils wegen bei einseitiger Fütterung nur zur Mast. Kartoffeln sättigen stark. Nicht zuletzt deshalb ist die Aufnahme von Nährwerten unbedeutend. Kartoffeln sind nur mit viel Milch oder anderem tierischen Eiweiß zu füttern. Mehr als 60 g täglich sollten je Tier keinesfalls gegeben werden. Fütterungsversuche vergangener Jahre mit Kartoffeln hatten wohl vorübergehend Erfolg, doch waren es Scheinerfolge – verständlich, benötigt doch jedes werdende und wachsende Lebewesen in erster Linie Eiweiß und nicht Wasser.

**Kartoffelflocken** sind getrocknete Kartoffeln und werden aus etwa der vier- bis fünffachen Menge Frischkartoffeln gewonnen. Sie bestehen aus 4,5 % Eiweiß, 57,9 % N-freien Stoffen und 21,3 % Ballast. Sie werden im Legemehl gerne verwendet; doch picken die Hühner mit Vorliebe zuerst die Kartoffelflocken heraus und verstreuen das Mehlfutter, sofern die Futtergeräte nicht einwandfrei sind, über die ganze Futterstelle. Deshalb werden Kartoffelflocken nur gemahlen gefüttert oder zusammen mit Milchprodukten als Weichfutter feuchtkrümelig gegeben.

**Zuckerrüben** sind gehaltreicher als die gewöhnlichen Futterrüben. Sie werden von den Hühnern, namentlich gut zerkleinert, gern gefressen. Da Zuckerrüben verholzen, muß man bei ihrer Fütterung vorsichtig sein. Zweckmäßigerweise wird man Zuckerrüben daher bis Anfang Januar reichen; danach verholzen sie sehr schnell, verlieren an Nährwert und sind schwer verdaulich. In der Rassegeflügelzucht dienen sie nur als Grünfutter oder als Ersatz für Abwechslungsfutter. Sehr nährwertreich sind frische Zuckerrübenschnitzel getrocknet (keine ausgelaugten aus der Fabrik!); sie werden von den Hühnern ohne Zögern angenommen. Während des Krieges waren sie Ersatz für Körnerfutter, doch können sie

Körnerfutter nur zum Teil ersetzen. Frische Zuckerrüben setzen sich zusammen aus 0,7 % Eiweiß, 20,7 % N-freien Stoffen und 3,2 % Ballast. – Die

**Eiweißfuttermittel** sind je nach ihrer Herkunft pflanzlicher oder tierischer Art. Die pflanzlichen Eiweißträger sind stets billiger als die tierischen, doch werden sie von den Hühnern weniger gut verwertet. Sie können die tierischen daher höchstens nur etwa zur Hälfte ersetzen. Die Hühner aber sind ihrer ganzen Veranlagung nach auf tierisches Eiweiß ausgerichtet.

**Sojaschrot bzw. Sojamehl** werden wohl am häufigsten verwendet. Man füttert sie nur an die älteren Jungtiere und an die Legehühner. Sojaschrot wird, um länger haltbar zu sein, meist nur entfettet in den Handel gebracht. Es enthält 38,7 % Eiweiß, 26,3 % N-freie Stoffe und 19,1 % Ballast. – Auch die

**Hülsenfrüchte** (Bohnen und Erbsen) besitzen wohl einen hohen Eiweißgehalt, doch werden sie von den Hühnern recht ungern gefressen. Sie werden daher den Legemehlen in verhältnismäßig geringen Mengen beigegeben. Für die Rassegeflügelzucht haben sie keine Bedeutung. Ebensowenig wird bei uns die

**Süßlupine** geschrotet verwendet. Der Züchter sollte stets bemüht sein, seinen Tieren nur bestes und gern aufgenommenes Futter zu reichen.

Von weit größerer Bedeutung als pflanzliches Eiweiß ist in der Geflügelzucht tierisches Eiweiß. Zu ihm zählt die

**Milch** in ganz süßem, besser noch, da in besonderem Maße gesundheitsfördernd, in ganz saurem Zustand. Sie wird vom Huhn bestens verbraucht und sollte nach Möglichkeit auf der täglichen Speisekarte der Tiere stehen. Doch füttere man saure Milch, Quark u. ä. nur aus Steingut- oder Kunststofftrögen, denn das Metall der Metallgefäße oxydiert durch Milchsäure zu giftigen Metalloxyden. – Es haben

| Milcharten | Eiweiß | N-freie Stoffe | Ballast |
|---|---|---|---|
| frische Buttermilch | 2,9 % | 4,8 % | 1,6 % |
| frische Magermilch | 3,3 % | 4,7 % | 0,6 % |
| Quark | 26,5 % | 1,9 % | 3,1 % |
| frische Molke | 0,8 % | 4,3 % | 1,1 % |

Seines hohen Eiweißgehaltes wegen wird Quark mit Vorliebe in der Kükenaufzucht und zur Brutentwöhnung verwendet. Für erwachsene Tiere ist Molke zu bevorzugen, denn Molke fördert die Legeleistung mehr als Quark trotz seines bedeutend höheren Eiweißgehaltes. Dies ist eine der Eigentümlichkeiten der Milchprodukte, die in der Praxis zu ganz anderen Ergebnissen führt, als die Theorie erwarten läßt. Die Milchprodukte gibt es in den verschiedenen Formen als halbfeste Butter-, Magermilch oder Molke. Ebenso wird sie völlig getrocknet in Pulverform in den Handel gebracht. Ihre Verfütterung ist in dieser Form recht bequem. Ihres hohen Nutzens wegen ist oft auch ihr Preis meist noch tragbar. Milchprodukte werden als Tränke oder als Weichfutterzusatz gegeben. Übrigens hat der Handel bereits eine Molkenkleie offeriert, die aus 1/3 Weizenkleie und 2/3 Molke bestand. Ihr Nährwert war dem des Weizens beinahe gleich. Teilweise war Weizenkleie daher als Weizenersatz gedacht, doch wurde sie von den reinen Milchprodukten bald wieder verdrängt. – Die

**Fischmehle** werden mit dem gesamten Fettgehalt als sog. Heringsmehl oder entfettet in den Handel gebracht. Beide Arten sind zu verwenden. In der Kükenaufzucht ist allerdings dem entfetteten Fischmehl der Vorzug zu geben. Fischmehl enthält 53,9% Eiweiß, 5,8% N-freie Stoffe und 2,1% Ballast. Die Fischmehle haben in der Hühnerfütterung ihren festen Platz. Die Ansicht vieler Verbraucher, die Eier würden durch die Fütterung von Fischmehl den Fischgeschmack annehmen, ist irrig. Nur da, wo Frischeier unmittelbar nach der Weichfütterung mit Fischmehlzugabe eingesammelt oder wenn sie sogar im Weichfutterkübel ins Haus getragen worden sind, ist eine Übertragung des Geruches durchaus möglich. Der Züchter aber, der auf fremde Arbeitskräfte nicht angewiesen ist und Wert auf eine einwandfreie Gewinnung der Eier legt, braucht diesen Vorwand nicht zu fürchten. Das Ei ist, wie oben erwähnt, sehr empfindlich und wird nach unsachgemäßer Lagerung immer mit einem unangenehmen Beigeschmack behaftet sein. Nur wenn verdorbenes Fischmehl die Organe der Tiere schädigt, ist die Übertragung des Fischgeruches denkbar.

**Tierkörpermehl** – ein inländisches Erzeugnis – und die importierten Fleischmehle sind weitere tierische Eiweißträger. Beide sind einander gleichwertig. Ausschlaggebend ist ihr Gehalt an phosphorsaurem Kalk, d.i. der Anteil an beigemischten gemahlenen Knochen. Der Gehalt an phosphorsaurem Kalk sollte nie höher als 11 bis 12% sein. Tierkörpermehl darf, da sonst zu sehr gebrannt, keine dunkle Farbe haben. Es sollte aus 43,9% Eiweiß, 36,3% N-freien Stoffen und 16,2% Ballast bestehen.

**Blutmehl** besitzt 75,9% Eiweiß, 0,5% N-freie Stoffe und 11,7% Ballast. Es wird nur selten allein angeboten; vielmehr wird es meist in den verschiedenen Konzentraten und in deren Analysen erwähnt. – Wer

**frisches Blut** von gesunden Tieren erhalten kann, verfügt über ein billiges Eiweißfutter. Blut enthält 17,8% Eiweiß, keine N-freien Stoffe und 3,0% Ballast. Am besten wird es dem Weichfutter beigegeben. In kleinen Mengen gereicht, sorgt es für Abwechslung bei Jung- und Alttieren, doch sind manche Hühner erst daran zu gewöhnen.

**Garnelen,** getrocknete kleine Krebse, gelten in der gesamten Geflügelzucht als Standardfuttermittel. Die Tiere nehmen sie nach einer kurzen Gewöhnungszeit mit Vorliebe auf. Sie sind sogar Leckerbissen, mit denen man seine Hühner handzahm bekommen kann. In geschrotetem Zustand dienen sie als Kükenfutter. Garnelenschrot, aus vollfleischigen Garnelen gewonnen, sollte mindestens 51,3 % Eiweiß, 5,8 % N-freie Stoffe und 8,7 % Ballast enthalten. Daneben kommen die weniger nährwertreichen Garnelenschalen in den Handel. Die Schalen werden insbesondere dem Garnelenschrot beigemischt. Daher ist beim Kauf von Garnelenschrot Vorsicht geboten. Man kaufe nur von bedeutenden Markenfirmen oder von Firmen, die für einwandfreie Lieferungen bekannt sind. – Tierische Eiweißträger sind schließlich, meist selbst gewonnen und getrocknet, die

**Maikäfer.** Garnelen und Maikäfer sind in besonderem Maße wertvoll durch ihre Hornmasse, die die Federbildung während der Aufzucht und Mauser günstig beeinflußt. Die Analyse der Maikäfer ergibt 39,7 % Eiweiß, 20,0 % N-freie Stoffe und 32,8 % Ballast. Man füttere nie zuviel und keinesfalls täglich, denn an diesen Leckerbissen überfressen sich die Hühner gern, und dies schadet den Tieren mehr, als Eiweiß je von Nutzen sein könnte.

**Eiweiß,** vor allem tierisches, darf nie zuviel gegeben werden. Durchfall, Verdauungsschäden und Vergeudung dieser teuren Futtermittel wären die Folge. Man rechnet je Tier und Tag höchstens 12 g verdauliches Eiweiß. Die besprochenen Eiweißträger sind sehr gut auch einzeln zu füttern; als noch günstiger hat sich eine Mischung verschiedener Eiweißarten erwiesen. Man hat den damit gewonnenen Erfahrungen Rechnung getragen und entsprechende Mischungen, Eiweißkonzentrate genannt, in den Handel gebracht. Gerade für den Rassegeflügelzüchter hat Konzentrat einen nicht unbedeutenden Vorteil, braucht er doch die Mischungen nicht selbst sorgfältig herzustellen und zu lagern. Man beziehe die benötigten Eiweißträger evtl. im Sammelbezug aller Vereinsmitglieder von einer bekannten Firma zum Grossistenpreis und mische selbst oder man kaufe Eiweißkonzentrat in größeren Mengen und verteile es an Vereinsmitglieder und Zuchtfreunde.

**Futterkalk,** hauptsächlich kohlensaurer Kalk, ist ein wesentlicher Bestandteil des Geflügelfutters, denn er wird zur Bildung der Eierschalen benötigt. Kohlensaurer Kalk ist überall leicht und billig zu haben. Eine Legehenne sollte täglich etwa 3 g kohlensauren Kalk erhalten. Ebenfalls wichtig ist der teure phosphorsaure Kalk. Man mischt ihn am besten in geringen Mengen unter den kohlensauren

Kalk. Futterkalk, richtig verpackt und gelagert, benötigt keine Pflege und wenig Platz. Weiterhin benötigt das Huhn

**Spurenelemente,** also Spuren von Jod (in Form von Jodsalzen), Eisen- und Schwefelverbindungen und etwas Kochsalz. Doch sei man besonders bei der Verabreichung von gewöhnlichem Kochsalz vorsichtig. Eine tägliche Gabe von nur 1 g je Tier kann bereits tödlich wirken. Man gebe zum Weichfutter daher nur eine kleine Prise und dies keinesfalls täglich.

**Eierschalen,** getrocknet und zerkleinert, gelten ebenfalls als Leckerbissen. Sie sind nur an die legenden Hühner zu verfüttern. In der Regel pflegen sich die besten Legerinnen eines Stammes als bevorzugte Konsumenten von Eierschalen hervorzutun. Man kann die Eierschalen auch in den Mineraltrögchen füttern und die Tiere selbst wählen lassen. Allerdings sollten Eierschalen nur von den eigenen gesunden Hühnern stammen, denn durch die Verfütterung der Schalen gekaufter Eier wurde schon manche Krankheit eingeschleppt.

**Holzkohle** sollte in einem Trögchen zur ständigen Aufnahme bereitstehen und im Weichfutter gereicht werden. Sie ist sehr billig, und doch ist ihr Nutzen bedeutend. Sie bindet die Darmgase und ist zur Verhütung oder Bekämpfung von Durchfällen unentbehrlich.

**Grit,** d. s. scharfe Steinchen, dienen zur Zerkleinerung der Nahrung im Verdauungsapparat. Grit ist daher lebensnotwendig. Am besten mischt man Grit mit Holzkohle und

**Muschelschalenschrot,** das ebenfalls im Handel recht billig ist, und stellt die Mischung den Hühnern in einem Futterautomaten zur Verfügung. Die Hühner werden je nach Bedarf und Neigung das Richtige schon finden. Stets achte man darauf, daß die Mischung trocken und für die Tiere erreichbar ist. Diese mineralischen Beigaben sind zur Fütterung der Hühner ebenso notwendig wie die verschiedenen

**Trinkwasserzusätze.** Diese haben die Aufgabe, Krankheitserreger im Tierkörper zu vernichten und die Widerstandskraft der Hühner gegen Infektionen zu stärken. Man möge in den einzelnen Zusätzen wechseln, denn das Huhn als Allesfresser bevorzugt vielerlei Geschmacksrichtungen und liebt die Abwechslung. Allerdings sind die Trinkgefäße jeweils gründlich zu reinigen. Natürlich kann auch des öfteren reines Trinkwasser gegeben werden.

**Eisensulfat** (Eisenvitriol) ist ein in der gesamten Geflügelzucht bekannter Trinkwasserzusatz. Durch seinen Eisen- und Schwefelgehalt wirkt es blutbildend und gleichzeitig stoffwechselfördernd. In das Trinkwasser als $1/2$- bis 1 %ige Lösung gegeben, ist es ein Vorbeugungsmittel gegen Leukose (Weißblütigkeit). Außerdem entkeimt es das Trinkwasser und verleiht dem Eidotter von Hühnern ohne Auslaufhaltung die bevorzugte dottergelbe Farbe. Eisensulfat ist billig in jeder Apotheke zu haben.

**Chlorkalzium** (Kalksalz) ist ein weiterer billiger, ja geradezu idealer Futterzusatz für Hühner. Es ist bekannt, daß bei der Verfütterung der üblichen Futterkalke wie Schlämmkreide, Muschel- und Austernschalen u. ä. viel Magensäure benötigt wird. Magensäure ist in Verbindung mit Pepsin zur Verdauung von Eiweiß unerläßlich. Dies ist mit ein Grund, weshalb selbst bei hohem Futterkalkzusatz im Futter der meist zu hohe Anteil an Eiweiß nicht in vollem Maße verdaut werden kann. Chlorkalzium hat diesen Nachteil nicht. Es ist leicht wasserlöslich und wird vom Körper unmittelbar aufgenommen und daher rasch verdaut. Versuche mit Chlorkalzium hatten folgende Ergebnisse: 1. Die gefütterten Eiweißstoffe werden besser verdaut und ausgenützt; daher besseres Wachstum, mehr Eier und bessere Befruchtung. 2. Das etwas ungünstige Verhältnis von Magnesia zu Kalk der Kleie wird ausgeglichen; daher kann unbeschadet ein etwas höherer Kleieanteil gefüttert werden. 3. Günstig beeinflußt werden ebenfalls Dotterfarbe und Schlupfergebnis. 4. Chlorkalk hat sich auch bei Rachitis (Knochenweiche) sehr bewährt. 5. Fließeier und Dünnschaligkeit sind nicht mehr zu erwarten (ein Ergebnis, das selbst reichliche Futterkalkgaben oft nicht erzielen).

Chlorkalzium kann im Trinkwasser, im Weichfutter oder im Legemehl trocken gegeben werden. Am besten löst man 1/2 kg Chlorkalzium in 1 Liter Wasser auf. Ein Eßlöffel dieser Lösung für 10 Tiere wird in die Flüssigkeit gegeben, die zum Anfeuchten des Weichfutters dient. Diese Methode gewährleistet den gleichen Effekt bei größter Sparsamkeit, denn ins Trinkwasser gegeben, würde durch die tägliche öftere Erneuerung zuviel Chlorkalzium verbraucht werden. Chlorkalzium kann, trocken in das Legemehl gegeben, ebenfalls sparsam verwendet werden. Man mischt 1 % Chlorkalzium zuerst mit etwas Kleie und zusammen unter die gesamte Legemehlmenge. Auch der Rassegeflügelzüchter sollte sich mit der Zugabe von Chlorkalzium anfreunden und sich deren Vorteile nach den umfangreichen Versuchen u. a. von Dr. Fangauf zunutze machen. – Daß die Tiere nicht aus

**Pfützen** oder schmutzigen Abwässern trinken sollten, müßte eigentlich nicht besonders erwähnt werden. Ebensowenig wird man seinen Tieren heute noch alte Steintröge mit wöchentlicher Wasserfüllung als Tränke zumuten. – Wer seinen Hühnern Milch zur Verfügung stellt, hat gleichzeitig für eine ausreichende und ordentliche

17 Zwerg-Kastilianer, schwarz

18 Ruhlaer Zwerg-Kaulhühner, schwarz mit weißen Tupfen

19 Zwerg-Welsumer, rost-rebhuhnfarbig

20 Zwerg-Wyandotten, schwarz

**Wassertränke** zu sorgen.

Wesentlich für die Fütterung sind nicht allein die verschiedenen Futterarten und deren Nährstoffanteile; auch die Futtermenge ist von nicht geringer Bedeutung. Der Züchter möge sich daher an folgende

**Futterrezepte** halten oder sich nach ihnen orientieren. Zunächst zwei Richtlinien: Ein Huhn benötigt für seinen Lebensunterhalt täglich 40 g N-freie Stoffe und 4 g Eiweiß. Zur Erzeugung von Eiern ist darüber hinaus Leistungsfutter zu reichen. Als Leistungsfutter werden 12 g N-freie Stoffe und 8 g Eiweiß veranschlagt. Der tägliche Bedarf eines Huhnes beträgt daher 12 g Eiweiß und 52 g N- freie Stoffe, insgesamt also 64 g Nährstoffe. Danach sind nachstehende

**Fütterungsmöglichkeiten** denkbar: Die ausschließliche Körnerfütterung, die kombinierte Körner- und Weichfütterung und die Körner- und Weichfütterung mit einer Gabe von Trockenmehlfutter, dem sog. Legemehl, das man zur beliebigen Aufnahme in Automaten zur Verfügung stellt. Für den Züchter, der seine Tiere möglichst vielseitig füttern will, kommen nur die beiden letzten Fütterungsarten in Betracht. Die Zusammenstellung des Futters hängt nicht unwesentlich vom Alter der Tiere und vom Zweck, den sie erfüllen sollen, ab (z.B. wird eine weiche, lockere Feder etwa der Wyandotten leicht mit einem größeren Weichfutteranteil erzielt). Daher nimmt bereits die Rasse mehr oder weniger deutlich Einfluß auf die Art der Fütterung. Wer also zwei oder mehrere Rassen halten möchte, wird sich zweckmäßigerweise für solche Rassen entscheiden, die eine einheitliche Fütterung gestatten. Andernfalls würde man sich allein durch die verschiedenartige Fütterung unnötig viel Arbeit aufbürgen, oder man wäre versucht, sich auf eine einzige Fütterungsart zu beschränken. Dadurch aber würde man der Fütterung wenigstens einer Rasse nicht gerecht, und mit der richtigen Haltung wäre es sicherlich vorbei. – Eine

**Legerin,** also ein erwachsenes Huhn, benötigt Leistungsfutter, wie oben bereits erwähnt. Hier nun mehrere Rezepte.

*1. Rezept:* 60 g angekeimter Hafer (trocken gewogen 40 g) je Tier und Tag als Körnerfutter, das zu gleichen Teilen als Morgen- und Abendfutter gereicht wird. Als Weichfutter werden gedämpfte Kartoffeln oder Haushaltsabfälle gegeben, für jedes Tier etwa 60 g, die mit 30 g Futtermehlen angereichert sind. Man kann je Tier noch etwa 1/8 Liter Magermilch (wohl nur während der warmen Jahreszeit) als Tränke geben und feingeschnittenes Grün unter das Weichfutter mischen. Auf diese Weise erhält man ein ebenso nährwertreiches wie billiges Futter, wenn zusätzlich noch genügend Grünfutter im Auslauf zu finden ist. Allerdings hat man zu beachten, daß nach der Verabreichung von Milch als Eiweißträ-

ger Trinkwasser zur Verfügung stehen muß. Das Weichfutter wird in zwei Portionen gefüttert.
*2. Rezept* (mit gekauftem Legemehl): Angekeimter Hafer wird in der gleichen Menge je Tag und Tier und zu den gleichen Mahlzeiten wie beim 1. Rezept gereicht. Das Weichfutter besteht nur aus etwa 40 g Kartoffeln, mit 10 g Legemehl und feingeschnittenem Grün gemischt. Zur ständigen Aufnahme steht den Tieren Legemehl trocken aus Automaten zur Verfügung. Täglicher Verbrauch je Tier etwa 50 g.
*3. Rezept* (mit Legemehlmischung): Legemehl aus 35% Futtergetreideschroten, 26% Weizenkleie, 15% Kartoffelflocken, 20% Eiweißkonzentrat (evtl. nur Fisch-, Herings- oder Tierkörpermehl), 3% Futterkalk und 2% Holzkohle, selbst gemischt. Als Tränke wird nur Wasser gegeben. An Körnerfutter werden 60 g Keimhafer oder 40 g andere Körner gereicht.
*4. Rezept* (Legemehl bei 1 Liter Milch für 10 Tiere): 40% Getreideschrote, 30% Weizenkleie, 20% Kartoffelflocken, 5% Eiweißkonzentrat (oder wie beim 3. Rezept 3% Futterkalk und 2% Holzkohle). Dazu 1 Liter dicksaure Milch für 10 Tiere; Körnerfutter wie vorstehend.
*5. Rezept* (ein Weichfutter): Je Tier und Tag 50 g gedämpfte Kartoffeln oder Küchenabfälle, 20 g Kleie und Getreideschrote, 10 g Sojamehl und 10 g Fischmehl bzw. Tierkörpermehl, 3 g Futterkalk, etwas Holzkohle und recht viel feingeschnittenes Grün. Als Tränke wird nur Wasser gereicht; Körnerfütterung mit Grit usw. nicht vergessen!
*6. Rezept* (ebenfalls ein Weichfutter): Je Tier und Tag 60 g gedämpfte Kartoffeln, 20 g Kleie und Schrote, 10 g Sojaschrot (oder 5 g Fischmehl), 3 g Futterkalk, etwas Holzkohle und feingeschnittenes Grün. Dazu 1 Liter dicksaure Milch auf 10 Tiere, ferner Körnerfutter, Grit usw. – Die

**Körnerfütterung** sei in diesem Zusammenhang ebenfalls kurz behandelt. Nach zahlreichen Versuchen ist es nicht zu empfehlen, den Hühnern nur abends Körner zu reichen. Körner werden besser verwertet, wenn sie je zur Hälfte morgens und abends gegeben werden. Selbst bei jenen Rassen, die zur Erreichung der vollendeten Federstruktur Weichfutter benötigen, sollte man auf eine Körnergabe nicht verzichten. Man kann sie allerdings etwas kleiner halten und das Weichfutter gleichfalls nur zur Hälfte morgens und abends geben. In diesen Fällen hat man also täglich viermal zu füttern, und zwar bei solchen Rassen, bei denen die Musterbeschreibung im wesentlichen Kissenbildung verlangt. Es sind also schwere und mittelschwere Rassen. – Mit den genannten Fütterungsarten habe ich persönlich sehr gute Erfolge erzielt und bei bewußt reichlicher Grünfütterung bei den oft als schlechte Leger verrufenen hellen Brahma wahre Spitzenleistungen erreicht.

**Körner mischen** kann man sehr leicht selbst. Die Körner aller Getreidearten, die man zu Hause hat, werden zu gleichen Teilen miteinander vermischt. Eine solche Mischung kann also Weizen, Gerste, Mais und Bruchweizen oder Milokorn enthalten. Nur auf Hafer sollte verzichtet werden. Haferkörner reiche man, wie bereits erwähnt, am zweckmäßigsten angekeimt. Nur geschälter Hafer kann ohne Bedenken der Körnermischung beigegeben werden. Großer oder ausländischer Mais ist vorher grob zu schroten oder wenigstens zu brechen. Man kann der Mischung außerdem noch etwas Garnelen beifügen. Auch von dieser Mischung werden je Tier und Tag 40 g gefüttert. Diese Menge reicht aus; sie zwingt die Tiere, alle Bestandteile aufzunehmen und reinen Tisch zu machen. Keimhafer kann man recht gut des Morgens (etwa 10 bis 15 g je Huhn), Körnergemisch (25 bis 30 g) aber des Abends füttern. Diese Fütterung verdient namentlich in der grünfutterarmen Zeit, also im Winter, Beachtung. – Besonderer Erwähnung bedarf die Fütterung in der

**Mauser.** Wünschenswert ist eine kurze und unkomplizierte Mauser. Das bedeutet aber: innerhalb weniger Wochen haben die Tiere ein vollständiges Federkleid neu zu bilden. Es heißt daher für den Züchter, diese besondere biologische Leistung durch eine entsprechende Fütterung zu unterstützen. Man füttere also ebenso gut wie in den Wochen der höchsten Eierproduktion und reiche zusätzlich etwas mehr tierisches Eiweiß, z. B. Garnelen. Ferner sorgt man für ständige Abwechslung und für häufige Leckerbissen (z. B. Kerbtierchen). Man kann auch dadurch etwas nachhelfen, daß man Hornspäne unter das Weichfutter mischt, um auf diese Weise die Federbildung zu fördern. Aus dem gleichen Grunde eignen sich Hornspäne übrigens auch in der Kükenaufzucht. Im besonderen Maße ist für reichliches und zartes Grünfutter Sorge zu tragen.

**Kükenfutter** besteht zunächst nur aus trockenen Getreidegrützen oder Haferflocken. Dazu werden scharfer Sand, Holzkohle und ferner Grit gereicht. Vom vierten Tage an kann bereits zartes Grünfutter fein gehackt und dicksaure Milch gegeben werden. Man füttere wenigstens sechsmal täglich so viel, als in 10 Minuten gefressen wird. Danach stellt man den Küken ein Trögchen mit Kükenmehlfutter zur beliebigen Aufnahme bereit. Das Kükenmehlfutter besteht aus verschiedenen Getreidemehlen; sie sind fein gesiebt, also möglichst schalenfrei, und enthalten 70% Eiweißkonzentrate. Kükengrütze und Kükenmehl werden im Verhältnis 1:1 gereicht. Zur Abwechslung gebe man zweimal täglich ein feuchtkrümeliges Weichfutter aus Kükenmehl mit viel feingeschnittenem Grünfutter. Natürlich sind Auslauf und Tränke nicht zu vergessen. Darüber hinaus möge man den Küken Futterkalk und Lebertran zufüttern. Man achte darauf, daß Holzkohle, Grit und scharfer Sand nicht vorzeitig zu Ende gehen.

**Junghennenfutter** wird von der 8. bis zur 16. Woche gereicht. Kükengrütze wird allmählich durch grobgebrochene Getreidekörner ersetzt. Das jetzt zu fütternde Mehlfutter besteht aus 85 Teilen Getreidemehlen und aus 15 Teilen Eiweißkonzentrat. Die Mahlzeiten werden auf vier reduziert. Noch immer aber sind die Mengen von Mehl und Schrot gleich. Das gröbere Futter wird wie zuvor als erstes und letztes Futter gereicht. Der regelmäßige Wechsel von Körnern, Mehl- und Weichfutter hält den Appetit der Tiere ständig wach. Junghennenmehl steht ebenfalls zur beliebigen Aufnahme bereit. Die Gabe von Futterkalk, Grit, Holzkohle, Lebertran, Grünfutter und Garnelenschrot ist weiterhin zu empfehlen. Für guten, reichlichen Auslauf ist zu sorgen. – Von der

**16. Woche bis zur Legereife** erhalten die Junghennen weiterhin Mehlfutter trokken, das je zur Hälfte aus Junghennenmehl und aus Legemehl besteht. Dazu werden Körner in grober Form gereicht, die allmählich das Mehlfutter völlig ersetzen. Weichfutter erhalten die Tiere nur noch einmal, doch weiterhin reichlich feingeschnittenes Grün. Man kann jetzt dazu übergehen, seine Tiere von Garnelenschrot zu ganzen Garnelen umzugewöhnen. Die Tiere sind also langsam auf das Futter der Legetiere einzustellen. In der obengenannten Zeit hat gleichfalls die Umstallung zu erfolgen, d. h. vor der Ablage des ersten Eies müssen die Tiere sich an ihren eigentlichen Winterstall gewöhnt haben. Sofern es den Anschein hat, als würden die Tiere vor der gewohnten Zeit zu legen beginnen, läßt sich der Legebeginn dadurch etwas verzögern, daß man der Herde einen Junghahn beigibt.

Die vorstehenden Futterrezepte erheben keinesfalls den Anspruch, in jedem Fall die besten zu sein. Sie sind nur als Anregungen gedacht. Nach ihnen kann sich jeder Züchter jedenfalls orientieren. Schließlich stellt auch jede Rasse an den Auslauf, die Jahreszeit, die Pflege, die Fütterung usw. eigene Ansprüche. Wer seine Tiere sorgfältig beobachtet, wird feststellen, daß selbst Tiere der gleichen Rasse, Herde und Abstammung unterschiedliche Neigungen besitzen und bestimmte Geschmacksrichtungen vorziehen. Dies läßt sich um so leichter beobachten, je zutraulicher die Tiere sind. In dieser Beziehung ist das Huhn ein ebenso selbständiges und in seiner Art vollkommenes Wesen wie das Großvieh des Bauern. Daher pflegt auch der Bauer seine Tiere einzeln zu hegen und mit Leckerbissen und Extragaben zu verwöhnen; auch der Geflügelzüchter sollte seine Tiere einzeln kennen und sie je nach deren Neigung betreuen. Durch ihr Verhalten geben die Hühner ja zu verstehen, daß sie das eine Futter mögen, ein anderes ablehnen; vor allem: Sie zeigen an, wessen sie bedürfen. Der Züchter aber, der seine Tiere versteht, ist in der Lage, sie zu größerer Leistung anzuregen. – Schließlich seien noch folgende allgemeine

**Fütterungsrichtlinien** genannt, die für den Erfolg nicht unwichtig sind: Man füttere immer pünktlich und lege größten Wert auf Reinlichkeit. Nie gebe man Gewürze oder reichlich Salz. Man vermeide plötzlichen Futterwechsel; vielmehr gewöhne man seine Tiere langsam an das neue Futter dadurch, daß man die Gaben des neuen Futters anstelle des alten ständig erhöht, bis es nach etwa 8 bis 14 Tagen Alleinfutter geworden ist. Man geize nicht mit Leckerbissen. Stets gebe man die gleiche Futtermenge und achte auf etwaige Vergeudungen. Man schütze seine Tiere vor verdorbenem und sauer gewordenem Futter, denn vorbeugen ist einfacher als heilen. Nie halte man mehr Tiere, als einwandfrei zu verpflegen und zu betreuen sind. Wichtigstes Beifutter ist Grünfutter neben Holzkohle, Grit, Muschelschalen und Lebertran. Sie sind täglich zu geben. Nie kann zuviel davon zur Verfügung gestellt werden.

**Grünfutter** enthält lebensnotwendige Nährstoffe, Vitamine und gelöste Mineralsalze; es besitzt erwiesenermaßen eine außerordentlich belebende Wirkung auf die Stoffwechselvorgänge im Tierkörper und ist von wesentlicher Bedeutung für die Befruchtung und die Schlupffähigkeit der Küken. Grünfutter ist kein Ersatz für ein anderes Futter; vielmehr hat es als außergewöhnliche Zugabe zu gelten. Es kann und soll sogar das ganze Jahr über gereicht werden. Grünfutter steht den Tieren in erster Linie durch die kurz gehaltenen zarten Gräser eines gepflegten Auslaufes zur Verfügung; darüber hinaus gibt man Grünfutter täglich feingeschnitten im Weichfutter. Unseren Hühnern dient alles als Grünfutter, vom Unkraut bis zum angesäten Getreide, Mais, Mangold, Spinat, Salat, Blätterkohl, Markstammkohl, Hafer-Wicken-Gemenge, angekeimter Hafer und gutes Kleeheumehl (im Winter bis zu 10 % abgebrüht im Weichfutter). Was der Züchter im einzelnen gibt, bleibt ihm überlassen. Aus Beobachtungen wird er auch hier die nötigen Erfahrungen sammeln. Dagegen ist Lebertran mehr ein Ersatz für die Sonne als für Grünfutter. Wer seine Tiere möglichst natürlich füttern will, scheue die kleine Mehrarbeit der Grünfutterbeschaffung nicht. Sie wird ihm durch eine größere Legeleistung und eine erhöhte Widerstandskraft gegen Seuchen und Krankheiten vergolten. Der letzte gefrorene Kohl ist, in einem frischen Raum aufgetaut, noch wertvolles Grünfutter. Gutes Grünfutter für den Winter sind auch im Schatten getrocknete und fein zerkleinerte Brennesseln; sie werden wie Kleeheu gefüttert. Grünfutter reiche man in etwas höher aufgehängten Raufen oder Drahtkörben; gelbe Rüben werden auf Nägeln aufgespießt, damit nichts verlorengeht. Die täglich benötigte Grünfuttermenge läßt sich mit etwas Überlegung, wenig Mitteln und geringer Arbeit durchaus beschaffen. Zerkleinerte Möhren sind hochwertige Leckerbissen unserer Hühner jeden Alters. Sie sind auch ein hervorragend bewährter Grünfutterersatz für den Winter. Auch beim Grünfutter sollte man auf Abwechslung bedacht sein.

## Legeherde und Zuchtstamm

Die Junghennen sind den Junghennenställen entwachsen. Als Legehennen steht ihnen nunmehr ein Bewährungsjahr bevor. Unter Fallnestkontrolle wird wenigstens ein Jahr lang ihre Legeleistung erprobt. Dies hindert den Züchter jedoch nicht, rassisch vorzügliche Tiere auszustellen; die Kritiken sind aufzubewahren. Nach der ersten Mauser aber entscheidet sich ihr Schicksal: Vielversprechende Ausstellungstiere kommen in den Zuchtstamm, die übrigen zur Legeherde. Sie versorgt den Züchter mit den nötigen Frischeiern, die vom Zuchtstamm gerade während der Brutsaison nicht zu erwarten sind. Jedem Züchter sei eindringlich empfohlen, sich einen Legestamm zu halten und ihm den zweitbesten Zuchthahn bis zum Ende der Brutperiode beizugeben. Auf ihn kann er zurückgreifen, wenn der eigentliche Zuchthahn unerwartet verlorengeht. Auf diese Weise büßt man nicht gleich ein ganzes Zuchtjahr ein, denn brauchbare Zuchthähne gerade in den Wintermonaten zu kaufen oder auszuleihen, ist meist schwierig oder gar nicht möglich. Deshalb möge man rechtzeitig um einen Ersatz bemüht sein; ja es ist denkbar, einen Zuchthahn einem befreundeten Züchter unter der Bedingung kostenlos zu überlassen, das Tier zurückzugeben, wenn es dringend benötigt wird. – Nach dem Bewährungsjahr der Junghennen im Legestamm ist der

**Zuchtstamm** zusammenzustellen. Wesentliche Bedingung ist eine möglichst gründliche Auslese ohne Rücksicht auf das Zuchtziel des Züchters. Allein die Leistung des ersten Jahres, die ja gute Futterverwertung, Entwicklung, Frohwüchsigkeit, Gesundheit usw. zur Voraussetzung hat, ist Wertmesser eines jeden Zuchttieres. Erst danach ist der jeweilige Rassetyp, sind also Form, Farbe und Zeichnung in Betracht zu ziehen. Es ist zu empfehlen, nach der bereits getroffenen Auslese, auch wenn sie nach der eigenen Meinung unbarmherzig vorgenommen worden war, einen erfahrenen Züchter der Rasse oder einen Preisrichter zu Rate zu ziehen. Vier oder sechs Augen sehen bekanntlich mehr als zwei. Dieser Grundsatz hat gerade bei der Zusammenstellung des Zuchtstammes entscheidende Gültigkeit. Auf diese Weise werden nur wenige Tiere sich fortpflanzen, nicht anders, als dies auch in der Natur die Regel ist. Eine möglichst strenge Auslese ist für die gesamte Tierwelt auf die Dauer ein Segen, da nur die besten Anlagen weitergegeben werden. Von den wenigen auserlesenen Zuchttieren aber gilt es nun, eine möglichst

**zahlreiche Nachzucht** hervorzubringen. Dabei ist es notwendig, Bruteier und Küken einer jeden Zuchthenne zu kennzeichnen. Nur so ist ein zuverlässiger Überblick über die Erbanlagen aller Zuchttiere zu gewinnen. Überdies wird der beobachtende und denkende Züchter wertvolle Fingerzeige erhalten und verwerten. – Wichtigstes Tier des Zuchtstammes ist der

**Zuchthahn,** da er seine Erbanlagen an jedes Küken seines Stammes weitergibt. Er verkörpert im wahrsten Sinne des Wortes die Hälfte des Zuchtstammes. Aus diesem Grunde ist es doppelt erforderlich, die einwandfreie Abstammung des Zuchthahnes und damit seine Erbanlagen genau zu kennen. Aus dem gleichen Grunde ist es ferner ratsam, neue Merkmale und Eigenschaften in den Zuchtstamm nur über die Henne einzuführen. Als früher noch allgemein Zweistammzucht betrieben worden war, hatten die Besitzer der besseren Zuchthähne die größeren Erfolge; bei der heute in Deutschland vorwiegend üblich gewordenen Einstammzucht treten diese Erfolge noch eindeutiger in Erscheinung. Mehr noch: viele Zuchten sind auf der Grundlage der Hennenzucht aufgebaut und anerkannt. Deshalb ist der Hennenzuchthahn (kurz „Hennenzüchter" genannt) gerade hier von ausschlaggebender Bedeutung. – Das

**Alter** des Zuchthahnes ist unwesentlich, solange namentlich die Leistungseigenschaften seiner Nachzucht nichts zu wünschen übrig lassen. Ich bevorzuge meist Junghähne, denn ihre Erbanlagen vor allem der Leistung lassen sich in der Legeherde am eindeutigsten feststellen; sie sind zudem noch jung genug, um ihre außergewöhnlichen Erbanlagen im Zuchtstamm an möglichst viele Nachkommen weiterzugeben. –

**Streitsüchtige** Zuchthähne, die mitunter sogar Menschen anfallen, sind in der Regel die besten Befruchter. Man schrecke also nicht davor zurück, einen solchen Hahn in den Zuchtstamm zu stellen, denn ein Zuchthahn hat einwandfrei verwahrt zu sein; also kann ein rabiater Hahn keinen Schaden anrichten. Zuchtstall und Auslauf sind kein Spielplatz für Kinder und Zuchttiere keine Schoßhunde. Angriffslust ist stets ein Zeichen außergewöhnlicher Lebenskraft, und es ist nur von Vorteil, die Erbanlagen hierfür im Zuchtstamm zu verbreiten und zu festigen. Werden streitsüchtige Zuchthähne mit Ruhe und Liebe behandelt, dann lassen sie den Züchter in der Regel ungeschoren. Fremde haben im Zuchtstall und Auslauf nichts verloren und mögen die Tiere durch Fenster oder Zaun bewundern. – Die

**Haltung** des Zuchthahnes wird man in der Regel im Zuchtstamm inmitten der Hennen vorsehen. Eine Reihe von Züchtern stellt mit Erfolg dem Zuchthahn einen besonderen Stall mit eigenem, überdecktem Auslauf zur Verfügung. Die Zuchthennen werden nach jeder Eiablage im Fallnest dem Hahn zugesellt. Auf diese Weise läßt sich seine Zuchtdauer beträchtlich verlängern, ebenso der Befruchtungserfolg bedeutend erhöhen, doch können feurige Hähne und Hennen von Rassen, die größere Zuchtstämme rechtfertigen, ohne Bedenken zusammen gehalten werden. Ein guter Zuchthahn ist der kostbarste Besitz eines Züchters und Anlaß zu berechtigtem Stolz, wenn er aus der eigenen Zucht stammt. Da es vollkommene Zuchthennen nicht gibt, hat der Züchter darauf zu achten, daß

**mangelhafte Erbanlagen** des Zuchthahnes durch Vorzüge der gleichen Anlagen der Hennen ausgeglichen werden. Gleiche Fehler von Hahn und Henne werden auf die Nachzucht verstärkt weitergegeben. Dies gilt besonders von verdeckten, sog. rezessiven Erbanlagen, die dem prüfenden Auge des Züchters verborgen bleiben. Eine Henne kann nur ihr eigene Nachzucht verderben, ein Zuchthahn aber den ganzen Zuchtstamm und damit eine oft jahrelange Zuchtarbeit vernichten. – Man achte stets auf ein rechtzeitiges

**Zusammengewöhnen** von Hahn und Hennen, da es Tiere gibt, die in einer ihnen fremden Umgebung sich nicht in drei oder vier Wochen heimisch fühlen werden. In solchen Fällen sind schlechte Befruchtungsergebnisse die unausbleibliche Folge. – Bei den

**Zuchthennen** lege man besonderen Wert auf die Leistungseigenschaften, vor allem auf Legeleistung und Vitalität. Auf die Hennen treffen die Voraussetzungen in gleicher Weise zu wie für den Zuchthahn, doch ist eine ältere Henne als Zuchttier sehr wertvoll. Ihr Alter ist Beweis ihrer Gesundheit, und ihre Leistungsprüfungen hat sie in der Legeherde abgelegt. Auch kennt man ältere Hennen meist besser als jüngere. Vererbungstests haben selbstverständlich nur dann Sinn, wenn eine genaue Registrierung der einzelnen Paarungen gewährleistet ist. – Zur

**Einkreuzung** besserer Erbanlagen verwende man Zuchthennen. Sie sind leichter und billiger zu haben. Auch beweisen sie ihren Wert durch ihre Leistung im ersten Legejahr. Im Zuchtstamm sind die Erbanlagen des Hahnes und der Hennen bekannt, vor allem die Leistungseigenschaften der weiblichen Tiere durch ihre Nachzucht. Man kann also gewiß sein, daß diese Erbanlagen auch weitergegeben werden. Um es zu wiederholen: Die Henne hat in jenen Merkmalen vorzüglich zu sein, in denen der Hahn Wünsche offenläßt. Ein entsprechender Ausgleich erfolgt nur über die Henne. Auch ist Linienzucht (s.S. 115) über eine Henne leichter möglich, da ihr ein Sohn oder Enkel ohne Schwierigkeiten beizugeben ist. Ein älterer Hahn dagegen kann im Laufe der Zeit zu schwer oder tretfaul werden und so die Zuchtabsicht des Züchters zunichte machen. – Nur in Ausnahmefällen entschließe man sich,

**Junghennen** in den Zuchtstamm zu stellen. Man kann aber aus jüngeren Tieren sehr wohl Nachzucht für den Legestamm züchten, nämlich dann, wenn man sich einer neuen Rasse oder einem neuen Farbenschlag zugewendet hat. Durch die

Geschwisterpaarung läßt sich der Erbwert dieser Tiere zuverlässig erkennen. Diese Methode kann jedem Züchter nicht eindringlich genug angeraten werden. Sie spart Zeit, gewährt den richtigen Überblick über die vorhandenen Erbanlagen, und der künftige Zuchtstamm ist einfacher zusammenzustellen. Ist man aus irgendeinem Grund gezwungen, in den Zuchtstamm Jungtiere einzustellen, dann seien es möglichst Tiere der eigenen Zucht, deren Abstammung und voraussichtliche Erbanlagen man kennt. Stets verwende man nur Junghennen aus besten Frühbruten, selbstverständlich nach sorgfältiger Auslese. Immer aber wird das Eigewicht und damit die Größe der geschlüpften Küken zu wünschen übriglassen. Spätbruttiere lassen in der Regel schwächere Nachzuchttiere erwarten; auch pflegen Junghennen nicht fertig zu werden. Man züchte nur von völlig reifen Tieren, die mindestens schon 20 bis 30 Eier gelegt haben, um eine Leistungs- und Gewichtsgrundlage zu haben. – An die

**Fütterung** des Zuchtstammes werden keine außergewöhnlichen Anforderungen gestellt. Da Zuchttiere jedoch sehr hohe Leistungen zu vollbringen haben, gebe man ihnen bestes Futter und reichlich Grünfutter. Zu empfehlen sind Keimhafer, Möhren, Kohlarten, geschältes Getreide und tierisches Eiweiß in Milchform oder als gutes Fischmehl. Auf Treibfutter möge man verzichten. Denn es kommt nicht darauf an, Rekorde zu erzielen, sondern einwandfreie Bruttiere zu erhalten. – Nicht unbedingt braucht ein

**Ehrenpreistier** ein gutes Zuchttier zu sein. Häufig pflegen Ausstellungstiere im Legestamm zu stehen, die Sg- und G-Tiere aber im Zuchtstamm. Durch diese Trennung wird die Zusammenstellung des Zuchtstammes nicht unwesentlich erschwert. Der Zuchtstamm ist ein Spiegelbild der Beherrschung der Musterbeschreibung und der Erbgesetze durch den Züchter. Nur hier offenbart sich der Meister. – Der

**Sonderverein** der betreffenden Rasse aber wird jedem Züchter wertvolle Hinweise geben; auch ein guter Zuchtwart wird es. Jeder, selbst der erfolgreichste Züchter, kann immer noch hinzulernen. Eine gute Zusammenarbeit aller Züchter untereinander zum Wohle der Rassegeflügelzucht ist daher unerläßlich. Keiner fürchte die Konkurrenz des anderen; niemand wird Schaden leiden, wenn er seine Zuchtgeheimnisse preisgibt. Nicht die Zucht selbst verbürgt den Erfolg, sondern die Tiere, mit denen gezüchtet wird. Entscheidend sind Kenntnisse und Erfahrung, Fingerspitzengefühl und Glück.

# Die Vererbung

Die Vererbung ist eine selbständige, moderne Wissenschaft geworden. Ihre Entdeckungen gehören nach Prof. Haber zu den erregendsten unseres entdeckungsfreudigen Jahrhunderts. Dessenungeachtet ist dieses Wissensgebiet gerade für den praktischen Züchter noch voller Rätsel, denn die Kluft zwischen Theorie und Praxis scheint trotz mancher bewährter Vererbungsregeln unüberbrückbar zu sein. Allzusehr in die Theorie einzudringen ist daher müßig. Es genügt, die wesentlichen Fakten der Vererbung, die für die Praxis wichtig sind, zu erläutern. Wichtiger als die Theorie ist die Praxis; sie hat eine Reihe von praktischen Regeln geschaffen, mit deren Hilfe sich sehr brauchbare Theorie und Praxis verbinden lassen. – Die heutige Vererbungslehre basiert auf den Erkenntnissen

**Gregor Mendels,** der in der zweiten Hälfte des vorigen Jahrhunderts im Klostergarten zu Brünn seine berühmt gewordenen Bohnenversuche unternahm: Kreuzte er rotblühende Bohnen untereinander, dann erhielt er nur rotblühende; ebenso verhielt es sich mit den weißblühenden Bohnen (a). Kreuzte er dagegen rotblühende Bohnen mit weißblühenden, dann traten rosablühende Bohnen zutage (b). Wenn er nun die rosablühenden Bohnen untereinander kreuzte, dann erhielt er $1/4$ rot-, $1/4$ weiß- und $1/2$ rosablühende Bohnen (c). Diese Gesetzmäßigkeit war nicht zu erschüttern: Rot × Rot ergab weiterhin Rot, Weiß × Weiß blieb Weiß und Rosa × Rosa spaltete in dem genannten Zahlenverhältnis auf. Was aber hatte Mendel zu erwarten, wenn er rosa- und rotblühende Bohnen kreuzte? Nun, er erhielt je zur Hälfte rosa- und rotblühende Bohnen. Entsprechend verhielt es sich bei den rosa- und weißblühenden Bohnen (d). – Schon aus diesen einfachen Mendelschen Gesetzen werden die wesentlichen

**Vererbungsregeln** erkennbar: das Wesen der Reinerbigkeit (a), der Spalterbigkeit (b), der Aufspaltung der sog. Bastardeigenschaften (c) und der Rückkreuzung (d). Freilich sind diese Regeln in der Tierzucht weit schwieriger zu erfassen, denn deren Merkmale und Eigenschaften sind viel zahlreicher. Sie sind in ihrer Wirkung weniger leicht zu fixieren als Mendels Bohnenfarben, und es stehen dem Züchter nicht, wie in der Pflanzenzucht allgemein, sehr große Versuchszahlen zur Verfügung.

Aus den Ergebnissen seiner Versuche folgerte Mendel die richtigen Zusammenhänge; die moderne Erbbiologie kennt zuverlässig die Vorgänge, die zu diesen Mendelschen Gesetzen führen. Auch auf sie näher einzugehen erübrigt sich, denn das Erbgeschehen in der Tierzucht läßt sich mit den einfachen Mendelschen Gesetzen allein nicht erklären. Nur soviel sei festgehalten: Bei der Vereinigung von Eizelle und Samenfaden vereinigen sich die mütterlichen und väterlichen Erbanlagen. Sind diese Erbanlagen in einem bestimmten Merkmal von Vater- und Mutterseite gleich, dann sind sie reinerbig, und sie treten unverändert in Erscheinung. Unterscheiden sie sich dagegen, dann kann bei der Nachkommenschaft eine Vermittlung dieser Anlagen zutage treten (intermediäre Vererbung), oder es kann eine Anlage in ihrer Wirkung stärker sein als die andere und jene unterdrücken. Man hat es dann mit einer dominanten (vorherrschenden) bzw. einer rezessiven (unterdrückten) Erbanlage zu tun. Die dominante Anlage des einen Elternteils tritt in Erscheinung, die rezessive des anderen Elternteils, obwohl vorhanden, bleibt unsichtbar. Erst dann, wenn zwei gleiche rezessive Erbanlagen zusammentreffen, werden sie sichtbar. – Aus diesen Zusammenhängen ergibt sich eine entscheidende Forderung für die züchterische Praxis, die der

**Reinerbigkeit** möglichst vieler Merkmale und Eigenschaften. Reinerbig ist eine Anlage mit hoher Wahrscheinlichkeit dann, wenn sie in einem Zuchtstamm ohne Unterbrechung und nennenswerte Steuerung bei allen Nachkommen auftritt. Sie wird dadurch erreicht, daß man – wie Mendel – Tiere mit gleichen bestimmten Merkmalen paart. Tiere mit unterschiedlichen Anlagen kann man ebenfalls paaren, nur tritt in der Nachfolgegeneration eine Aufspaltung der intermediären Anlagen oder eine dominante Vererbung zutage. Man wird die geeignetsten Tiere der Nachkommen ($F_1$-Generation) an ein geeignetes Elterntier zurückpaaren; die Wahrscheinlichkeit der Reinerbigkeit ist zufriedenstellend groß. Die Paarung der ersten Generation untereinander ist theoretisch ebenfalls denkbar und würde bei entsprechend großen Nachkommenzahlen durchaus Erfolg haben; in der Tierzucht aber wäre man doch zu sehr auf den Zufall angewiesen, denn der Austausch der Erbanlagen erfolgt völlig frei und unsteuerbar.

**In- und Inzestzucht** sind für die Bewältigung züchterischer Aufgaben so eminent wichtig, weil nur durch sie eine Anhäufung der erwünschten (freilich auch der unerwünschten) Erbanlagen und daher eine stets wachsende Reinerbigkeit möglich ist. Allein dadurch, daß man die aus Inzucht hervorgegangenen Tiere mit den unerwünschten Anlagen ausmerzt, werden die erwünschten Anlagen in einem Zuchtstamm angehäuft. Es ist eine Aufgabe der praktischen Zucht, hier die geeigneten Wege zu weisen. Reinerbigkeit und Inzucht sind die Zauberformeln der modernen Züchtungskunst. – In diesem Zusammenhang darf ein Begriff aus der Vererbungslehre nicht unerwähnt bleiben, der der

**Umweltbedingungen.** Das Erscheinungsbild eines Tieres (auch einer Pflanze) wird geformt durch das Erbbild, d. i. die Summe aller Erbfaktoren, und durch die Umweltbedingungen. Diese Zusammenhänge sind dem Züchter vertraut: Ein Tier kann z. B. in der Größe, Leistung, Gesundheit usw. zurückbleiben, weil dessen Vorfahren die entsprechenden Anlagen besitzen oder weil die Haltungsbedingungen diese Merkmale und Eigenschaften verändern (z. B. angebliche Zwerggengröße durch Spätbruttiere!); ähnlich verhält es sich bei der Federform, der Farbe des Gefieders, der Läufe, der Augen, der Fleischteile des Kopfes usw. Veränderungen durch Umwelteinflüsse nennt man Modifikationen; sie sind nicht vererbbar. Bevor man also für gewisse Erscheinungen nach Gründen sucht, überlege man sich zuerst, ob nicht die Umweltbedingungen dafür verantwortlich sind. Wesentlich ist daher für die Beurteilung eines Zuchttieres eine möglichst einheitliche, einwandfreie Haltung, Fütterung, Unterbringung usw. Dies gilt insbesondere bei fremden Tieren und bei Tieren einer niedrigeren Rangordnung. – Häufig taucht in diesem Zusammenhang ein weiterer genetischer Begriff auf, der der

**Mutation.** Mutationen sind kleine oder große, kaum oder deutlich auffallende Merkmalsänderungen durch einmalige sprunghafte Veränderungen des erbbiologischen Gefüges. Sie sind höchst selten, aber durchaus möglich. Nicht alle Überraschungen sind als Mutationen zu erklären. Vielmehr dürfte im Falle angenommener Mutationen eine rezessive Erbanlage zum Vorschein kommen. Nur dann, wenn ein Merkmal, das in einem Zuchtstamm jahrelang unverändert auftritt, sich aus unerklärlichen Gründen ändert, ist der Gedanke an eine Mutation zu erwägen.

## Die Züchtung

Der bewußte Rassegeflügelzüchter bedarf exakter Kentnisse in der Vererbungslehre und Tierzuchtkunde; sie kann man erlernen. Da sich aber die Genetik nicht mit der Zuverlässigkeit mathematischer Formeln anwenden läßt, benötigt er angeborenes Züchtertalent und das berühmte Quentchen Glück, um Erfolg zu haben. Jede Rasse hat ihre Eigenheiten; sie gehen auf bestimmte Erbanlagen zurück. Im Grunde einfach hat es der Wirtschaftsgeflügelzüchter. Ihm geht es allein um die Leistung; die vielfältigen Merkmale der Form, Farbe und Zeichnung seiner Tiere sind ihm gleichgültig. Doch ist auch die Leistung ein Komplex verschiedener Leistungsmerkmale wie der Fruchtbarkeit, Legeleistung, Eigröße, Schalenfarbe, Schlupffähigkeit, Vitalität, Seuchenresistenz, Futterverwertung, Frohwüchsigkeit usw., die alle ebenfalls an bestimmte Erbanlagen gekoppelt und bei der Zusammenstellung der Zuchtstämme zu berücksichtigen sind. Der Rassegeflügelzüchter hat es dagegen ungleich schwerer, kommen doch zu den genannten Leistungseigenschaften jene der typischen Rassemerkmale hinzu. Er hat daher ungleich mehr Erbfaktoren zu berücksichtigen. Der Wirtschaftsgeflügelzüchter ist in der Regel in der Lage, aus 1000 Küken mit guter Abstammung 10 vorzügliche Tiere auszuwählen; der Rassegeflügelzüchter hat aus nur 10 bis 15 Tieren, die aufgezogen werden, einige gute für Ausstellungszwecke zu suchen und überdies im Laufe der folgenden Jahre den Zuchtstamm zu ergänzen. Was Wunder, daß er zu einem guten Teil auf das Glück angewiesen ist. Die Leistungen der Rassegeflügelzüchter sind daher nicht hoch genug einzuschätzen. Nur wer selbst in ihren Reihen steht und die Schwierigkeit der Züchtungsarbeit mit ihren unwägbaren Möglichkeiten gleichsam am eigenen Leibe erfahren hat, wird die Arbeit und das Können erfolgreicher Züchter uneingeschränkt würdigen. – Die Züchtungsarbeit ist nach einer Reihe von Methoden möglich. Sie werden von den verwendeten Tieren entschieden.

**Inzucht** ist engere oder weitere Verwandtschaftszucht. Die Paarung von Vater und Mutter, von Mutter und Sohn bzw. von Geschwistern untereinander ist Inzestzucht. In- und Inzestzucht haben sich in allen züchterischen Belangen als äußerst segensreich erwiesen. Inzucht in der einen oder anderen Form ist in der Rassegeflügelzucht die übliche Methode, denn sie allein gestattet es, wie oben erwähnt, einen gewissen Grad der Reinerbigkeit zu erzielen, ohne die Rassezucht ein illusorisches Unterfangen wäre. Die Summe der weitgehend erwünschten Erbanlagen ist bei nahe verwandten Tieren vorhanden; neue Erbanlagen kommen, von besonderen Zuchtvorhaben abgesehen, nicht hinzu. Die dominanten Anlagen sind augenscheinlich, die intermediären spalten auf, und bei einigem Glück treten die erwünschten Merkmale reinerbig zutage; die rezessiven und bisher verborgen vorhandenen Anlagen werden sichtbar und sind reinerbig. Natürlich nicht alle Anlagen auf einmal. Es ist besser, sich die einzelnen Merkmale und Eigenschaften einzeln vorzunehmen, denn nur zielbewußte Arbeit bringt auf die Dauer Erfolg. Treten dabei mehrere Merkmale und Eigenschaften gleichzeitig reinerbig auf, um so besser. – Inzucht schließt eine weitere züchterische Variante ein, die der

**Rückkreuzung.** Sie bedeutet die Paarung von Tieren – in der Regel der ersten und zweiten Generation, die in den erwünschten Merkmalen den Vorstellungen des Züchters am meisten entsprechen – mit den Ausgangstieren. Der Rückkreuzung genetisch gleichwertig ist die

**Geschwisterpaarung,** denn sie verfolgt das gleiche Ziel der Anhäufung reinerbiger Anlagen. – Durch die Methode der Inzucht werden selbstverständlich nicht nur die erwünschten, sondern in gleicher Weise auch die unerwünschten Merkmale und Eigenschaften mehr und mehr reinerbig. Deshalb ist eine rigorose

**Auslese** Voraussetzung jeder Inzucht. Auch muß man in der Lage und gewillt sein, größere Verluste infolge der Ausmerzung hinzunehmen. Ein größerer Bestand von Zuchttieren ist daher eine zweite Voraussetzung. Durch die Auslese wird erreicht, daß mit den ausgemerzten Tieren aus dem Zuchtstamm auch die unerwünschten Erbanlagen verschwinden und die erwünschten schließlich übrig bleiben. Das aber bedeutet Reinerbigkeit. Man kommt also um so schneller zum Ziel, je sorgfältiger man die Auslese betreibt. – Nun sind die Ausgangstiere keineswegs vollkommen, und es ist immer wieder nötig, Merkmale und Eigenschaften in einen Zuchtstamm

**einzukreuzen,** die die Ausgangstiere nicht besessen haben. Wesentlich dabei ist, daß das einzukreuzende Tier die neue Erbanlage möglichst ebenfalls reinerbig besitzt und in den übrigen Anlagen nicht allzusehr differiert (sonst hätten die rücksichtslose Auslese und der ganze übrige Zuchtaufwand von neuem zu beginnen). Hier liegt die besondere Schwierigkeit der Zucht. Wie oft macht der Züchter die Feststellung, daß „Blutlinien" nicht zusammenpassen – ein Umstand, der die Zuchtarbeit von Jahren zunichte machen kann. Die Suche nach dem geeignetsten Partner und die Gewißheit, daß der bisherige Besitzer des Tieres die Zucht ebenfalls auf der Grundlage der Reinzucht betreibt, lasse man sich daher sehr angelegen sein. Man möge sich also gewissenhaft versichern, wenn man es nicht vorziehen will, mit Hilfe des neuen Tieres und eines vielversprechenden eigenen einen neuen Zuchtstamm zu gründen.

**Testpaarungen** fremder Zuchttiere gehören zum Rüstzeug des modernen Züchters. Sie haben den Zweck, die Reinerbigkeit meist eines Merkmals durch ein Tier des eigenen Zuchtstammes, das die gleiche Anlage einwandfrei reinerbig besitzt, zu prüfen. Die zu testende Anlage ist dann reinerbig, wenn, wie erwähnt, Aufspaltungen in der Nachzucht unterbleiben. Testpaarungen möge man, wenn möglich, nur mit Hilfe von mehreren weiblichen Tieren vornehmen, da eine einzige Paarung erfahrungsgemäß keineswegs zum Ziel zu führen braucht. – In gleicher Weise ist die Zuführung eines fremden Tieres nötig, wenn durch

**Verdrängungszucht** eine oder mehrere unerwünschte Anlagen aus dem Stamm verschwinden sollen. Hierfür als Beispiel wieder Mendels Bohnenversuche: Rosablühende Bohnen besitzen die Anlagen für Rot und Weiß. Wenn man nun immer wieder rosablühende Bohnen mit rotblühenden kreuzt, wird die Anlage für Weiß auf die Dauer verdrängt. Es werden im Laufe der Zeit die rotblühenden Bohnen überhandnehmen, die Anlage für Weiß wird völlig verschwinden. In der Tierzucht ist dieses Verfahren nicht anders: Man paart ein eigenes Tier mit einem unerwünschten Merkmal mit einem fremden mit dem erwünschten Merkmal

u. U. mehrmals und kreuzt zurück, bis jene Anlage nicht mehr in Erscheinung tritt.
Mit den genannten Einzelverfahren besitzt der Züchter ein Gerüst von erprobten Zuchtmethoden, die unbedingt weiterhelfen und die den Zuchterfolg doch nicht so ausschließlich vom Fingerspitzengefühl und Glück abhängig machen. Aufbauend auf diesen Erkenntnissen, hat die praktische Genetik ein besonderes züchterisches Verfahren entwickelt, mit dessen Hilfe gerade in der Tierzucht, auch und vor allem in der Großviehzucht, wohl alle größeren züchterischen Aufgaben gelöst werden, die

**Linienzucht.** Sie ist systematische Inzucht. Über zwei nicht verwandte, aber in den typischen Rassemerkmalen und Eigenschaften hervorragende Tiere (Hahn und Henne) baut man im wesentlichen durch Rückpaarung zwei Linien auf, selektiert gründlich und züchtet nur mit den besten der Nachkommen in den einzelnen Linien weiter. Die Reinerbigkeit der einzelnen Anlagen wird summiert, die Aufspaltung immer mehr eingeengt. Wenn die Anlagen genügend gefestigt sind, wird man mit Hilfe eines oder mehrerer weiterer fremder Tiere eine oder mehrere neue Linien begründen und in der gleichen Weise verfahren. So lassen sich zwei, drei, vier oder fünf Linien zusätzlich aufbauen, mit denen man die einzelnen Zuchtaufgaben z. B. der einwandfreien Göße, Kammform, Beinfarbe, Halszeichnung, Legeleistung usw. fördert. Die Erbanlagen der besten Tiere jeder Linie lassen sich kombinieren; man erhält eine neue Linie, in der mehrere Merkmale bzw. Eigenschaften bereits einwandfrei sind. Der Vorteil der Linienzucht besteht vor allem auch darin, daß man von wiederholten Fremdeinkreuzungen weitgehend unabhängig wird, daß Testpaarungen durch weniger einwandfreie Tiere in den einzelnen Linien vorgenommen werden können, daß also das Risiko weniger groß ist und daß nicht zuletzt durch die Paarungen von Tieren reinerbiger Stämme überraschende Leistungssteigerungen (allerdings nur in der folgenden Generation) möglich sind; auf diesen Effekt des „Luxurierens" geht die Hybridzucht zurück. – Häufig erinnert sich der Züchter bei fortgesetzter Inzucht gerne des Begriffes der

**Inzuchtschäden.** Inzuchtschäden äußern sich im wesentlichen durch ein Nachlassen der Leistungseigenschaften, der Legeleistung, Schlupffähigkeit, Vitalität, Seuchenresistenz usw. Gleiche Folgen kann auch die Reinerbigkeit haben, wenn sie über einen längeren Zeitraum bedenkenlos durchgeführt wird. Nicht zuletzt deshalb ist es unbedingt notwendig, auf die Leistungseigenschaften der Ausgangs- und neuen Tiere zu achten. Falls sich erste Anzeichen von Inzuchtschäden bemerkbar machen (doch sorgfältig prüfen, ob nicht u. U. Umwelteinflüsse dafür verantwortlich sind!), wird man ohne Rücksicht auf eine gewisse Unordnung der vorhandenen Erbanlagen seiner Tiere hervorragende Leistungsträger einkreuzen. Was nützt schließlich ein Idealtier, das unfähig oder nur unter Schwierigkeiten in der Lage ist, seine Anlagen weiterzugeben! An Beispielen gerade aus der Praxis der Rassegeflügelzucht mangelt es leider nicht. Die Leistungseigenschaften haben daher auch in der Rassegeflügelzucht den Vorrang. Doch ist die Abneigung gegen Inzuchtschäden und die Inzucht selbst nur in Ausnahmefällen begründet. Schließlich geht der Hirschreichtum Kanadas auf drei englische Hirsche, die Kaninchenplage Australiens auf einige von Seeleuten mitgebrachte Kaninchen zurück, und selbst die auf den wegen ihres unwirtlichen Klimas berüchtigten Kerguelen-Inseln im südlichen Indischen Ozean heimisch gewordenen wilden Kaninchen stammen von einigen Seefahrer-Kaninchen ab. Inzucht ist weder ein ethisches Werturteil noch ein Verlustgeschäft, sondern ein Segen für den, der sie richtig zu handhaben weiß. Daß eine sorgfältige

**Zuchtbuchführung** unerläßlich ist, leuchtet ein, denn Reinzucht verlangt die Kenntnis aller vorhandenen Erbanlagen, nicht nur die der Zuchttiere, sondern auch von deren Eltern, Großeltern und Geschwistern, da ja Anlagen intermediär und rezessiv, also nur gewandelt oder verdeckt vorhanden sein können. Aus dem gleichen Grunde ist es ratsam, die Anzahl der zu berücksichtigenden Merkmale möglichst auszudehnen, denn wie leicht kann ein unwichtig scheinendes Merkmal, reinerbig vorhanden, die gesamte Zucht in Frage stellen, z. B. bei sog. multifaktoriellen Vererbungsgängen gerade der „Nutz- und Mengeneigenschaften“. Daß die Zuchtbuchführung darüber hinaus übersichtlich und vollständig sein muß, sollte selbstverständlich sein. Ausstellungserfolge einzutragen ist unwichtig; sie sind schließlich nur das Ergebnis einer erfolgreichen systematischen Züchtung. Sorgfältige Fallnestkontrolle und Kennzeichnung durch Kükenmarken und geschlossene Fußringe gehören ebenfalls hierher. Es muß möglich sein, die Abstammung eines jeden Tieres durch Generationen hindurch zu verfolgen. – Eine lose Form der Inzucht verdient in diesem Zusammenhang ebenfalls erwähnt zu werden, die

**offene oder freie Verwandtschaftszucht.** Sie macht sich in gewissem Sinne ebenfalls die Vorteile der Inzucht zunutze, wenn auch nicht mit aller Konsequenz. Vielmehr entscheidet man den Grad der Inzucht von Fall zu Fall. Natürlich sind auch hier die Zuchtkenntnisse nötig, um das Verwandtschaftsverhältnis zu berücksichtigen. Diese Methode ist wohl – meist unbewußt – unter den kleinen Geflügelzüchtern gebräuchlich, denn sie ist bereits mit einigen wenigen Zuchttieren möglich, also einfach, und sie verursacht den geringsten Aufwand. Natürlich wird man erst in längeren Zeiträumen mit entsprechenden Zuchterfolgen rechnen können, da ja jede unkontrollierte fremde Einkreuzung den Bestand der Erbanlagen verändert.

21 Henne der Appenzeller Spitzhauben, silber-schwarzgetupft

22 Hahn der Bergischen Schlotterkämme, schwarz-weißgedobbelt

23 Brakel-Henne, gold

24 Dresdner-Henne, goldbraun

25 Hamburger-Hahn, silberlack

26 Henne der Holländer Weißhauben, gesperbert

27 Italiener-Hahn, orangefarbig

28 Henne der Kaulhühner, chamois-weißgeflockt

## Die Kennzeichnung der Hühner

Jeder Züchter hat seine Tiere zu kennzeichnen. Eine Kennzeichnung verlangen schon die Ausstellungsbestimmungen, nach denen sämtliche Tiere einer Ausstellung an einem Lauf den Bundesring zu tragen haben, damit der Nachweis der eigenen Zucht geführt werden kann. Doch kommt der gewissenhafte Züchter im eigenen Interesse mit der Kennzeichnung durch den Bundesring allein nicht aus. Für den Geflügelzüchter kommen folgende Kennzeichnungsarten seiner Tiere in Betracht:

**Kükenmarke.** Sie dient zur Kennzeichnung der Eintagsküken. Sie ist mit Nummern versehen und wird als Flügelmarke in die Haut eines Flügels eingedrückt. Auf diese Weise erhält sie einen festen Sitz und jedes Tierchen seine feste Nummer; es wird zu einem ganz bestimmten, unverwechselbaren Wesen, das in einer Kartei einwandfrei zu erfassen ist. Die Nummer sollte freilich unmittelbar nach der Kennzeichnung eingetragen werden.

**Kükenringe** sind Fußringe in den kleinen Weiten und bestehen aus drei- bis fünfspiraligen oder bandförmigen, ineinander gerollten Celluloidringen in verschiedenen Farben. Daneben gibt es Kükenfußringe aus Blech mit eingestanzten Nummern. Das Anlegen dieser Fußringe ist einfach, doch können sie durch Bruch, Alter des Materials usw. verlorengehen. Zur Kennzeichnung kleiner Kükenherden sind Kükenringe noch verwendbar. – Die

**Zehenlochung** gestattet eine sichere und unveränderliche Kennzeichnung der Tiere. Mit einer Lochzange werden in die Häute zwischen den Zehen der Küken runde Löcher gestochen. Die unempfindlichen Zehenhäute lassen sich verschieden lochen; auf diese Weise erhält man eine Vielzahl von Kennzeichnungsmöglichkeiten. Selbstverständlich hat man dabei nach einem zuvor festgelegten Schema genau zu verfahren. Nach einigen Tagen hat man die Kennzeichnung nachzusehen und u. U. zu wiederholen. Eine saubere und einwandfreie Lochung erfreut immer wieder; zudem ist sie nahezu kostenlos. Die Tiere einer Henne aus einer Linienzucht oder verschiedenen Bruten können ähnlich gezeichnet werden. Die Lochung ist noch im Alter zu sehen.

**Gummifußringe** lassen sich aus Gummischläuchen bequem selbst herstellen. Sie sind namentlich für Zwerghuhnküken gut geeignet. Die selbstgeschnittenen Ringe streift man von einem Kugelschreiber auf die Zehen und über die Füßchen. Beim Anlegen des Bundesringes sind sie freilich abzustreifen, da sie sonst in den Lauf einwachsen.

**Bundesringe** (geschlossene Fußringe) werden den Jungtieren in einem Alter von 8 bis 10 Wochen über den Lauf gezogen. Man halte die vorderen drei Zehen zusammen und schiebe den Ring darüber. Die hintere Zehe wird hochgestellt und der Ring nunmehr ganz übergestreift. Der Ring muß sitzen. Wenn er sich ohne Widerstand abstreifen läßt, muß der Ring später aufgezogen werden. Der richtige Zeitpunkt ist zu beachten. Die Ringgrößen sind vorgeschrieben und einzuhalten. Tiere mit größeren als den vorgeschriebenen Bundesringen werden bei Ausstellungen nicht mit Preisen bedacht, doch sollte ein Züchter deshalb keine Schwierigkeiten zu erwarten haben. Der Bundesring wird jedem Tier angelegt. Viele Züchter besitzen daneben

**Flügelmarken.** Auch sie bestehen aus unterschiedlichem Material und verschiedenen Farben und sind mit Nummern, oft auch noch mit einer Jahreszahl versehen. Sie haben den Vorteil, daß man die Hennen, ohne sie fangen zu müssen, im Auslauf einwandfrei erkennen kann. Gute Fabrikate bzw. Patente sind zu empfehlen. Bei den Ausstellungen werden allerdings Tiere mit Flügelmarken von der Bewertung ausgeschlossen. Einzige Ausnahme: die Bundesflügelmarke.

**Offene Fußringe** werden häufig zur besonderen Kennzeichnung verwendet. Auch deren Material und Farbe wechseln. Sie sind leicht anzulegen und abzunehmen. Namentlich bei Spiralfußringen aus Zelluloid in zahlreichen Farben ist dies einfach. Daneben gibt es Fußringe aus Blech mit eingestanzten Zahlen, zum Teil sogar in verschiedenen Farben. Die Art des Verschlusses ist je nach Fabrikat verschieden. Dem Züchter dienen sie zur zusätzlichen Kennzeichnung der Tiere ähnlich den Flügelmarken.

Wie und womit der Züchter seine Tiere kennzeichnet, bleibt ihm, abgesehen von den Ausstellungszüchtern, überlassen. Wichtig ist nicht so sehr die Art der Kennzeichnung als vielmehr die sorgfältige Aufzeichnung der gekennzeichneten Tiere. Nur so erfüllt sie ihren Zweck. – Der

**Sitz** der Fußringe ist namentlich bei den Hähnen immer wieder zu prüfen, denn sie können zu eng werden und schließlich in den Lauf einwachsen. Der Fußring muß sich über dem Sporn des Laufes befinden. Nur so wachsen Fußringe in der Regel nicht ein. – Vorgeschriebene Bundesringe

**auszuweiten** ist untersagt und wird bei den Ausstellungen bestraft. Die Ringgrößen der einzelnen Rassen sind den Musterbeschreibungen zu entnehmen. Nummer, Jahrgang, Größe und Kennzeichen des Ringes sind genau einzutragen. Dann sind auch die Ringkarten, die bei den Ausstellungen vorzulegen sind, ohne Schwierigkeiten auszufüllen. Schließlich ist die einwandfreie Registrierung der Fußringe innerhalb der Vereine zu beachten.

## Vom Ausstellen

Das Ausstellen ist ein züchterischer Wettbewerb. Die besten Tiere werden ausgezeichnet, die züchterische Leistung wird anerkannt. Der Wettbewerb ist ein Ansporn für alle Züchter und der beste Weg, die einzelnen Rassen zu vollenden. Die Ausstellungen erfordern eine gewisse Vorbereitung der Ausstellungstiere. Ausgestellt sollten nur Tiere der

**eigenen Zucht** werden. Gekaufte Tiere gelten als Tiere einer fremden Zucht; unberingt erworbene, also aus Bruteiern und Eintagsküken hervorgegangene Tiere gelten als eigene Zucht. Der Nachweis der eigenen Zucht ist durch die Ringkarte zu erbringen. Für Tiere mit ausländischen Fußringen gelten besondere Richtlinien. Diese sind in den jeweils gültigen Ausstellungsbestimmungen nachzulesen.

**Käfigdressur** mit dem Ziel der Gewöhnung der Tiere an Käfig, Preisrichter, Preisrichterstab und die vielen Besucher hat rechtzeitig, nicht erst in den letzten Tagen vor der Ausstellung, zu beginnen. Man setze die vorgesehenen Tiere in einen Drahtkäfig, zunächst für eine kürzere Zeit. Die Dauer wird je nach der Reaktion der Tiere verlängert. Man zeige sich ihnen im weißen Mantel, stelle sie fremden Besuchern zur Schau und mache sie mit dem Preisrichterstab vertraut. Alles natürlich mit der gebotenen Vorsicht, denn einmal erschreckte Tiere können für die Ausstellung für immer verdorben sein. Wieviel aber durch eine freie oder eingeschüchterte Haltung eines Tieres im Käfig gewonnen oder verdorben werden kann, weiß wohl jeder Züchter aus Erfahrung. – Man versuche, ohne

**Baden und Waschen** der Tiere zurecht zu kommen. Man möge sie keinesfalls waschen, sondern, falls unbedingt nötig, nur baden, und dies nur in den letzten acht Tagen vor dem Versand. Dabei muß man die Tiere im nassen Gefieder unbedingt vor Erkältungen schützen! Man bade sie nur in lauwarmem Wasser und guter Seife, evlt. auch mit einer weichen Bürste. Sofern man bürstet, bürste man in Richtung des Striches. Nach dem Baden muß mit reichlichem und gleich warmem Wasser so lange nachgespült werden, bis das Wasser klar bleibt. Die Tiere sind an einem warmen Ort auf einem Rost oder Gitter zunächst abtropfen zu lassen. Mit einem Fön erfolgt die völlige Trocknung, bis jede Feder gänzlich trocken ist. Nach dieser Behandlung sind die Tiere erst nach 24 Stunden langsam an die Witterung im Freien zu gewöhnen. Einzelhaltung ist zu empfehlen. Weiße Tiere dürfen nicht mit Waschblau behandelt werden. Ebenso ist auch das Bleichen weißer Federpartien verboten. Natürlich ist Färben untersagt. Einzelne ältere Tiere lassen häufig in der

**Lauffarbe** zu wünschen übrig. 10 bis 14 Tage vor der Schau kann man die alten Beinschuppen mit dem Daumennagel losdrücken. Die alten Hornschuppen springen leicht und schmerzlos ab, wenn man mit dem Daumennagel kurz senkrecht auf die Schuppen drückt. Wird der Lauf mit farblosem Fett oder Öl eingerieben, dann kommt die Farbe der Junghennenläufe zum Vorschein. Vor dem Versand werden auch die Kehl-, Ohrlappen und Kämme (keineswegs die Ohrscheiben!), ferner Läufe und Schnabel leicht und farblos eingefettet. Nie aber das Gefieder! – Guten Glanz erhält das Gefieder nach Fütterung der Tiere mit ölhaltigen Sämereien. Auch kann man es mit einem trockenen Fensterleder oder Frottiertuch „bügeln“. Richtig vorbereitete Tiere werden bei den Schauen gleichwertigen, aber ungepflegten stets vorgezogen. – Die

**Entfernung** einzelner Federn, die das Zeichnungsbild stören, ist erlaubt, nicht jedoch die einer Schwingen- oder Steuerfeder. Die Entfernung geschieht durch das Abschneiden des Federkieles knapp an der Haut mittels einer gebogenen Schere. So wächst diese Feder während der ganzen Schausaison nicht mehr nach. Aber auch das einfache Herausrupfen einer Feder erfüllt den gleichen Zweck, nur für einen kürzeren Zeitraum. Diese Entfernung unerwünschter Federchen wird

**Putzen** genannt. Es dürfen aber keinerlei sichtbare Kahlstellen entstehen, wenn geputzt wird. Haben z.B. weiße Federn eine unerwünschte farbliche Einlagerung, so können diese mehrmals gezogen werden und wachsen mit immer weniger oder gar keinen Farbstofffleckchen mehr nach. – Der

**Versand** hat in guten Körben oder Kisten zu erfolgen. Für genügende Größe und ausreichend Luft ist Sorge zu tragen. Am besten baut man Versandbehälter mit einzelnen Fächern für jedes Tier. Ferner bringe man auf dem Deckel Leisten an, die das Zustellen der Luftlöcher mit anderen Kisten und Schachteln verhindern; bei Versandkisten möge man den Deckel abschrägen. Man wähle stets den schnellsten und kürzesten Versandweg, bezahle die anfallenden Gebühren und fülle die Rücksendungspapiere gleichzeitig aus. Das Impf- und Ursprungszeugnis ist nicht zu vergessen, falls es gefordert wird. Ein Doppel der Anschrift, der Ausstellungsnummern, Ringnummern und Anzahl der Tiere sind im Behälter so zu deponieren, daß sie von den Tieren nicht beschädigt werden können. Man erkundige sich über die günstigste Aufgabezeit der Behälter und halte sie ein. – Der

**Transport** der Tiere mit Fahrzeugen ist so einzurichten, daß sie nicht der Zugluft ausgesetzt sind. Das bedeutet, daß die Luftlöcher nicht in die Fahrtrichtung zeigen dürfen. Am Ausstellungsort bringe man die Tiere sofort in den Ausstellungsraum. Beim Aus- und Einladen halte man die Behälter möglichst waagerecht, denn transportiert werden lebende Tiere! Wer einzelne Tiere meldet, möge zur

Schonung des Rückengefieders die Hähne absondern. Nur Stämme werden einige Tage vor der Schau zusammengewöhnt. Wichtig ist auch die langsame Umstellung der Tiere auf Körnerfutter, dem Standardfutter der meisten Schauen.

**Nach der Schau** sind ausgestellte Tiere nicht sofort zu den übrigen des Heimatstalles zu gesellen. Zunächst möge man ihren Gesundheitszustand beobachten, denn mitunter werden Erkältungskrankheiten eingeschleppt. Auch eine mäßige Fütterung ist anzuraten. Nach der Rückkehr überfressen sich die Tiere gern an dem entbehrten gewohnten Futter; Verdauungsstörungen sind die Folge. Sollte es dennoch vorkommen, dann verabreiche man ein gelindes Abführmittel im Trinkwasser. Erst wenn man sich nach einer mehrtägigen Quarantäne seiner Tiere überzeugt hat, daß sie die Reise und Ausstellung ohne Gesundheitsstörungen überstanden haben, kommen sie des Abends zu ihren früheren Stallgefährten auf die Sitzstangen. Man setze sie stets zwischen die übrigen Tiere und übersprühe die ganze Herde mit leicht parfümiertem Wasser. Nimmt auch des Morgens das Raufen und Jagen kein Ende, dann wirken Fußfesseln wahre Wunder. Den streitlustigen Hühnern binde man mit einem breiten Band die Läufe so zusammen, daß sie wohl gehen, aber nicht laufen können und, wenn sie es versuchen, umfallen. In spätestens zwei Tagen herrscht wieder Ruhe im Stall. Und kein Tier kann durch Schnabelhiebe um weitere Ausstellungserfolge gebracht werden.

## Die Ausstellung

Die Ausstellung des Rassegeflügels ist das alle Jahre wiederkehrende große Ereignis für Züchter und Gönner der Rassezucht. Sie zeigt den züchterischen Stand der einzelnen Rassen und deren Verbreiterung auf; sie ist ein Gradmesser für das züchterische Können der Aussteller und bedeutet eine wesentliche Werbung für die Sache der Rassezucht. – Der

**Ausstellungsraum** sei hell, zugfrei und heizbar. Man überlege die zulässige Dichte der Käfige. Eine vollgestopfte Halle ist eine Tortur für Mensch und Tiere, eine weitgehend leere dagegen deprimierend. Als Faustregel gilt: Anzahl der Quadratmeter der Bodenfläche = Anzahl der Käfige. Man überschreite die Anzahl der Käfige nicht zu sehr, da sonst die Gänge zwischen den Reihen zu eng werden. Jungtierschauen sollten nicht unter freiem Himmel stattfinden, denn nicht immer fügt sich das Wetter unseren Wünschen. Regenschutz und Schatten seien unbedingt vorhanden. Wie viele gute Tiere sind nicht schon durch Hitzschlag und Erkältung der Zucht verlorengegangen! – Die

**Vorbereitungen** einer Ausstellung sind frühzeitig in die Wege zu leiten. Bereits im Winter oder spätestens im Frühjahr sind bei einer Versammlung die Fragen des Lokals, der Preisrichter, des Standgeldes, die Anzahl und Besetzung der Käfige, die Dauer, der Einlieferungstermin, Preisgelder, Werbung, Lotterie, falls vorgesehen, Sonderschau usw. zu besprechen; ein Ausschuß zur Planung und Durchführung, die leitenden Personen, ein Stab von Mitarbeitern sind zu wählen oder zu bestimmen. Die ersten Schritte sind bereits unmittelbar nach ihrer Festlegung zu unternehmen; man spreche mit dem Besitzer des Lokales und verpflichte die Preisrichter. Standgeld und Verteilungsschlüssel der Preisgelder richten sich nach den örtlichen Gegebenheiten. Man bemesse die Dauer einer Schau nie zu kurz. Der Samstag und Sonntag sollten den Besuchern jedenfalls bis zum Abend zur Verfügung stehen. Meldeschluß und Einlieferungstermin sollten früh angesetzt werden, denn auch die unvermeidlichen Nachzügler sind zu berücksichtigen. – Es seien auch einige Grundsätze der

**Werbung** genannt, denn von ihr hängt das Gelingen, der züchterische und finanzielle Erfolg einer Ausstellung ab. Schon die Wahl der Ausstellungstage ist wichtig. Man lege sie so, daß sie nicht mit der Schau eines Nachbarvereins oder einer überregionalen Ausstellung zusammenfallen. Man verzichte nicht auf die Veröffentlichung von Anzeigen in der Fachpresse. Sie sind wesentlich. Doch auch eine Tageszeitung ist zu interessieren; sie bringt meist gerne kleine Hinweise auf örtliche Veranstaltungen. Gerade die Nichtzüchter unter den Tierfreunden sind dadurch anzusprechen und zu gewinnen. Eine Verlosung von netten Kleinigkeiten (nicht unbedingt von lebenden Tieren, denn man würde die Absicht erkennen und wäre verstimmt!) lockert auf und unterhält. Der Kasse werden Spenden von Mitgliedern und Förderern nützlich sein. Auch ermäßigte Verkaufspreise wirken in diese Richtung. Sehr zu empfehlen ist die Angliederung einer oder mehrerer Sonderschauen. Dies können etwa sein eine Sonderschau für jugendliche Aussteller, eine Sonderschau für Eier, eine Schau von Gerichten oder marktgerecht zugerichteten und konservierten Tieren, eine Ausstellung der Fachliteratur und der Fachzeitschriften, von Schriften aufklärenden und belehrenden Inhalts, eine Ausstellung von Futtermitteln und deren Mischungen, von Geflügelzuchtgeräten, Bedarfsartikeln, Brutapparaten, Kükenheimen, nicht zuletzt auch von selbstgebastelten Modellen und Geräten einzelner Mitglieder. Nicht zu vergessen ist etwas Schmuck durch Tannengrün und Zierbäumchen, um der Schau einen festlichen Charakter zu verleihen. Schließlich sollte nicht auf die Veröffentlichung eines Ausstellungsberichtes verzichtet werden, denn er ist ein nicht zu unterschätzendes Werbemittel für die Schau des folgenden Jahres. – Zu den

*Muster für einen Organisationsplan*

Ausstellungsleitung

Ausstellungsleiter: ..............................

Stellvertreter: ..............................

Schriftführer: ..............................

Kassierer: ..............................

stellv. Kassierer: ..............................

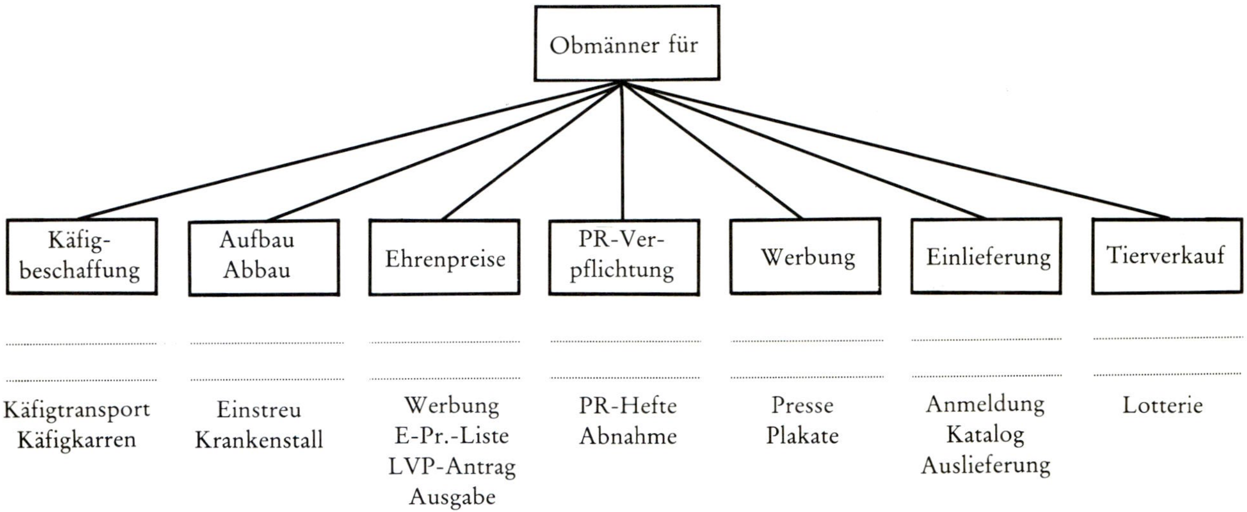

**praktischen Maßnahmen,** die ebenfalls rechtzeitig vorzubereiten sind, gehören die Beschaffung von Einstreumaterial (Hobelspänen) und die leihweise Überlassung der Ausstellungskäfige, die Überlegung der billigsten Beförderung, die Gewinnung eines Futtermeisters, der das Einstreuen, Füttern und Tränken der Tiere und die Reinigung des Lokales übernimmt, die Verpflichtung von meist freiwilligen Hilfskräften zum Auf- und Abbauen der Käfige, zum Auspacken und Einsetzen der Tiere in die Käfige, zum Verkauf der Eintrittskarten und der Lose, zur Beaufsichtigung; schließlich versichere man sich eines fähigen Mitarbeiters für die Abfassung des Ausstellungsberichtes. Man überlege, plane und bereite eine Ausstellung bis ins kleinste Detail vor und halte für nicht vorgesehene zusätzliche Aufgaben, die jede Ausstellungsleitung immer wieder überraschen können, freiwillige Helfer bereit. Die Leitung einer Ausstellung werde nicht dem willigsten, sondern dem fähigsten Mitglied des Vereins übertragen, denn von ihm hängen das Gelingen und der Erfolg der Ausstellung wesentlich ab. Tatkraft, Improvisierungskunst und Uneigennützigkeit sind Talente, auf die gerade bei einer Lokalschau nicht verzichtet werden kann. Vielleicht sollte noch darauf verwiesen werden, daß evtl. vorgesehene Ehrungen und Auszeichnungen in einem würdigen Rahmen vorgenommen werden sollten, am besten bei der Eröffnung oder am Anfang eines Züchterabends. Natürlich gelten diese Regeln nur für die kleinen Schauen. Die Organisation der großen Ausstellungen ist seit Jahren eingespielt und mittlerweile zur Routine geworden. Den kleinen Schauen aber kommt die große Bedeutung der Verbreitung und Förderung des rassezüchterischen Gedankens zu, da der persönliche Kontakt, das Angebot der praktischen Hilfe und die überzeugende Kraft der Züchter im engeren Bekanntenkreis wirksamer sind als in der unpersönlichen Atmosphäre selbst einer Deutschen Junggeflügelschau oder einer Nationalen.

## Die Bewertung

Der Bewertung der Rassen liegen die einzelnen geltenden Musterbeschreibungen zu Grunde. Züchter und Richter müssen mit den Bestimmungen dieser Musterbeschreibungen vertraut sein; sie müssen die Grundgedanken des Zuchtzieles erfassen und danach die einzelnen Tiere sichten bzw. nach ihrem Gesamteindruck bewerten. Deshalb sind zunächst nicht Einzelheiten zu beurteilen, sondern nur das Gesamtbild des Huhnes einzustufen. Namentlich die Körperbreite verdient Beachtung, nicht zuletzt deshalb, weil die Zeichnungen und Fotos der Tiere

Links: Tier hinterlastig (da wesentlich mehr Körper hinter als vor den Läufen); rechts: Tier vorderlastig (da wesentlich mehr Körper vor als hinter den Läufen)

stets nur die Seitenansicht bieten, nie aber den Eindruck der Körperbreite vermitteln. Zu leicht wird daher die Bewertung der unbedingt zu fordernden Körperbreite übersehen. Genügt das Tier in seinem Gesamteindruck, dann erst kommen die Einzelheiten der Form an die Reihe, der sich eine Bewertung der Farbe, Zeichnung, Federbildung usw. anschließt. Die gleiche Reihenfolge ist auch in der Kritik einzuhalten. Erst danach folgt eine Bewertung aus der Hand. Das Tier ist also aus dem Käfig zu fangen; es wird unruhig werden und sich, in den Käfig zurückgebracht, nicht mehr in untadeliger Paradestellung präsentieren. Deshalb hat der Preisrichteranwärter stets in gehörigem Abstand nach dem amtierenden Preisrichter zu arbeiten, um den Tieren Zeit zur Beruhigung zu lassen. – In der

**Hand des Richters** werden das Gewicht und damit der Ernährungszustand des Tieres beurteilt. Dann folgen Federform, Farbe und Zeichnung, danach Ohrscheiben bzw. Ohrlappen, Augen, Zehenlage und Lauffarbe. Dabei werden die richtige Ringgröße und der Jahrgang überprüft. Gebrochene oder fehlende Federn werden festgestellt, die Farbe von Untergefieder und Haut überprüft (unter Umständen vorhandenes Ungeziefer, wie zuvor schon Kalkbeine, wahrgenommen). – Die

**Kritik** muß Vorzüge und Mängel kurz und treffend charakterisieren. Sie muß aufschlußreich sein, damit der Züchter mit ihr etwas anzufangen weiß. Nie seien nur die Fehler genannt; vielmehr müssen auch die Vorzüge eines Tieres erwähnt sein. Die ausschließliche Suche nach Fehlern ist ein Unfähigkeitsbeweis des Rich-

Hörnerkamm des Hahnes (La Flèche)

Links: Kamm mit Doppelzacke und Nebenzacke (Ausschlußfehler);
rechts: Sägekamm (fehlerhaft) mit Kammauswuchs (Ausschlußfehler)

ters. Der Preisrichter hat das Erscheinungsbild des Tieres am Zuchtziel der Rasse zu messen und vorhandene Fehler nach dem Grade ihres Vererbungseffektes zu strafen. Gestraft werden dürfen also nur störende, namentlich aber sich hartnäkkig vererbende unerwünschte Merkmale. Der Preisrichter hat nicht zuletzt auch die erkennbaren Mängel in den Leistungseigenschaften der Gesundheit, Lebenskraft usw. zu bewerten. Leider kann er nur die äußere Erscheinungsform beurteilen; der wirkliche Zuchtwert bleibt ihm verborgen. Deshalb möge der Züchter sich bewußt sein, daß Erscheinungsbild und Zuchtwert eines Tieres keinesfalls identisch sind und so manches G-Tier bessere Nachkommen hervorbringt als ein hochbewertetes Ausstellungstier. Mit dem rigorosen Ausmerzen sei der Züchter von nur wenigen Tieren also vorsichtig! – Die Bewertung hat

**streng und gerecht** zu sein. Überzüchtungen und Überspitzungen sind Übertreibungen außerhalb des Zuchtzieles und daher zu bestrafen. Nie darf ein Tier mit dem Gedanken an seine rassische Qualität in ein oder zwei Jahren bewertet werden, sondern danach, wie es sich im Augenblick der Bewertung im Käfig präsentiert. Nicht die mögliche Entwicklung eines Tieres ist zu beurteilen, sondern

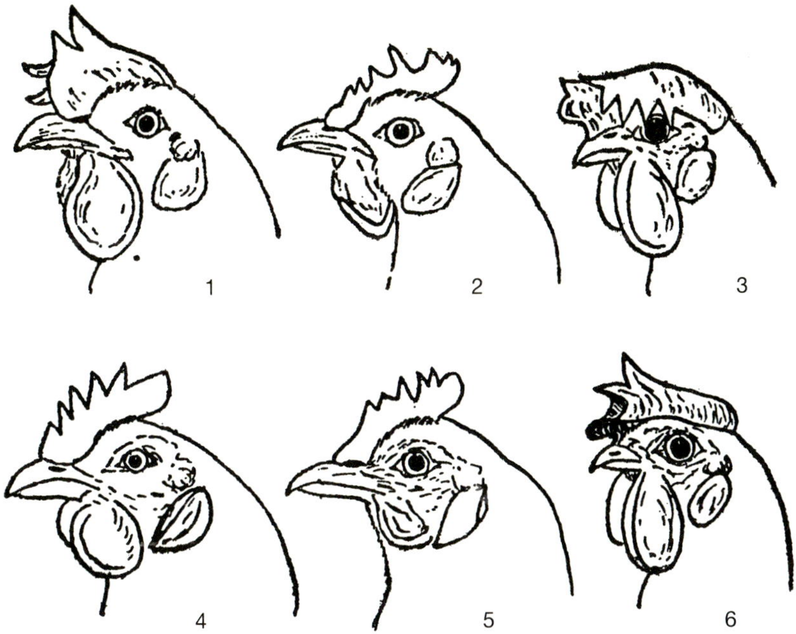


Die einfachen Kammformen der Hennen

1 vorbildliche Kammform einer Mittelmeerrasse (Leghorn, Italiener)
2 Griffelzacke (fehlerhaft)
3 Überschlagkamm (fehlerhaft)
4 vorbildliche Kammform einer Stehkamm-Henne (wie Rhodeländer u. a.)
5 ebenfalls Doppelzacken (Ausschlußfehler)
6 Wickelkamm (außer bei Altsteirer- und Sulmtaler-Henne Ausschlußfehler)

seine augenblickliche Verfassung. Der persönliche Geschmack des Richters ist unwesentlich; entscheidend sind die Forderungen der MB und die Ausstellungsbestimmungen. Der Richter urteile so, daß er selbst jeder Kritik gewachsen ist. Er lege nicht zweierlei Maßstäbe an und bewerte bei den großen Ausstellungen streng und bei den kleinen Schauen milde in der Annahme, der Zucht zu dienen. Er würde nur Enttäuschungen bereiten. Doch auch der Züchter und Aussteller sei gerecht. Er vor allen Dingen, denn er erwartet von anderen eine verantwortungsvolle und aufreibende Tätigkeit, die er in der Regel von anderen sich nicht aufbürden läßt. Meist hat er gegen eine strenge Bewertung fremder Tiere nichts

guter Wyandotten-Kopf
mit gutem Kamm, schönem
Dorn, fein geperlt

abstehender Dorn
fehlerhafter Rosenkamm

Doppeldorn, abstehend
zwei grobe Fehler

Kammulde bei Wyandotten
starker Fehler;
Rosenkamm ohne Perlen
(fehlerhaft)

Steckdorn
Dorn sitzt in einer Kamm-
falte (grober Fehler)

fehlender Dorn
ein Fehler
beim Rosenkamm

Fehler der Rosenkämme, besonders bei Wyandotten verbreitet

einzuwenden; er möge sie auch bei seinen Tieren akzeptieren. Sollte er aber Grund zur Klage haben, dann setze er sich mit dem gebotenen Anstand mit dem Preisrichter selbst auseinander. Es ist ein häßliches Bild, wenn Züchter schimpfend und gestikulierend zwischen den Käfigreihen auf vermeintliches Unrecht jeden, der es hören und nicht hören will, aufmerksam machen. Hat ein Richter – der schließlich nur ein Mensch ist und den Strapazen einer stundenlangen Bewertung nicht immer gewachsen ist – ungerecht gerichtet, dann wird er es einsehen. Die Qualität unserer Preisrichter ist so gut, wie es jene der Züchter ist.

# Die Rassenkunde

Das Gebiet der Rassenkunde ist, bedingt durch die Vielfalt der Rassen und Farbenschläge unserer Hühner und Zwerghühner, zu denen noch die verschiedenen Hybridlinien kommen müßten, in einer Weise umfangreich, daß ihre Darstellung mit den notwendigen Erläuterungen allein ein Buch füllen würde. Rassegeflügelzucht ist eine reine Liebhaberei mit dem Ziel, den augenblicklichen Zustand der eigenen Zuchttiere und damit insgesamt der Rassen so zu verbessern, daß sie dem in der Musterbeschreibung festgelegten idealen Typ immer näher kommen. – Die

**Wirtschaftsgeflügelzucht** dagegen dient der Deckung des Eier- und Fleischbedarfes des Marktes und ist die Quelle des Geldverdienens. Sie vermehrt die vorhandenen geeigneten Rassen, die dank ihrer Lege- oder Fleischleistung als „Wirtschaftsrassen" anerkannt sind. Aus den Wirtschaftsrassen entstanden sind in den letzten Jahren die sogenannten Gebrauchskreuzungen; aus diesen entwikkelte sich die Hybridzucht. Da man die Erfahrung machte, daß sich ingezüchtete Linien der gleichen Rasse für die Hybridisierung weniger eigneten als die Kreuzungen verschiedener ingezüchteter Wirtschaftsrassen, wurde der letztere Weg die Regel. Allerdings ist die Vermehrung der Hybriden durch eine Hybridherde selbst wegen der Aufspaltung der Nachzucht unmöglich. Die Zusammensetzung der einzelnen Hybridlinien ist das „Geschäftsgeheimnis" ihrer Besitzer, und ihre Namen sind wie Firmennamen gesetzlich geschützt. Hybridlinien werden sowohl für Lege- als auch für Mastbetriebe gezüchtet; infolge des ständigen Konkurrenzkampfes werden sie laufend verbessert. Die Hybriden sind keine Rassen; ihre besonderen Leistungen vollbringen sie unter den optimal günstigsten und gleichbleibenden Bedingungen der Intensivzucht. Wie Ausstellungsrassen – außer den Wirtschaftsrassen natürlich – evtl. auf Intensivhaltung reagieren, ist wegen der zu kleinen Anzahl von Hühnern jener Rassen noch nicht genügend erprobt. – Die

**Rassenwahl** ist schwierig, weil es die beste Lege- oder Mastrasse nicht gibt. Bekanntlich werden die Leistungseigenschaften einer Rasse von den Leistungsanlagen der Tiere und von der Umwelt bestimmt. Sie sind in den einzelnen Zuchten und Rassen mitunter sehr verschieden. Die zum Teil erheblichen Streuungen innerhalb einer Rasse oder selbst eines Farbenschlages beweisen nicht zuletzt die amtlichen Legeleistungsprüfungen. Allerdings ist festzuhalten, daß sich die Spitzenstämme mit den Hybridstämmen durchaus messen können. Es kommt also darauf an, Bruteier, Eintagsküken oder Junghennen von einem Züchter zu beziehen, dessen Zuchtleistungen unseren Vorstellungen am nächsten kommen. – In diesem Zusammenhang ist zu erwähnen, daß

Der Wyandotten-Typ, ein kräftiges, abgerundetes Huhn (kein Kugeltyp) mit guter Fleisch- und Legeleistung

**Leistung ein Sammelbegriff** ist, der in der Regel nicht eine einzige Eigenschaft allein bezeichnet. Wie umfassend der Begriff Leistung ist, zeigt nachstehendes Schema:

Gebrauchsleistung:

1. Legeleistung (Größe, Anzahl, Farbe und Beschaffenheit der Eierschalen, Kunstbrutfestigkeit, Legebeginn)
2. Fleischleistung (Mastfähigkeit, Hautfarbe, Geschmack)
3. Federleistung (Federfarbe, rasche Befiederung, leichtes Rupfen);

Zuchtleistung:

1. Befruchtung
2. Schlupf
3. Aufzucht (Frohwüchsigkeit, Widerstandskraft, schnelle Befiederung)
4. Form und Farbe
5. Langlebigkeit (Gesundheit, kurze Mauser).

Hennenschwanz des Italiener-Huhnes
fehlerhaft, weil zu spitz und zu flach getragen
(Federn sind zu lang und zu schmal;
lassen keine guten Hähne erwarten)

Guter Hennenschwanz des Italiener-Huhnes
breite Deckfedern vererben breite Sicheln;
Form und Tragwinkel gut

Zu kurzer Hennenschwanz des Italiener-Huhnes
Federn sind zu breit und zu kurz;
Hähne würden halbasiatische Schwänze haben.
Nicht züchten, da fehlerhaft!

Der Begriff Leistung ist also sehr vielseitig. Es ist also falsch, anzunehmen, Wirtschaftsgeflügelzucht sei identisch mit Leistungszucht. Wie man andererseits nicht glauben machen darf, dem Rasse- oder Ausstellungszüchter sei die Leistung gleichgültig, denn seine Aufgabe ist es doch gerade, eine gewisse Zuchtleistung zu vollbringen.

Wohl sind bei jeder Rasse Gesundheit, Frohwüchsigkeit, typische Form, Farbe und Zeichnung, Eizahl und -größe wesentlich, doch ist der Zuchtgedanke von nicht geringerer Bedeutung. Nur so sind diese vom Menschen erzüchteten Wesen in ihrer ganzen Eigenart zu verstehen und zu fördern. Oberstes Ziel hat stets eine möglichst gute Futterverwertung und Leistung zu sein. Jeder Züchter aber wird versuchen, seine Rasse und seinen Farbenschlag mit einem erbgebundenen Vorzug auszustatten. Der eine Spezialzüchter legt mehr Wert auf die Kopfpunkte, ein anderer auf die Eigröße, ein dritter auf die Farbe oder den Glanz des Gefieders usw. Dies zu wissen, wird für den Aufbau eines Stammes entscheidend sein. Die Zusammenarbeit von Züchtern mit den gleichen Zuchtzielen kann wertvolle Jahre eigener züchterischer Arbeit gewinnen und den eigenen Zuchtstamm wesentlich verbessern helfen. Dazu ist es nötig, die Merkmale und Eigenschaften eines Tieres, das gekauft werden soll, genauestens zu kennen. Um selbst bei den Ausstellungen erfolgreich zu sein oder angemessene Verkaufspreise für Zuchttiere zu erzielen, ist es unerläßlich, sich sorgfältig an die geltenden Musterbeschreibungen zu halten. Darüber hinaus ist es ratsam, sich einem Sonderverein anzuschließen, der sich die Förderung einer Rasse, mitunter sogar einzelner Farbenschläge, zum Ziel gesetzt hat. Diese Interessengemeinschaften beantragen, falls nötig, Änderungen der Musterbeschreibung; sie helfen ihren Mitgliedern bei auftretenden züchterischen Problemen. Rundschreiben, Veröffentlichungen in der Fachpresse, Sonderschauen, Sonderrichter und Tierbesprechungen – die Sondervereine geben sich Mühe, die Verbesserung ihrer Rasse voranzutreiben. In gleicher Weise gilt dies für alle Groß- und Zwerghuhnrassen. – Die

## Zwerghuhnrassen

gewinnen angesichts der erschwerten oder unmöglich gewordenen Zucht- und Haltungsbedingungen der Großrassen für den Liebhaber immer mehr an Bedeutung. Zwerghühner sind mit bescheidenen Platz- und Futterverhältnissen zufrieden; dazu ein abgeteiltes Eckchen als Auslauf – mehr brauchen sie nicht. Die Haltung von Zwerghühnern ist eine ausgesprochene Liebhaberei, die keine größeren Aufwendungen an Zeit, Arbeit und Kosten verursacht. Ihre Zucht ist eine ideale Altersbeschäftigung; die Tierchen sind zierlich, adrett, anhänglich, eine Augenweide und eine Schöpfung fürs Herz. Wer sich also mit züchterischen Absichten trägt, den befriedigen Zwerghühner in ausreichendem Maße. Den Zwerghuhnrassen gehört die Zukunft. – Es sei daher gestattet, namentlich auf die

### Verzwergungen

der Großrassen näher einzugehen. Die Verzwergungen der Großrassen leiden – zum Teil bedingt durch die Absicht ihrer Züchter während der beiden Weltkriege, möglichst viele und große Eier zu erhalten – zum Teil noch immer an Übergröße. Das Wesen der Zwerge besteht nun allerdings vor allem darin, daß

29 Henne der Kaulhühner, goldhalsig

30 Kraienköppe-Hahn, silberhalsig

31 Lakenfelder-Henne

32 Orpington-Hahn, gelb

33 Henne der Plymouth Rocks, gestreift

34 Sumatra-Hahn, schwarz

35 Sussex-Henne, bunt

36 Henne der Thüringer Barthühner, silber-schwarzgetupft

sie sich von den Großrassen als Zwerge eindeutig unterscheiden. Spätbruttiere und Kümmerlinge sind keine Zwerge, denn auch ein Zwerg muß frohwüchsig, gesund und lebhaft sein. Der Zwergengröße haben Anzahl und Gewicht der Eier zu entsprechen. Dies bedeutet keineswegs, Zwerghuhnzucht sei eine ausgesprochene Liebhaberei. Auch der Zwerghuhnzüchter sollte rechnen. Zwar werden seine Tiere eine geringere Eimasse erzeugen als die großen Rassen, doch sind auch ihre Futter- und Haltungskosten um vieles geringer. Echte Zwerge werden den Vergleich mit den Großrassen nicht zu scheuen haben, vorausgesetzt, man berücksichtigt züchterisch die Leistungsanlagen im gebotenen Maße. Wem die Eier von Zwerghennen zu klein sein sollten, der möge sich eine Großrasse zulegen. Überdies haben die Zwerghuhneier die Eigenart, daß sie verhältnismäßig viel Dotter und einen sehr feinen Geschmack haben. Über diese Fakten sollte sich der Züchter Gedanken machen. Die Legeleistung wurde bei der Erzüchtung der Zwerghuhnrassen absichtlich vernachlässigt, denn entscheidend war die Zwergengröße. Die Leistungseigenschaften innerhalb des gegebenen Rahmens zu erhöhen und erbfest zu machen ist eine wesentliche Aufgabe heute. Zwerghühner deshalb abzulehnen, weil ihre Legeleistung jener mancher Großrassen nicht standhält, ist sinnlos; Zwerghühner sind nun einmal ihrer Natur nach keine Eiererzeugungsmaschinen. Daß sie reizende Tiere sind, ist genug.
Selbstverständlich können verzwergte Rassen nicht alle Feinheiten der entsprechenden Großrassen besitzen, weil sich nicht alle Nuancen der Form auf einen Zwergenkörper übertragen lassen. So sind zum Beispiel die Kopfpunkte und die Federn der Zwerge im Verhältnis zur Körpergröße wesentlich größer als bei den Großrassen. Daher werden die Zeichnungseffekte zum Teil mehr oder weniger zu wünschen übrig lassen. Man hat sich damit abzufinden.

## Die Feder

Da die Form den Rassetyp bestimmt und deshalb an erster Stelle steht, die Umrißlinie aber von den Federn gebildet wird, sei eine kurze Betrachtung über die Form und Struktur der Feder der Übersicht über die Rassen vorangestellt. Doch legen sie auch die Farbe und Zeichnung unserer Tiere fest; deshalb sei eine kleine Abhandlung über die Farbe der Hühnerfedern mit eingeflochten. Dabei wird bewußt auf die „Farbe" Weiß und deren Farbschwierigkeiten gleichsam als Ehrenrettung der weißen Rassen eingegangen, denn auch das Weiß hat seine züchterischen Tücken, und nur der Unerfahrene kann der Meinung sein, eine weiße Rasse sich zuzulegen sei ein züchterisches Armutszeugnis. – Die Feder bestimmt nicht unwesentlich die Form unserer Hühner. Man spricht daher nicht umsonst vom

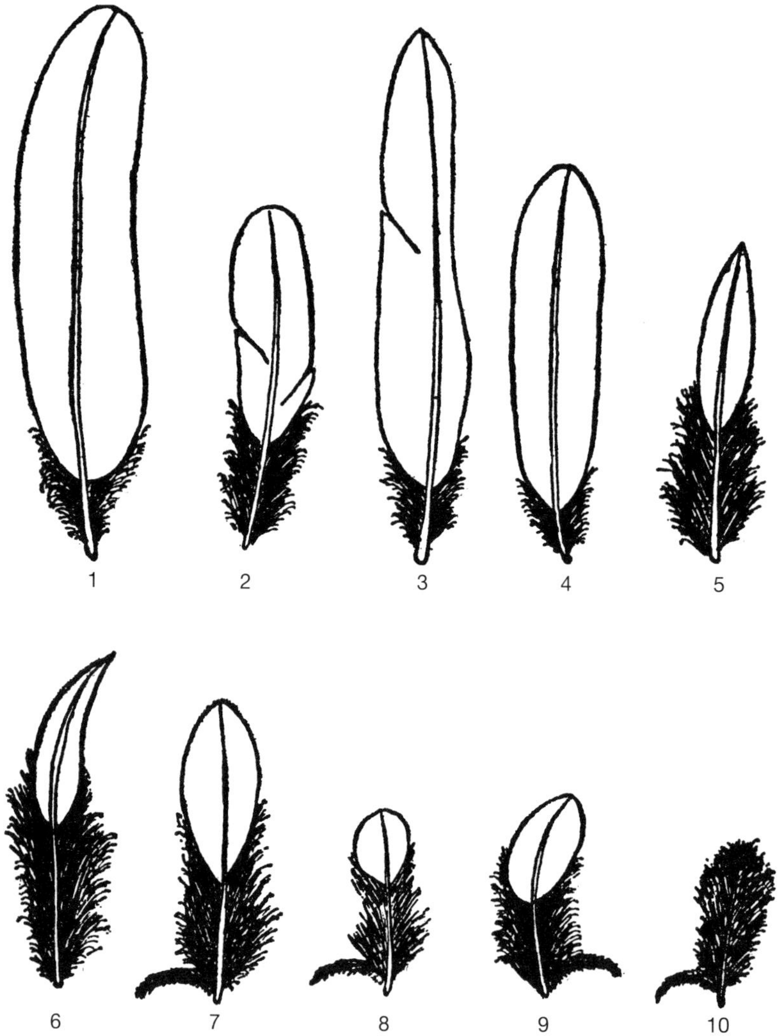


Federarten

1 Steuerfeder einer Italiener-Henne
2 Steuerfeder einer Wyandotten-Henne
3 Handschwinge
4 Armschwinge
5 Halsbehangfeder
6 Sattelbehangfeder
7 Konturfeder (Italiener) mit weggebogener Nebenfeder
8 Brustfeder (Wyandotten) mit weggebogener Nebenfeder
9 Brustfeder (Italiener) mit weggebogener Nebenfeder
10 Flaumfeder

Federn der Hamburger Silberlack

1 gute Halsbehangfeder
2 gute Feder mit großen runden Tupfen
3 fehlerhafte Feder mit weißem Schaftstrich
4 fehlerhafte Feder mit Spitzensaum oder Halbmondzeichnung
5 gute Steuerfeder mit Halbmondzeichnung; nur hier erlaubt, da anders nicht zu erreichen
6 fehlerhafte Feder mit „eingerissenen" Tupfen
7 gute Sattelbehangfeder
8 fehlerhafte Feder mit Außensaum und „eingerissenen" Tupfen!
9 gute Sichelfeder, groß und rund; hier immer birnenförmiger Tupfen!

**Umrißgefieder.** Das Umrißgefieder wird von den Konturfedern, das Untergefieder von den Flaumfedern gebildet. Auf die Erwähnung der seltenen Federformen der Seiden- und der Struppfedern darf verzichtet werden, denn sie sind Ausnahmen. Die

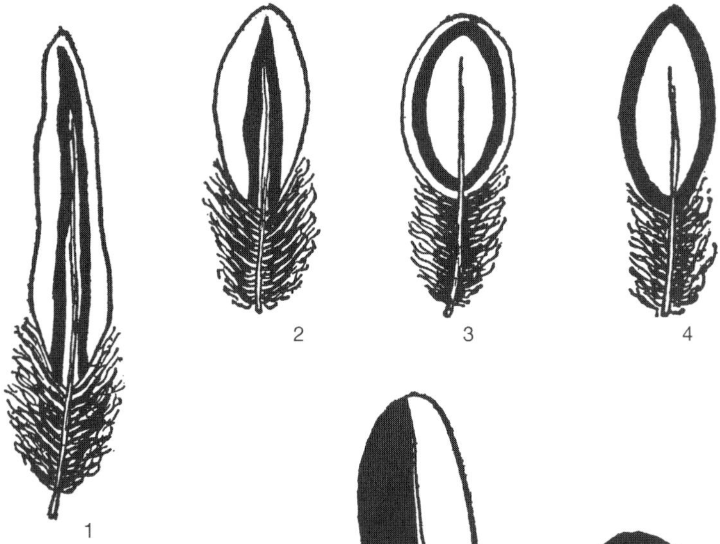


Federn der gesäumten
(Silber-)Wyandotten

1 gute Halsbehangfeder des Hahnes
2 gute Halsbehangfeder der Henne
3 Doppelsaum (grober Fehler)
4 spitze Feder (fehlerhaft)
5 Handschwinge der Henne
(linker Flügel)
6 Armschwinge der Henne
(linker Flügel)

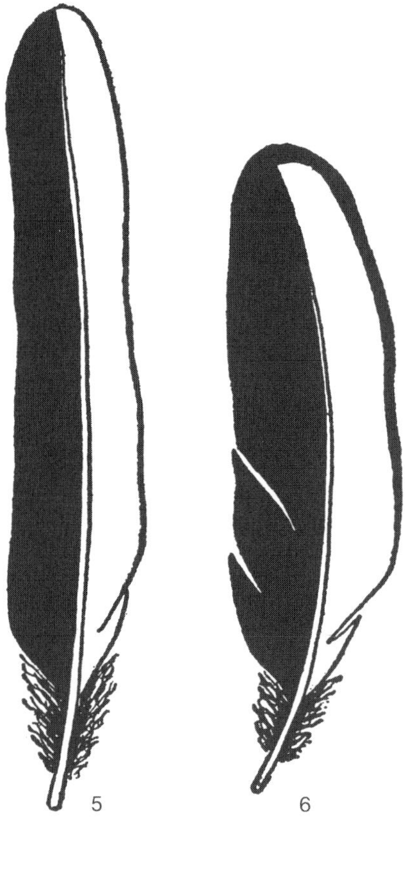

*Kontur- oder Kielfeder* besteht aus einem harten Kiel, dem Rückgrat der Feder, und der Fahne. Die Fahne besteht aus einer großen Anzahl gleichlaufender, stark verzweigter Äste. Diese Äste nennt man Strahlen; an ihnen sitzen Häkchen und Wimpern. Durch die starke Verästelung der Wimpern und Häkchen und deren vorzügliche Verzahnung wird die Fahne dicht und gestattet den Schwingen die Möglichkeit des Fliegens. Der Kiel besteht aus dem Schaft (Teil mit beiderseitigen Fahnen) und der Spule (unterer hohler Teil). Bei den meisten Federn der Hühner findet sich am Übergang der Spule zum Schaft ein zweiter kleinerer Kiel, der die Nebenfeder bildet. Dies ist eine Flaumfeder, die stets auf der unteren Seite parallel zur großen Feder verläuft. Auf den schematischen Zeichnungen sind sie absichtlich sichtbar und mit abgebogenem Schaft dargestellt worden. Bei den Konturfedern der Hühner befindet sich der Schaft meist nicht ganz in der Mitte, so daß die Innenfahne breiter ist als die Außenfahne. Das Ende der Feder sei gut gerundet; auch sei sie möglichst breit, damit Farbe und Zeichnung gut zur Geltung kommen. Schmale und spitze Federn sind bei den meisten Hühnerrassen grobe Fehler. Die größten Konturfedern unserer Hühner sind die Schwingen und Schwanzfedern. Die

*Schwingen (Flügelfedern)* bestehen aus den Schwingen erster Ordnung oder den Handschwingen (die größten zehn Federn mit zugespitzter Form) und den Schwingen zweiter Ordnung oder den Armschwingen (die folgenden breiteren und runden Federn). Am Daumen des Flügels befindet sich eine Anzahl kleiner, sehr kräftiger Federn, der sogenannte Eckflügel. Die kleinen Schwingen des Eckflügels werden Afterschwingen genannt. Am unteren Teil jeder Schwinge befindet sich eine Konturfeder, die Deckfeder, doch liegt sie, im Gegensatz zu den Nebenfedern der Konturfeder, die ja unter der Schwingenfeder liegen, auf ihr. Wie alle Konturfedern, so ist auch die Schwinge am unteren Teil mit einem Flaumteil ausgestattet. Je größer oder länger der Flaumteil der Konturfedern ist, desto rundlicher wirkt die Form. Man spricht dann von einer weicheren Federstruktur des Tieres. Ist aber der Flaumteil der Konturfedern weniger entwickelt und kürzer, dann liegt das Gefieder dicht an; man spricht in diesem Falle von einer strafferen Federstruktur. Als Beispiele seien die weichere Feder der Wyandotten (die ja die rundlichere Form besitzt) mit dem größeren Flaumteil den Federn der Italiener mit einem weniger entwickelten Flaumteil und damit einer strafferen Form (die die elegantere, schlankere Gestalt der Rasse bedingt) einander gegenübergestellt. – Die Flaum- oder Daunenfedern werden in älteren Aufsätzen gewöhnlich als

**Untergefieder** bezeichnet, doch ist dies falsch, denn zum Untergefieder gehört auch der Flaumteil der Konturfedern. Die Flaumfeder besitzt entweder einen ganz weichen Schaft oder überhaupt keinen. Im letzteren Falle stehen die losen

runde Feder
mit lanzettlichem Feld
(fehlerhaft)

Feder mit Moos
dunkle Spritzer im
weißen Feld

Halbmondsaum
der Brustfeder, fälschlich
Spitzensaum genannt

Deckfeder mit gutem Saum
Konturfeder des Flügels

vorbildliche Feder
Brustfeder, rund, breit,
mit gutem Saum

„schwerer“ Saum

Feder der gesäumten Wyandotten

Strahlen der weichen Äste in einem Büschel am Ende der Feder beisammen. Auch die Flaumfeder mit weichem Schaft besitzt keine zusammenhängende Fahne; vielmehr sind auch da die Strahlen und Äste lose, ohne daß sie der Luft Widerstand entgegensetzen könnten. Dieser Unterschied ist auffallend. – In diesem Zusammenhang sollten die

**Fadenfedern** erwähnt werden. Auch sie haben nur einige wenige kurze Äste an einem faden- oder borstenartigen Kiel. Die Fadenfedern treten bei fast allen Hühnerrassen am Augenlid und im Schnabelwinkel auf.
Wenn man nur ein Huhn in die Hand nimmt und das Gefieder aufmerksam betrachtet, dann findet man, daß die Federn auf der Oberfläche der Haut ungleichmäßig verteilt sind. Man entdeckt Federgebilde, die als

**Federfluren** in die Fachliteratur eingegangen sind. Die Federfluren werden von Flaumfedern gebildet, die in sogenannte Federbeete zusammengefaßt sind. Dazwischen stehen schmale, unbefiederte Dämme oder Raine. – Wenn die Flaumfedern und der Flaumteil der Konturfedern stark entwickelt sind, so spricht man von

**weicher Befiederung.** Sie verleiht einer rundlichen Körperform die rassische Feinheit, so zum Beispiel den Wyandotten, den Zwerg-Cochin u. a. Andererseits werden die unerwünschten Schenkelkissen und Rückenpolster durch eine weichere Feder hervorgerufen; sie setzen ein Tier bei der Bewertung zurück, da solche Erscheinungen nach der Musterbeschreibung zu den groben Fehlern gehören, so zum Beispiel bei den Rhodeländern u. a. Deshalb ist das Wissen um die Federstruktur der Hühnerrassen so wichtig und von den Züchtern unbedingt zu beachten. Die Musterbeschreibung vermittelt die notwendigen Richtlinien; sie bedeutet eine wertvolle Zuchthilfe auch hier zur Erzüchtung wertvoller Zucht- und Ausstellungstiere. – Die

**Schwanzfedern** bestehen aus Konturfedern. Die werden bei der Henne Steuerfedern und beim Hahn Sicheln genannt. Die Steuerfedern entsprechen bei fast allen Rassen der Grundfarbe und der Farbe des Untergefieders. Die Sicheln des Hahnes sind lediglich stark gebogene und teilweise sehr große Steuerfedern. Die Nebensicheln sind gebogene und vergrößerte Schwanzdeckfedern, die sich ebenso wie die Flügeldeckfedern auf den großen Schwesterfedern befinden. Da der Winkel, den der Schwanz mit der Rückenlinie bildet, zu den typischen Rasseeigentümlichkeiten gehört, ist ihm größte Beachtung zu schenken. Der Schwanz fast aller Rassen soll in einem stumpfen Winkel zur Rückenlinie getragen werden. Zu steiler Schwanz gilt als Steilschwanz, wenn er sich dem rechten Winkel nähert. Ein spitzer Winkel charakterisiert den

Links: Halsfeder mit richtigem Schaftstrich;
rechts: Durchstoßender Schaftstrich bewirkt „rußigen“ Hals (fehlerhaft)

Eichhornschwanz. Bei vielen Rassen gilt auch der Hängeschwanz als grober Fehler, da die Schwanzlinie lediglich als eine Verlängerung der Rückenlinie wirkt. Mitunter befindet sich die Schwanzlinie sogar unterhalb der Rückenlinie. – Erwähnung verdienen nicht zuletzt die

**Behangfedern.** Sie besitzen, mit Ausnahme der Sebrights, deren Hähne bekanntlich hennenfiedrig sind, immer eine spitze Form und ein spitzes Ende. Halsbehang- und Sattelbehangfedern gehören zu den sekundären Geschlechtsmerkmalen (Merkmale zweiter Ordnung). Daher wird eine Henne oder mehr noch eine Junghenne immer ohne Sattelbehang sein. Gelegentlich sind auch Form und Ende der ersten Schwungfeder sehr spitz. Es ist die sogenannte Kükenschwinge, das ist eine Schwungfeder, die noch nicht gewechselt wurde. Da nur Jungtiere des gleichen Jahrganges solche Federn besitzen, wird sie gern zur Altersbestimmung herangezogen. Diese Art der Altersbestimmung ist aber nur von bedingtem Wert, denn wo die Kükenschwingen bereits ausgemausert (ersetzt) wurden, ist eine zuverlässige Altersangabe nicht mehr möglich.

## Die Mauser der Hühner

Die Erneuerung des Gefieders, die Mauser, ist ein natürlicher Vorgang. Im Spätsommer oder im Herbst beginnt die Mauser bei den Hühnern und dauert etwa drei Monate. Während der Mauser werden alle Federn vom zweiten Lebensjahr ab erneuert (gemausert). Ältere Tiere mausern langsamer als jüngere. Eine sehr frühe Mauser gilt als Zeichen für schlechte Legeleistung. Aber auch den Witterungseinflüssen stark ausgesetzte Hühner werfen ihre Federn schnell ab. Andererseits können gute Leistungstiere bei bester Haltung sowie Fütterung kaum merklich mausern und dabei noch legen. Dies ist bei Zuchttieren unerwünscht, weil eine solche Überanstrengung nur eine geschwächte Nachzucht erwarten läßt. Eine mausernde Henne soll keine Eier legen, sondern mit ganzer Kraft den Federwechsel beschleunigen. Er soll vor Beginn des Winters beendet sein. – Der

**Mauserbeginn** ist beeinflußbar und wird besonders wegen der Beschickung von Rassegeflügelausstellungen vorgezogen, denn zum Schau-Termin müssen die Alttiere im neuen Federkleid paradieren, um in dieser „Schönheitskonkurrenz“ bestehen zu können. Die Schausaison beginnt ab Ende Oktober. Daher sollte die Mauser gegen Ende Juli anfangen. Wer frühzeitig Bruteier benötigt, muß auch darauf achten, daß die wertvollen Alttiere durchgemausert sind und „plangerecht“ mit der Eiablage beginnen. Der beeinflußte frühe Mauserbeginn wird als Zwangsmauser bezeichnet und ist meines Erachtens ein unbedenklicher Eingriff in den natürlichen Entwicklungsablauf der Tiere. Ein später Mauserbeginn wird bei einem frühen Kälteeinbruch die Gesundheit der frierenden Hühner besonders gefährden, oder es gibt „Hausarrest" im temperierten Stall. Dies wiederum setzt eine Wärmequelle voraus und ist nicht gerade billig. – Die

**Auslösung der Zwangsmauser** beruht auf einer nervösen Reaktion der Tiere, auf einer „Streßsituation", wie etwa einer Umstallung, dem Einsperren im Stall, dem Entzug von Wasser und bzw. oder Futter für einen, höchstens zwei Tage. Das Legemehl, also Eiweißfutter, entzieht man mehrere Tage lang, bis die Eiablage der Hennen unterbunden ist. Spätestens nach dem zweiten Fastentag müssen reichlich Wasser und Futter, allerdings zuerst etwas knapper, gegeben werden. Abwechslungsreich und ebenfalls eiweißhaltig muß beim Einsetzen des Federausfalles gefüttert werden. Man gibt eine zusätzliche Weichfuttermahlzeit. Das Legemehl wird mit Futterhefe, Garnelen, 2% Lebertran, Trockenmilch (Magermilchpulver), Hanfkörnern, auch Raps oder Leinsamen und geriebenen Möhren im Wechsel angereichert. Dieses Mehlgemisch kann mit Milch, besonders dicksauer oder mit Wasser feuchtkrümelig gereicht werden. Jeden zweiten Tag reicht man einen Teelöffel voll Infusorienerde (für 10 Tiere); wegen des Gehaltes an Kieselsäure sollte sie ins Weichfutter gemischt werden. Die Zugabe eines Vitaminpräparates darf nicht vergessen werden. Ebenso ist ab August eine Stallbeleuchtung zur Verlängerung der „Freßzeit" angebracht. Wer schon im Januar Bruteier benötigt, kann sogar die ganze Nacht über beleuchten, um den Zuchthennen durch die dadurch verkürzte Mauserzeit noch vor Januar die notwendige Ruhepause zu verschaffen. – Ursache der

**Halsmauser** ist eine Überanstrengung der Jungtiere. Ein solcher Erschöpfungszustand kann nachstehende Ursachen haben: Wenn durch zu hohen Eiweißgehalt des Futters der nicht ganz ausgewachsene Körper zum frühzeitigen Legen angeregt wird. Umgekehrt aber kann durch „gestrecktes Futter" bei kürzerem Tageslicht und kälterer Jahreszeit sowie durch das Ausstellen der Jungtiere bei den Schauen, wo nur Körnerfutter gereicht wird, eine Streßsituation zur Halsmauser führen. Es sind dies ganz ähnliche Einflüsse, wie sie bei der Einleitung der Zwangsmauser beschrieben wurden. Jedoch führt auch eine zu frühe Geschlechtsreife bei Frühbruttieren zu einem Mauserbeginn, der

**Teilmauser** genannt wird. Diese Art der Mauser bleibt nicht nur auf die Halsfedern beschränkt, sondern verbreitet sich auf das Brust-, Bauch-, Schenkel- und zuletzt auf das Rückengefieder, wenn nichts dagegen unternommen wird. Der Grund für die unerwünschte Teilmauser ist die zu frühe und bzw. oder zu schnelle Umstellung vom Jungtierfutter auf das Legefutter. Auch eine zu späte Umquartierung der Junghennen in den Legestall führt zur Teilmauser. Wenn meist Anfang September durch die Ablage weniger Eier der Federausfall bemerkt wird, muß man die geschlechtliche Frühentwicklung bremsen. Entweder man reduziert den Eiweißgehalt des Futters auf weniger als 15 % oder man erhöht den Körneranteil. Nach Einbruch der Dunkelheit gibt man Körnerfutter in den Trog; bei Tagesanbruch sättigen sich die Hühner damit. Die Aufnahme des eiweißreichen Mehlfutters wird somit verhindert. Hat aber die Teilmauser schon stärker begonnen, muß wie bei der Zwangsmauser gefüttert und ihre Dauer verkürzt werden. Witterungseinflüsse und krasse Temperaturschwankungen halte man von den mausernden Tieren fern. Das

**Ende der Mauser** kann man an der Erneuerung der Schwingenfedern des Flügels ablesen. Ist der Federwechsel fast beendet, so fällt die erste Handschwinge aus. Dies ist die Schwinge mit spitzem Ende gleich neben der etwas kürzeren Axialfeder in der Mitte des geöffneten Flügels. Dann folgt die Nachbarin als Nr. 2 usw., bis die letzte (also Nr. 10) an der Spitze des Flügels die Mauser abschließt. Der Schwingenwechsel dauert etwa sechs Wochen. Die erste Hälfte der Schwingen wächst schneller nach als die übrigen. Für den Aussteller von Hühnern ist dies wichtig zu wissen, denn ist eine Schwinge abgebrochen, dann kann man berechnen, ob sie zeitgerecht nachwächst, wenn der Stummel herausgezogen wird.

## Die Gefiederfarbe

wird nur von einigen wenigen Farbstoffen gebildet, die zwischen weißem Eiweiß und der Luft in der Federzelle eingebettet sind. Die Dichte der Einlagerung dieser Farbkörper,

**Pigmente** genannt, bewirken unter den entsprechenden Lichtbrechungsverhältnissen die Buntheit des Gefieders. Unter dem Mikroskop läßt sich eine körnige Struktur des Gefiederfarbstoffes erkennen. Schwarzes bis braunschwarzes Pigment hat eine mehr stäbchenartige Form; rotes bis rotgelbes Pigment ist dagegen mehr rundlich. Die Erforschung dieser Zusammenhänge ist noch lückenhaft; es sei deshalb lediglich erwähnt, daß die Pigmente sehr sauerstoffreiche Eiweißverbindungen sind, die den im Reagenzglas künstlich hergestellten Farbstoffen auffallend ähneln. – Die einzelnen

**Farben** werden je nach der Dichte der vorhandenen Pigmentkörner hervorgerufen: Aus schwarzem bzw. schwarzbraunem Pigment entsteht Schwarz bis Graubraun, aus rotem bis rotgelbem Schokoladebraun, Dunkelbraunrot, leuchtendes Goldorange bis Gelb, ja sogar bis zur zarten Lachsfarbe.

**Weiß** dagegen ist vom Pigment unabhängig; es geht auf die Lichtbrechung und Rückstrahlung der in den Federzellen eingeschlossenen Luft (in gleicher Weise wie bei Bierschaum) zurück. In diesen Federzellen fehlt Pigment als Folge einer

Mutation mehr oder weniger völlig. Allerdings wurde in zahlreichen Untersuchungen das Fehlen jeglichen Farbstoffes bis jetzt nur bei den Leghorn nachgewiesen. Die Kükendaunen der Leghorn haben eine ganz helle Farbe, die Federn der Jungtiere einen rosafarbenen Kiel – Beweise eines wirksamen Farbverhinderungsfaktors in der Erbanlage für Farbe, der den Albinos allgemein eigen ist. Leghorn-Weiß ist dominant. Daher kann die Farbe von Kreuzungspartnern, obwohl vorhanden, bei Kreuzungen in der Nachzucht nicht in Erscheinung treten. Anders verhält es sich beim Weiß der weißen Farbenschläge der anderen Hühnerrassen. Dieses Weiß ist rezessiv, wird also bei Kreuzungen mit Farbentieren zurückgedrängt und kommt erst in gewissen Zahlenverhältnissen in der nachfolgenden Generation zum Vorschein.

Erbwissenschaftliche Untersuchungen haben zum Beispiel bei den weißen Wyandotten folgende Farbschattierungen ergeben: stumpfes Weiß, Schwefelweiß, Schattenweiß und Elfenbeinweiß, das einen gelblichen Schimmer des Gefieders ergibt, vom Ölgehalt der Feder herrührt, von der Sonne ausgebleicht wird und sich nach der Mauser verliert. Die Fehltöne sind bereits an den Daunen der Küken zu erkennen. Übrigens kommen noch die Farben Braungelb, Orangegelb, Olivgrün, Bläulich und Rosa vor. Rosafarbene Küken lassen auf dominantes Weiß schließen, denn es ist reinerbig und weder durch Sonneneinstrahlung noch durch Maisfütterung zu beeinflussen. Ob neben den genannten auch noch andere Weißtöne vorkommen, ist fraglich, denn sie müßten ja doch einmal zum Vorschein kommen.

Wesentlich ist also das dominante Weiß, ein Weiß, das bei den Küken in rosafarbenen Fahnen und Kielen zum Vorschein kommt. Daher ist ein Zuchthahn mit dominantem Weiß unbezahlbar. Leider aber hat man die weißen Leghorn auf größeres Eigewicht und schwereren Körper gezüchtet und mit weißen Italienern gekreuzt; das Mutationsweiß wurde zurückgedrängt. Deshalb führen nicht alle Leghorn das ursprüngliche dominante Weiß, sondern unterliegen nicht selten den gleichen unterschiedlichen weißen Farbtönen wie andere weiße Farbenschläge auch. Der Züchter weißer Farbenschläge hat also ebenso seine Farbprobleme zu lösen wie die Züchter anderer Farbvarianten; ihre Aufgabe ist sicher nicht leichter.

Reines Weiß ohne Farbnuancen wird bei allen weißen Farbenschlägen gefordert. Ausnahmen sind lediglich die Ramelsloher (rahmgelber Anflug Bedingung) und die weißen Deutschen Zwerghühner (rahmfarbiger Anflug zugelassen, der durch den Pigmentüberschuß der blaugrauen Beinfarbe bewirkt wird). Das ursprüngliche albinotische dominante Leghorn-Weiß ist Zuchtziel, ein Weiß also, das von Sonne und ölhaltigem Futter unabhängig ist. Leider herrscht in manchen Züchterkreisen noch die Meinung vor, albinotisch weiße Hühner seien weniger widerstandsfähig als farbige. Albinotisches Weiß galt jahrelang als lebensschwächende

Mutation, teilweise als Degenerationserscheinung. Es ist allerdings eine Tatsache, daß weiße Mäuse und Ratten als Versuchstiere deshalb bevorzugt werden, weil sie weniger lebhaft sind als die anderen; sie überstehen Operationen weniger gut als farbige Tiere, und in der Fleischkaninchenzucht werden weiße Farbenschläge nicht zuletzt ihres Phlegmas wegen vorgezogen. Doch kann ebensowenig der Feststellung widersprochen werden, daß die ursprünglich dominanten weißen Leghorn nicht zur Wirtschaftsrasse aufgestiegen wären, wenn ihre Lebenskraft zu wünschen übrig gelassen hätte. Ohnehin hat ja der Züchter die Aufgabe, ständig für die Leistungseigenschaften seiner Tiere Sorge zu tragen. Sie sind in einen Stamm ebenso einzukreuzen wie aus ihm zu verdrängen.
Wohl wird man in den weißen Stämmen namentlich in der Wirtschaftsgeflügelzucht immer wieder Tieren mit bräunlicher Brust oder rötlichem Halsbehang begegnen – verständlich, da offensichtlich die Erbanlage für Weiß nicht ausschließlich reinerbig vorhanden ist. Ebenso deutet das Auftreten von schwarzen Federn bei weißen Tieren in der Rassegeflügelzucht auf die früher nicht selten vorgenommene und empfohlene Einkreuzung schwarzer Tiere zur „Farbverbesserung“ hin. Damit hatte man früher, sogar mit Erfolg, den gelben Schimmer weggezüchtet, allerdings auf Kosten der Spalterbigkeit. – Die prächtige

**Schillerfarbe** etwa in den Schwanzsicheln der Hähne wird ebenfalls durch Lichtbrechung verursacht. In Fachkreisen wird angenommen, daß es sich hier nicht um Farbstoffeinlagerung handelt, weil die Farbeffekte mit dem Einfallswinkel des Lichtes wechseln. Die farbphysiologischen Voraussetzungen dieser Erscheinung zu klären würde den Rahmen dieser Abhandlung sprengen. – Auch das

**Andalusierblau** gilt häufig als selbständige Farbe. Andalusierblau tritt in Erscheinung, wenn schwarzer Farbstoff in den Federzellen sehr fein verteilt vorkommt. Diese Farbstoffverdünnung geht auf eine Erbanlage zurück, die in der $F_1$-Generation in Schwarz, Blau und Weiß im (theoretischen) Zahlenverhältnis von 1:2:1 aufspaltet. Andalusierblau ist schiefergrau, läßt blauschwarze Farbstoffanhäufungen erkennen und bewirkt Säumung. – Die

**Zeichnungen** der Hühnerfedern lassen meist eine oder zwei, selten drei Farben erkennen. Dem oberflächlichen Betrachter erscheint eine Feder mit sehr feiner Strichelung als einfarbig. Braune Federn mit schwarzer Strichelung werden gepfeffert (gerieselt) genannt; sie müssen in der Regel frei von Rost sein. Rost entsteht durch Einlagerungen, die braunrötliche Flecken bilden und die schwarze Strichelung unterbrechen. – Farbstoffansammlungen neigen in der Zucht mehr zur Aufhellung als zur Pigmentverdichtung. Man nennt dies in der Praxis

**Farbstoffschwund** oder Farbstoffmangel. Diese Begriffe erscheinen in den Kritiken der Preisrichter immer wieder.

Schön gezeichnete Hühnerrassen besitzen eine straffe Feder, denn eine Zeichnung kann nur dann schön, satt und glänzend sein, wenn sie auf einer straffen Feder vorkommt. Die Farbe des Flaumteiles aber ist stumpf und glanzlos. Daher werden vorhandene Zeichnungen, Streifen usw. verschwommen, unscharf und unansehnlich in Erscheinung treten. Doch kann das Untergefieder, also der Flaumteil der Feder, in manchen Zuchtrichtungen von ausschlaggebender Bedeutung sein. Die Forderung der MB, Flaumteil und Kiel der Feder zum Beispiel der Rhodeländer seien rot bis auf die Haut, ist also wohlbegründet, denn Grau oder Schwarz würden im Gefieder einer Junghenne den Gesamteindruck der Farbe kaum stören; spätestens nach der ersten Mauser aber würde Schwarz im Obergefieder (in den Konturfedern also) in unerwünschtem Maße auftreten. Ebenso stören würde Weiß im Untergefieder nach der Mauser. Der Züchter möge sich an die Faustregel der züchterischen Praxis halten: Die Farbe des Untergefieders entspricht der Farbe der Steuerfedern; bei verschiedenen Farben des Tieres wird sie zur Grundfarbe.
In der Natur kommen die einzelnen Zeichnungen mit fast allen Übergängen vor, obwohl die Federn meist nur zweifarbig sind. Nur wenige Geflügelrassen besitzen eine dreifarbige Feder, so zum Beispiel die porzellanfarbigen Farbenschläge, die bunten Sussex und die Welsumer-Hähne. Damit auf der Feder Farbe und Zeichnung möglichst vorteilhaft zur Geltung kommen, ist eine möglichst breite und runde Feder erwünscht. Die Federn namentlich der Hennen werden bekanntlich von Mauser zu Mauser breiter und rundlicher. Daher ist eine Henne mit breiter, runder Feder ein ausgezeichnetes Zuchttier, denn ihre Federform und damit ihre Zeichnung kann nur besser, nie schlechter werden. Um es noch einmal zu wiederholen: Jede Zeichnungsrasse benötigt eine straffe Feder, denn nur sie hat die erforderliche Dichte. Zu weiche und damit zu dünne Federn haben die Neigung, einen spitzen Saum oder einen helleren Federrand auszubilden. Spitzer Saum und Federrand aber werden beanstandet. Typisches Beispiel ist das herrliche Farbenspiel des Fasanengefieders, dessen Federn straff sind. Deshalb zeichnet unsere Farbenschläge mit den weitgehend vollkommenen Zeichnungen eine gestreckte Federform aus. Ihre Federn bestehen nur bis zur halben, meist noch geringeren Federlänge aus Flaum; deshalb ist auch ein Ansatz zur Kissenbildung unter diesen Umständen nicht zu befürchten.
Korrekte Federstruktur und -farbe sind besonders beim Zuchthahn wichtig. Seine Bedeutung für die Vererbung von Farbe und Zeichnung ist daher ungleich größer als jene der Hennen, da er den ganzen Stamm beeinflußt, die Henne aber nur den eigenen Nachwuchs. Daher achte man gerade beim Zuchthahn auf möglichst einwandfreie Farbe und Zeichnung. Hinzu kommt, daß meist die schönsten Farbenschläge nach den Grundsätzen der Hennenzucht aufgebaut sind; dadurch dient er noch mehr als früher der Erzüchtung einwandfreier Ausstel-

lungshennen. So erweist sich erneut die Gültigkeit des alten Züchterwortes: Der Hahn ist der halbe Stamm.

## Der Preisrichteranwärter

Jede Organisation muß auf die ständige Verjüngung und Ergänzung ihres Mitgliederstammes bedacht sein. Daher sucht auch jede Preisrichtervereinigung mehr oder weniger augenscheinlich ständig nach geeigneten Kräften aus den Züchterkreisen, um Nachwuchs heranzubilden. Zunächst erhebt sich die Frage nach der

**Eignung.** Die Antwort hat immer zu lauten: Geeignet sollte jeder Züchter sein, der mehrere Jahre lang züchtet und häufig, auch bei Großschauen – am besten mit Erfolg –, ausgestellt hat. Er sollte über eine gute Beobachtungsgabe verfügen und bereits Ehrenämter bekleidet und damit bewiesen haben, daß er bereit ist, Zeit und Geld für eine bedeutende Sache zu opfern; er sollte einen einwandfreien Charakter und Leumund besitzen, ein gutes Urteilsvermögen und Lebenserfahrung haben; er sollte kritisch sein können und sich mit dem Erreichten nie zufrieden geben wollen; er sollte den Willen zur ständigen Arbeit an sich selbst haben. Von einem Preisrichteranwärter wird also sehr viel verlangt an Können und Idealismus, zumal die

**finanzielle Unterstützung** in der Regel zu wünschen übrig läßt. Ein einträglicher Nebenverdienst ist das Richteramt keineswegs, denn die Einnahmen decken die Gesamtauslagen nur in den seltensten Fällen. Die Anschaffung von Büchern und Fachzeitschriften, die Teilnahme an Schulungen, der Besuch von Versammlungen, Ausstellungen und Besichtigungen, ferner Beiträge, Postgebühren, Fahrtspesen usw. verschlingen Geld; hinzu kommen die vielen geopferten freien Stunden, der häufige Verzicht auf Urlaub, nicht selten familiäre Schwierigkeiten, daneben die Anstrengung längerer Reisen, nicht immer entsprechende Quartiere, unregelmäßiges Essen, stundenlanger Aufenthalt in kalten Ausstellungsräumen usw. – Wer dies alles auf sich zu nehmen bereit ist, hat die Eignung als Richter. Eine

**Bewerbung** hat schriftlich bei der zuständigen Preisrichtervereinigung zu erfolgen. Dieser Bewerbung ist ein kurzer selbstgeschriebener Lebenslauf beizufügen, in dem Züchtertätigkeit und Ausstellungserfolge zu erwähnen sind, ebenso eine Stellungnahme des zuständigen Kreisverbandsvorsitzenden und ein polizeiliches Führungszeugnis.

Es ist ratsam, sich zunächst nur für die gut bekannten Rassen zu entscheiden. Später kann man die Zusatzprüfungen für die übrigen Gruppen nachholen. Auf diese Weise spart man Zeit und Geld. – Die

**Tätigkeit** des Preisrichteranwärters nach der Zulassung besteht zunächst darin, an allen Versammlungen der Preisrichtervereinigung und Schauen teilzunehmen und sich ein gediegenes Grundwissen anzueignen. Daher hat die Zusammenarbeit mit vielen Preisrichtern bei möglichst vielen Schauen eine besondere praktische Bedeutung. Auch können Fragen am lebenden Objekt am besten beantwortet werden. Ferner gilt es, die Musterbeschreibung gründlich zu studieren, sich die Fachausdrücke und die geltenden Ausstellungsbestimmungen anzueignen. Zur Erhärtung des Grundwissens ist die wiederholte Abfassung von Aufsätzen über die einzelnen Rassen und deren Farbenschläge und Unterschiede gegenüber ähnlichen Merkmalen anderer Rassen und Farbenschläge sehr zu empfehlen; sie ist eine wichtige Grundlage des Selbststudiums. Auf diese Weise wird man erfahrungsgemäß am meisten lernen und Fehler am leichtesten beheben. Man gebe sich vor allen Dingen mit den angeeigneten Kenntnissen nie zufrieden; ein Richter lernt nie aus, schon gar nicht ein Anwärter. Und nur die Übung macht den Meister. – Zur

**Prüfung** wird der Anwärter nach der vorgeschriebenen Anwärterzeit zugelassen. Sie besteht aus einem praktischen und einem theoretischen Teil. Der praktische Teil erfordert die Bewertung von etwa 80 Einzeltieren bei einer großen Ausstellung mit alleiniger Entscheidung. Die Rassen und Käfignummern werden zugeteilt. Bei den Ausstellungen, bei denen die Anwärter eine Probearbeit ablegen, dürfen sie nicht zugleich Aussteller sein. Der theoretische Teil gliedert sich meist ebenfalls in zwei Teile, in eine schriftliche und eine mündliche Prüfung. – Der

**Sonderrichter-Anwärter** wird der jeweiligen Preisrichtervereinigung vom betreffenden Sonderverein aus gemeldet. Er legt den theoretischen Teil der Prüfung für das Richteramt und nur die Gruppen, in der sich seine „Sondervereinsrasse" sowie Farbenschläge befinden, ab. Nach der bestandenen Prüfung beantragt der Sonderverein die Zulassung als Sonderrichter, wenn der Anwärter die Probearbeiten zur Zufriedenheit des Sondervereinsvorsitzenden und dessen Mitarbeiter absolviert hat. – Zum

**Sonderrichter** werden aber meist schon amtierende Preisrichter, die Züchter oder besondere Kenner der vom Sonderverein betreuten Rasse sind, vorgeschlagen und von der Preisrichtervereinigung im Preisrichterverzeichnis aufgeführt. – Ziel jeden Anwärters aber sollte die Tätigkeit als

**Allgemeinrichter** sein. Nur er ist der eigentliche Richter; von seiner Bewertung bei den Lokal- und Kreisschauen hängt entscheidend die Beschickung der großen Ausstellungen ab, nicht zuletzt auch die Aufgabe als Sonderrichter. Der Allgemeinrichter ist der eigentliche Förderer der Zucht, denn er bewertet alle Rassen, deren Vorzüge und Schwächen, und er unterhält Verbindungen zu einem weitverstreuten und nicht selten bedeutenden Züchterkreis. Seine Tätigkeit ist deshalb sicher höher zu bewerten als jene des Sonderrichters. Diese Verantwortung verpflichtet.

## Der Vereinszuchtwart

Wichtigster Grundsatz in einem Verein sei: Es sollte keine fachlichen Fragen geben, die nicht durch Vermittlung eines Fachkundigen rasch und restlos geklärt werden. Jedes Mitglied hat ein Recht auf Beratung. Es ist einerlei, ob es sich um eine Rassezucht oder eine Geflügelhaltung handelt, ob der Ratsuchende ein aktives oder passives Mitglied ist. Ja, selbst Außenstehende sollten einer kostenlosen Beratung sicher sein können. Man gewinnt dadurch zwar nicht immer neue Mitglieder; Gönner und Freunde erwirbt sich ein Verein aber in jedem Falle. Daher wird – nicht selten überraschend schnell – in der Hauptversammlung ein Geflügelzuchtwart gewählt. Ob ein Zuchtwart in seinem Amt bestehen kann, hängt in erster Linie von seiner

**Persönlichkeit,** in zweiter Linie von der Unterstützung ab, die ihm zuteil wird. Die persönlichen Eigenschaften, die ein Zuchtwart besitzen oder sich in Kürze aneignen sollte, sind ein freundliches, hilfsbereites Wesen, viel Geduld beim Zuhören, die Fähigkeit, mit Menschen umzugehen, eine gewisse Erfahrung in der Geflügelzucht oder -haltung, ein Vertrauensverhältnis zum Vorstand; er muß nicht zuletzt bereit sein, einen Teil seiner Freizeit in selbstloser Weise seinem Amt zu opfern. – Der Zuchtwart bedarf der

**Unterstützung** durch Vorstand und Vereinsmitglieder, denn es ist heute unmöglich, alles zu wissen. Es genügt deshalb nicht, den Zuchtwart hin und wieder zu Schulungskursen zu delegieren; auch erwirbt man sein Wissen nicht allein durch das Studium einer Fachzeitschrift. Der Züchter braucht eine sorgfältige Abgrenzung seiner Tätigkeit und die Mitarbeit des Vorstandes, auf seine Vorschläge zu hören. Erst dann sollte ihm die

**Vereinsbücherei** übertragen werden (die meist erst beschafft oder erneuert werden muß); er sollte die Aufgabe haben, alle erhältlichen Fachzeitschriften zu sammeln und binden zu lassen, damit dem Verein ein wichtiges, ja unentbehrliches Nachschlagewerk zur Verfügung steht. Dazu gehört, daß sich wenigstens ein Mitglied des Vereins verpflichtet fühlt, die ausgelesenen Exemplare dem Zuchtwart zu überlassen. Er kann diese Zeitschriften, wie aus Vorbildern ersichtlich, auf eine sehr lehrreiche Art und Weise verwerten, ohne daß die Sammlung lükkenhaft wird. Der Vorstand hat den Lerneifer seines Zuchtwartes in Freundschaft wach zu halten durch öfteres Lob, durch größere, ehrende und selbständig zu lösende Aufgabenstellungen. Es ist nicht unwesentlich, einen

**Lehrplan** aufzustellen und einzuhalten. Mancher lerneifrige Neuling scheiterte allein durch Verzettelung in der Vielfalt des vorliegenden Fachgebietes. So wie man einem Schüler allmählich einen immer größeren Wissensstoff nahezubringen sucht, so sollte sich auch ein Zuchtwart langsam Teilgebiet um Teilgebiet seines Aufgabenbereiches erarbeiten.
Erste Stufe eines solchen Lehrplanes könnte z. B. die Beratung über die Voraussetzungen einer einwandfreien Haltung sein, also die Schaffung naturgerechter Lebensbedingungen durch richtige Ställe, Einrichtungen, Geräte, Ausläufe, Fütterung, Pflege, Auslese, den Kauf geeigneter Ausgangstiere usw. nach dem Grundsatz: Gestalte die Haltung deiner Hühner rentabler, und die Freude namentlich bei jenen Familienmitgliedern, die unserer Tätigkeit bisher nur wenig Sympathien abgewinnen können, wird geweckt werden. Die ersten Beratungen sollten anfangs in Gegenwart eines Vereinsmitgliedes stattfinden, das als alter, erfahrener Fuchs bekannt ist. Danach könnte die eigentliche

**Zuchtberatung** durch eine richtige Tierauswahl folgen. Nur die beste, im günstigsten Falle noch die zweitbeste Junghenne eines jeden Jahrganges erhält die Überlebenschance und wird Zuchttier. Zuchthennen dürfen, ja sollen alt werden. Der kleine Zuchtstamm (alte Hennen, jüngerer Hahn) sorgt für die Bruteier, die Junghennen für die Eier in der Küche, damit im Frühjahr nicht allein Hühner zu füttern sind und die Hausfrau die benötigten Eier nicht zusätzlich zu kaufen hat. Nie sollte der Zuchtwart die einzuschlagenden Zuchtmethoden bestimmen und über andere Vorschläge selbstherrlich hinweggehen; er sollte begründen, erklären, sich mühen, den besten Weg gemeinsam zu finden. Nur so vermeidet er Leerlauf oder gar Fehlschläge. Und nur so wird es gelingen, daß aus Geflügelhaltungen gute Rassezuchten werden. Jede bessere Methode muß überzeugen; seiner Aufgabe wird daher nur ein überzeugender Zuchtwart gerecht werden können. Nur so wird es z.B. auch möglich sein, die Fallennesterkontrolle wenigstens in vereinfachter Form den wirklichen Züchtern nahezubringen. Wer überzeugt ist, wird sich ein Fallennest selbst bauen und es nie bereuen. – Doch wird die größte Mühe darauf zu verwenden sein, das

**Vertrauen** aller Mitglieder des Vereins zu erringen. Es ist dies oft ein mühseliger Weg, gerade dann, wenn ein Zuchtwart sich erst zu bewähren hat. Doch ist das Ringen um Vertrauen eine lohnende Aufgabe, denn dann wird echte Begeisterung einkehren und über den Verein selbst hinauswirken. Die Gruppe wird wachsen, und sie wird das gemeinsame Ziel vor die eigenbrötlerischen Anregungen und Wünsche stellen. – Der Zuchtwart wird aus diesen Gründen wenigstens bei den Ausstellungen seines Vereins als Ausstellungsleiter einer Sparte fungieren. Damit erhält er ein gewisses

**öffentliches Ansehen,** seine Meinung Gewicht, und ein größerer Kreis wird auf ihn aufmerksam. Erst dann sollten in den Versammlungen die Beratungen in Form kurzer

**Referate** begonnen werden. Themen solcher Referate könnten sein: Haltung, Brut, Aufzucht, Kauf, Ausstellungswesen usw. Der Zuchtwart wird über die von den Vereinsmitgliedern gezüchteten Rassen und Farbenschläge sprechen. Zu diesem Zweck läßt er vom besten Praktiker des Vereins einige Tiere zu einer Tierbesprechung mitbringen. Der Vorstand lädt ein und bestimmt den Züchter. Der Zuchtwart aber bereitet sich mit Hilfe der Fachzeitschriften und der Musterbeschreibung auf die Aussprache vor, denn er muß die Theorie beherrschen. Wenn nun der Züchter seine Tiere bespricht, wird der Zuchtwart mit dem nötigen Feingefühl ergänzen. Jede Kritik ist zu unterlassen, denn der Zuchtwart soll lehren und unterrichten, keinesfalls schulmeistern. Deshalb ist auch jede persönliche Note zu unterlassen. Gut ist es, nicht einmal die eigene Meinung hervorzukehren, sondern auf die Unterlagen zu verweisen, die ja bekanntlich unbestechlich sind. Man gehe, falls nötig, sogar noch weiter: Ist der Züchter Mitglied eines Sondervereines, dann würdige man ihn als den untrüglichen Kenner der Rasse und stelle selbst nur Fragen. Bescheidenheit ist eine Tugend, keinesfalls eine Dummheit. Ähnlich wird sich ein Zuchtwart verhalten, wenn es um die Frage geht, ob und für welche neuen Rassen sich der Verein interessieren solle. Man versäume nie, sich bei den größeren Ausstellungen über die vorgesehenen neuen Rassen hinreichend zu informieren. – Leider verfügt ein Zuchtwart meist über keine

**Schulungsunterlagen.** In der Regel hat er vom Kreiszuchtwart nur wenig mitbekommen. Es heißt also: „Selbst ist der Mann!“ Daher sucht man sich im Verein oder in der Jugendgruppe einen zeichengewandten Helfer, oder man zeichnet nach Möglichkeit selbst. Aus den Spezialbüchern oder der Fachzeitschrift werden Abbildungen und Skizzen vergrößert, Fotos ausgeschnitten und aufgeklebt. Man erhält auf diese Weise bunte Bildtafeln. Dias oder Filme aus dem Besitz von Mitgliedern vorzuführen, ist ein weiterer Vorschlag. Vielleicht ist es möglich, daß

man für einen Abend z. B. von der Schule einen Projektor ausleihen kann, und man verfügt über ausreichendes Anschauungsmaterial, das Stoff zu Referaten und eine Folge von netten, ausgefüllten Schulungsabenden gewährt. Eigene Vorträge können sich anschließen, wenn diese Lehrmöglichkeiten ausgeschöpft sind. Anfangs wird auch das Vorlesen akzeptiert werden, doch überwindet die Zeit die Angst vor dem Sprechen vor den versammelten Vereinsmitgliedern, und man spricht anhand von Stichwörtern, die übersichtlich gegliedert und gut leserlich zu notieren sind, frei und ungezwungen. Nicht selten ist im Verein die leidige Frage zu hören: „Was habe ich vom Amt des Zuchtwartes?" Darauf ist zu sagen:
Ein guter Rat ist Goldes wert, doch nicht für den Empfänger des Rates allein, sondern vor allem für den Ratgeber selbst, da er sich ein Wissen und Können angeeignet hat, das ihn aus der Masse der Züchter heraushebt und ihn befähigt, anderen zu helfen und Freude zu bereiten. Er wird vom glückhaften Gefühl erfüllt, als Mitarbeiter und Berater unentbehrlich geworden zu sein.

## Der Vereinsjugendleiter

Die Notwendigkeit der Jugendwerbung und -betreuung besteht für jede gesellschaftliche Verbindung. Sie wird von der Sorge um geeigneten Nachwuchs bestimmt. Diesen Nachwuchs hat der Jugendleiter des Vereins in einer Jugendgruppe zusammenzufassen und zu versuchen, ihn für die Sache der Rassegeflügelzucht zu begeistern und charakterlich zu formen. In erster Linie ist dies eine pädagogische Aufgabe. Deshalb wird meist ein erfahrener Züchter mit ausgeprägter pädagogischer Veranlagung mit dieser Aufgabe betraut. Freilich sind Menschen mit ausgesprochenen pädagogischen Talenten sehr selten. Deshalb ist es nötig, daß sich die gesamte Züchtergemeinschaft der Jugend verpflichtet fühlt; Jugendarbeit muß zum größten Anliegen aller werden. Jeder einzelne Züchter möge deshalb seine besten Eigenschaften in den Dienst der Jugendförderung und -betreuung stellen – selbstlos und mit dem erforderlichen Einfühlungsvermögen in die Mentalität unserer Jugend. Voraussetzung einer gemeinschaftlichen erfolgreichen Jugendarbeit aber ist die Einordnung eigener Meinungen in ein gemeinsames Ziel, die Absprache aller über Methoden und Wege der Jugendbetreuung. Daß ein Jugendbetreuer ein positives Verhältnis zur Jugend haben muß, ist selbstverständlich. – Darüber hinaus ist wesentlich die

**Einteilung** der Jugendgruppe in zwei Abteilungen: in eine Gruppe der Anfänger (6- bis 12jährige) und in die Gruppe der Fortgeschrittenen (13- bis 18- bzw. 21jährig); die Anfänger werden vorwiegend vom Jugendleiter betreut, der Fortgeschrittenen nimmt sich hauptsächlich der Vereinszuchtwart mit an. – Jeder, der sich mit unserer Jugend pädagogisch beschäftigt, hat auf die

**Mentalität der Jugend** zu achten. Lassen wir uns nicht täuschen: Wir haben es in der Regel noch mit mehr oder weniger verspielten Kindern zu tun. Es wäre ein verheerender Fehler, von ihnen Eigenschaften wie Pflichterfüllung oder Einsatz für eine Sache zu erwarten, die selbst den Erwachsenen nicht immer auszeichnen. Vielmehr sind das Allgemeinwissen unserer Jugend zu fördern und ihr Charakter in zwangloser Weise zu formen. Die Jugend will nicht zu eintönigen Arbeitskulis erzogen werden; sie ist vielmehr in spielerischer Form unmerklich zu beeinflussen und zu begeistern. Jugendliche dürfen ferner nicht als unbezahlte Dienstboten zur Betreuung der elterlichen Zucht mißbraucht werden. Nur im Laufe einer langen Zeit werden die täglichen Pflichten von selbst übernommen werden. Die gesamte züchterische Tätigkeit muß erst Gewohnheit sein. Nicht die Pflicht stehe im Vordergrund der Betreuung, sondern Erholung, Entspannung, die Beschäftigung mit dem Tier und immer wieder neue Anregungen. Zwang gewinnt nicht, sondern stößt ab. Man teile den Jugendlichen kleine, selbständige, gern übernommene Aufgaben zu und erweise ihnen damit Vertrauen; mit Lob geize man nicht. Sie müssen das Gefühl haben, daß man sich ihrer annimmt und daß der Förderungswille der Erwachsenen selbstlos und echt ist. – Vorrangig in der

**Jugenderziehung** sind daher Tierliebe, Tierschutz und die Freude am schönen Tier. Erstes Gebot der Jugenderziehung sei die Erschließung der Herrlichkeiten in der Tier- und Pflanzenwelt; man öffne den Jugendlichen die Augen für die Schönheit der Schöpfung und mache sie zu ihren Bewunderern. Bevor sie sich also mit der Haltung von Tieren beschäftigen, müssen sie Sinn und Bedeutung des gesamten Umweltkomplexes erkennen.

**Voraussetzung** eines Jugendleiters braucht daher nicht in erster Linie eine vollkommen pädagogische Befähigung zu sein, der sich – in der Unterweisung – jene als vorbildlicher und erfahrener Züchter, bester Aussteller, hervorragender Redner, glänzender Organisator und großmütiger Gönner anzuschließen hätte; er braucht nur die ihm geeignet erscheinenden Mitarbeiter zu gewinnen suchen. Das fachliche Grundwissen erwirbt sich jeder mit Leichtigkeit namentlich dann, wenn er selbst ein begeisterter Züchter und von seiner Sache durchdrungen ist. Man muß die Jugend verstehen können; die Jugend will ernst genommen werden, ebenso ernst wie die Erwachsenen. Nie darf ihr Anliegen als unwichtig oder stö-

rend abgetan werden. Freude zu wecken – darin besteht das Wesen unserer Jugendarbeit.
Leichtfertig macht man der Jugend zum Vorwurf, sie habe keine Ideale. Nun, hat sie denn Vorbilder? Und sind nicht gerade wir in einer gewissen Weise schuld, daß sie mit sich und ihrer Zeit oft nichts anzufangen weiß, dem Einfluß der Straße, der Kinos und Vergnügungsstätten und einer intensiven Werbung der Freizeit- und Kulturindustrie schutzlos preisgegeben? Elternhaus, Schule und Religion sind nicht mehr die Stützen unserer Jugend wie noch vor einer Generation. Die aufsehenerregenden Neuerungen der Technik erleichtern es ihr nicht, sich in unserer Welt der dynamischen Veränderungen zurechtzufinden und einen eigenen Standort zu gewinnen. Es ist unsere Aufgabe, die Standortwahl der uns anvertrauten Jugend zu erleichtern. Die Ehrfurcht vor dem Leben und den Gesetzen, denen es unterliegt, zu wecken, den Gemeinsinn zu pflegen und den Wert der Beständigkeit in der Erscheinungen Flucht unserer Tage zu demonstrieren – darin besteht das Wesen der Jugenderziehung schlechthin. – Der

**Charakterbildung** der Jugend könnten z. B. folgende Vorschläge dienen:

| | | |
|---|---|---|
| Wandern, Ausflüge, Zelten | unterstützen | die Verbindung zur Natur und zur Schönheit der Heimat. |
| Vogelschutz | fördert | die Tierliebe, den Tierschutz und das Verständnis der Vogelwelt. |
| Lehrfahrten zu Ausstellungen und Zuchtanlagen | wecken | die Freude am schönen Tier und den Überblick über die Vielfalt der Rassen. |
| Das Tier als Spielkamerad | regt an | zur Fürsorgepflicht und Tierpflege. |
| Übergabe von Ämtern (Führen des Gruppenbuches, Winterfütterung, Kassengeschäfte usw.) | erzieht zur | Pflichterfüllung. |
| Wettbewerbe (Sport, Quiz), Ausstellen von Tieren, Bastelarbeiten und Sammlungen | fördern | die körperlichen und geistigen Anlagen. |
| Heimabende | erziehen zur<br>vermitteln | Kameradschaft,<br>Wissen, Handfertigkeit |
| Vorträge | fördern | Gemeinschaftsgeist und fachliche Kenntnisse. |
| Diskussionen | erziehen zur | Diskussionsfähigkeit und Achtung vor der Meinung anderer. |
| Spiel | erzieht zur | Fairneß. |
| Basteln | weckt | handwerkliche Fähigkeiten. |
| Anlegen von Sammlungen | erzieht zur<br>fördert | Ordnung,<br>Vorstellungsgabe und Geschmack. |

Für **Bastelstunden** sei z. B. die Anfertigung eines sog. Hessischen Futterhauses vorgeschlagen. Man kann es hie und da bei Vogelliebhabern im Garten sehen. Es hat zwei Vorteile: Das Futter wird durch Glasscheiben vor Nässe geschützt; Elstern und Häher werden vom Futterplatz ferngehalten. Außerdem können die Vögel das Futter am windgeschützten Ort verzehren. Dach und Scheiben sind mit einer Käseglocke zu vergleichen. Die Maße des Futterhauses können variieren. Wichtig ist nur, daß zwischen den Glasscheiben und dem oberen Futtertisch ein Abstand von 25 cm vorhanden ist. Ebenso sollte der untere kleine Futtertisch vom oberen etwa 25 bis 30 cm entfernt sein. Die Scheibenbreite sollte 35 cm nicht überschreiten; die Scheiben selbst sind gelegentlich zu reinigen. Alle Holzteile sind gut zu imprägnieren. Das Dachpappendach kann durch eine Schilfauflage verschönert werden. – Jeder

**Heimabend** sollte abwechslungsreich, das behandelte Thema kurz sein. Genügend Zeit zum Diskutieren ist einzuplanen. Den Abschluß sollte stets ein Spiel bilden; dazu eignen sich je nach Jahreszeit und Witterung sportliche Geschicklichkeits-Ballspiele usw. oder Gesellschaftsspiele. Pünktlicher Beginn der Heimabende ist ebenso wichtig wie pünktliches Ende, sonst gibt es Ärger mit den Eltern. Einen fröhlichen Abschluß sollte man auch den Bastelstunden verleihen. Auch das Singen muß Freude bereiten. Deshalb versuche man sich in mehrstimmigen Gesängen von Volks- und Kunstliedern.
Absichtlich werden hier nur Anregungen gegeben. Die Gestaltung der Jugendbetreuung hat der Jugendleiter entsprechend seinen Möglichkeiten selbst zu überlegen, denn auch die Jugendleiter und ihre Gruppen sollten in einen gesunden Wettstreit eintreten. Wettstreit aber weckt das Gefühl für die Gemeinschaft, wichtig, ja unentbehrlich zu sein. – Schließlich seien noch einige Hinweise für

**Ausstellungen** der Jugendgruppe gegeben: Man sollte der Jugend die Möglichkeit geben, ihre Tiere anläßlich einer Geflügelschau in einer geschlossenen Jugendabteilung zur Schau zu stellen, wenn nicht innerhalb des Ortsvereines selbst, so dann auf Kreisebene. Daß jeder Aussteller auf einwandfreie Schauverfassung seiner Tiere achtet, sollte selbstverständlich sein. Tauben, Zier-, Groß- und Wassergeflügel sollten den Eindruck der Vielfältigkeit vermitteln; Kaninchen, Goldhamster, Meerschweinchen, Stubenvögel oder Zierfische könnten die Jugendabteilung auflockern. Hierher gehört auch die Ausstellung von Bastelarbeiten und Sammlungen. Dabei kann es nur von Vorteil sein, die ganze Fülle der Freizeitbeschäftigung einer Jugendgruppe zu demonstrieren, denn Eltern und Erwachsene sollten sich überzeugen können, daß es uns weniger um engstirniges Spezialistentum geht, als vielmehr um eine sinnvolle Beschäftigung und Formung der Jugend.

Wohl wird nicht jedes Mitglied einer Jugendgruppe aktiver Züchter, doch wird jeder später gern an eine erfüllte und sinnvolle Jugend zurückdenken. Wenn nicht selbst Züchter, so wird er vielleicht ein verständnisvoller Freund und Gönner seines Vereines und damit der Kleintierzucht werden; er wird, in öffentliche Stellungen aufgerückt, der beste Fürsprecher unserer Sache sein. Jugendarbeit ist Zukunftsarbeit. Nur auf diesem Wege sind die Voraussetzungen einer verständnisvollen Unterstützung der Kleintierzucht zu schaffen.

## Die Vereinszuchtanlage

Raumnot und Haltungsverbote in den Städten, Siedlungen und selbst in den Dörfern zwingen die Züchter immer mehr, sich Gedanken über Gemeinschaftszuchtanlagen zu machen. Die Vereine selbst errichten diese Zuchtanlagen, die keineswegs Notbehelfe sind und der Unterbringung und Betreuung der Tiere allein dienen; eine Gemeinschaftszuchtanlage sollte vielmehr das Spiegelbild des Vereinslebens, des züchterischen Gesamtkomplexes und eine Werbung für die Rassezucht sein. Eine solche

**Anlage** hat für jedes Vereinsmitglied Stall und Auslauf vorzusehen; ebenso sollte an gemeinnützige Anlagen wie Volieren für Sing-, Ziervögel und Ziergeflügel, eine Futterstelle und Badegelegenheit für Vögel in ruhiger Lage, eine Vereinszuchtanlage, Vereinsheim, evtl. auch an eine Ausstellungshalle gedacht werden. Eine immergrüne Hecke sollte die Anlage gegenüber der Straße und Nachbargrundstücken abschirmen. Bei der Geländesuche möge man die Nähe eines Aussiedlerhofes meiden. Aussiedlerhöfe lehnen in der Regel Umzäunungen in ihrem unmittelbaren Arbeitsbereich ab; auch wird eine Baugenehmigung in solcher Lage kaum erteilt. An eine Parkmöglichkeit für Pkws ist namentlich dann zu denken, wenn die Abhaltung von Veranstaltungen vorgesehen ist; auch ist die Eingliederung evtl. vorhandener Vogelschutzanhänger zu berücksichtigen. Da eine Zuchtanlage nicht zuletzt eine vorzügliche Werbemöglichkeit ist und daher jedem zur Besichtigung freistehen muß, wird man die Haltung nicht auf einige wenige Tierarten oder Rassen beschränken. Vielmehr stelle man die Vielfalt der Kleintierzucht unter Beweis und sehe die Haltung von Ziergeflügel, Großrassen, Zwerghuhnrassen, Tauben und – in Kleintierzuchtvereinen – auch von Kaninchen vor. Dem Züchterheim sei eine gemütliche Gastwirtschaft angeschlossen. Man denke bei der Planung an die Zukunft und daran, daß sich der Verein im

Laufe der Jahre vergrößern wird. Diese Erwägungen sind gerade dann wesentlich, wenn der Bau einer Ausstellungshalle vorgesehen ist. – Zu den Vorarbeiten der

**Planung einer Zuchtanlage** gehören:

eine Bauvoranfrage bei den zuständigen Behörden (Gemeinde- und Stadtverwaltung, Landwirtschaftsamt oder -kammer, Naturschutzbehörde);
Ansparen von Anfangskapital;
Vertragsabschluß über den Grundstückserwerb, möglichst durch einen öffentlichen Notar oder eine andere juristisch vorgebildete Person. Die Erwerbsmöglichkeiten sind verschieden (Kauf, Pacht, Pacht mit Vorkaufsrecht, Erbpacht auf Rentenbasis usw.); deshalb ist die Abfassung eines Vertrages sehr zu überlegen. Der Vorstand wird neue Vereinssatzungen ausarbeiten und den Verein in das amtliche Vereinsregister eintragen lassen müssen;
die Vorlage von Bauzeichnungen (Lageplan und die Zeichnungen der Ställe und Volieren; von diesen werden benötigte Grundriß, Vorder- und Rückenansicht, Seitenansichten mit zwei Giebeln und Querschnitt) zu baupolizeilichen Genehmigung der Zuchtanlage;
die Gewinnung von Spenden- und Arbeitswilligen und eines geschäftstüchtigen Organisators, der auch passives Mitglied sein kann und den Bauleiter zu unterstützen hat. Er hat die Spendenfreudigkeit von Gönnern anzuregen, Lieferfirmen um Preisnachlässe zu ersuchen, Werbeveranstaltungen (z.B. Darbietungen der Jugendgruppe, Hähne-Wettkrähen) und den Verkauf von Bastelarbeiten (z.B. von Nist- und Futterhäuschen) zu organisieren. – Außer der Beschaffung von Geld und Gelände pflegt am schwierigsten die Einigung über die Größen und Formen der

**Ställe** zu sein. Hierbei sind nicht nur die oft sehr unterschiedlichen Ansichten der späteren Benützer (und Züchter von Großgeflügel, Hühnern, Tauben, Ziergeflügel, Ziervögeln, Kaninchen, evtl. noch Pelztieren) zu berücksichtigen, sondern die Genehmigungen der beteiligten Behörden zu erhalten. Von Anfang an sehe man den Bau zweier Stalltypen und eines Volierentyps vor. Dabei sind Sattel- und Pultdachformen von zweitrangiger Bedeutung. Wie man trotz niedriger Dachhöhe zu einem Arbeitsgang kommt, zeigt die Abb. S. 158. Nicht unwesentlich ist eine Planung, die künftige Streichungen der Baubehörde bereits berücksichtigt. Meist nicht zu umgehen sein dürfte z.B. die geforderte einheitliche Holzverkleidung der Stallwände. Dies verursacht höhere Kosten, da Holz regelmäßige teure Anstriche nötig macht. Überall da, wo Wochenendhäuschen in dieser Art bereits vorhanden sind, werden sich diese und andere Bedingungen kaum umgehen lassen.

37 Wyandotten-Hahn, gold-weißgesäumt

38 Henne der Zwerg-Barnevelder, doppelgesäumt

39 Hahn der Zwerg-Brahma, hell

40 Chabo-Henne, blau

41 Hahn der Zwerg-New Hampshire, goldbraun

42 Sebright-Hahn, gold

43 Henne der Zwerg-Vorwerkhühner

44 Henne der Zwerg-Wyandotten, silber-schwarzgesäumt

Der Grundrißplan der einzelnen Stallarten möge man so entwerfen, daß wenigstens ein Arbeitsgang hinter den Stallabteilen vorgesehen ist, besser noch ein kleiner Sitzplatz, ferner ein Platz zur Lagerung von Futter- und Streumaterial (gerade bei Kaninchen-, Wasser- und Ziergeflügelhaltung), da dieses im Winter häufig nur schwierig heranzuschaffen ist. Ferner ist ein wenn auch kleiner Aufenthaltsraum des Züchters bei schlechtem Wetter einzuplanen; insgesamt aber hat die Planung eines größtmöglichen Stallraumes Vorrang.

**Besichtigungen** von bereits bestehenden Vereinsanlagen sind allen Interessenten nur zu empfehlen. Man übersehe nicht, die Stadt- bzw. Gemeinderäte samt Bürgermeister zum Besuch der schönsten Anlagen anzuregen und vom erfahrensten Vereinsmitglied begleiten zu lassen. Etwaige Einwände können an Ort und Stelle vorgebracht und widerlegt werden. Das erspart Zeit und Ärger. Ebenso verfahre man mit widerspenstigen Nachbarn und Anliegern, noch bevor Haltungsverbote zu erwarten sind. Weise Voraussicht ist gerade bei einem solchen Unternehmen unentbehrlich. Sie erspart außerdem Zeit und Ärger und erhält die Stimmung unter den Mitgliedern. – Der

**Bau** als entscheidende Verwirklichung der ganzen Anlage sollte in einzelnen Abschnitten erfolgen. Zuerst baue man für die arbeitswilligsten und ordnungsliebenden Bewerber. Die ersten Einheiten werden zum Vorbild der ganzen Anlage, auch und gerade in bezug auf die Rassen, die Anpflanzung, die Pflege und Erhaltung, die Einrichtung usw. Denn die Nachkömmlinge werden zu den gleichen Anstrengungen veranlaßt. – Das Züchterheim mit oder ohne Ausstellungsraum abzuhandeln erübrigt sich. Meist sind hierüber die Vorstellungen von vornherein klar. – Nicht zu übersehen ist, daß die Verlegung von

**Wasser und Strom,** ferner die Anlage guter Zufahrtswege, kostspielig ist. – Dagegen läßt sich bei der

**Anpflanzung** sparen. Selbst Nichtzüchter, die den dichten Bestand ihrer Gärten des öfteren lichten, werden hilfreich sein; immergrüne Pflanzen können zur Zierde der Anlage beitragen. Man muß nur an alle gegebenen Möglichkeiten denken. So wird man sich der Sympathie der Imker versichern, wenn man sie um Beratung bei der Bepflanzung der Anlage bittet. Sie werden vielleicht nicht abgeneigt sein, Pflanzen, die eine wertvolle Bienenweide garantieren, zur Verfügung zu stellen. Nur sollten solche Pflanzen nicht dort vorgesehen werden, wo sie stören (z. B. in unmittelbarer Nähe von Kinderspielplätzen, Sitzbänken, Fenstern, Tieren usw.). Es sei ferner angeregt, lange, eintönige Hauswände, sofern es die Anordnung der Fenster zuläßt, nicht durch eine Baumgruppe, eine kleine Anlage oder nur durch Rasen, sondern auch mit Hilfe von Volieren aufzulockern. Auf

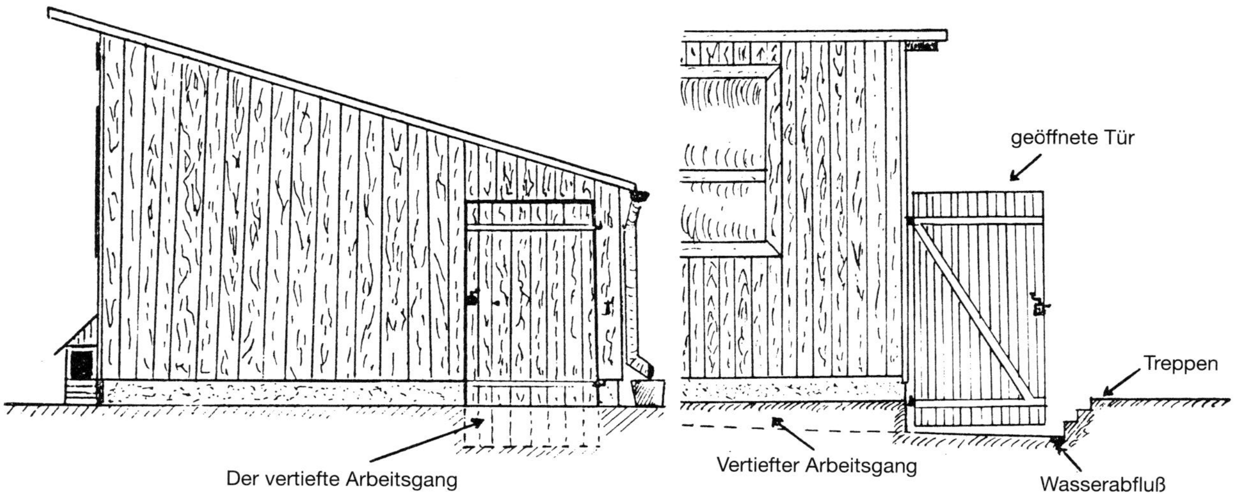


Links: Wie man trotz niedriger Dachhöhe zu einem Arbeitsgang kommt. Rechts: Auch an einen Wasserabfluß muß bei einem vertieften Arbeitsgang gedacht werden.

diese Weise wird die Gebäudewand als Rückseite genutzt. – Sofern es die Lage erfordert, plane man den Bau eines

**Hundezwingers** ein. Er sollte inmitten der Ausläufe angelegt werden, damit sich der Hund nicht mit Besuchern anfreunden kann. Auch sollte er des Nachts nicht bis an die äußere Umzäunung gelangen, damit er von außen nicht ausgeschaltet werden kann. – Man kann auch an die Bauhütte eine Stallanlage anschließen, die Bauhütte aber nach Bauabschluß an einen verdienstvollen Bewerber billig abtreten. – Ein noch kaum praktizierter Teil einer Gemeinschaftsanlage wäre eine

**Kükenaufzuchtstation.** Nicht nur den Benutzern einer Vereinszuchtanlage, vor allem den Glücklicheren, die ihre Tiere „hinter dem Haus" wissen, steht meist nur ein beschränkter Platz für die Aufzucht der Jungtiere bis zum Jungtieralter zur Verfügung. Auch die vielen Einzelanschaffungen sind häufig ein Problem. Jeder Züchter aber benötigt Raum, eine Wärmequelle, Gerät u.a. Eine gemeinsame Aufzucht würde diese Unkosten wesentlich reduzieren. Die Betreuung der Tiere könnte ein rüstiger Rentner übernehmen. Die Zeit zwischen den Aufzuchten könnte mit Hilfe einer Mastaufzucht oder ähnlichem überbrückt werden; damit wäre ein weiterer Nebenverdienst gegeben. Gegebenenfalls wäre auch der Vereinsbrutapparat in guten Händen. Daneben könnten bereits bestehende Aufzuchtbetriebe von Wirtschaftsgeflügelzüchtern verpflichtet werden, die Aufzucht von einer oder zwei Bruten zu übernehmen. Damit sich dies lohnt, könnten evtl. mehrere Vereine auf Kreisebene als Auftraggeber fungieren. Diese Art der gemeinsamen Aufzucht ist noch wenig erprobt. Einwände, die aus den Kreisen der Wirtschaftsgeflügelzüchter kommen, haben vieles für sich, denn sie befürchten mit Recht eine ungleichmäßige Entwicklung der Küken, die ja nicht nur aus verschiedenen Stämmen und Farbenschlägen, sondern z.T. aus sehr unterschiedlichen Rassen herrühren, und ein u.U. beträchtlich variierendes Wachstum. Selbstverständlich geht eine solche Entwicklung über den gewohnten genetischen Rahmen von den Wirkungen der Unwelteinflüsse hinaus: Nicht mehr die Leistungseigenschaften (Schlupffähigkeit, Futterverwertung, Frohwüchsigkeit, Befiederung, Seuchenresistenz, Vitalität usw.) innerhalb eines einzelnen Stammes, Farbenschlages oder auch einer Rasse stehen in Frage, sondern die optimalen Leistungseigenschaften überhaupt. Man hätte danach zu trachten, daß Tiere einer Vereinszuchtanlage zusammen nach den maximalen Leistungseigenschaften, die sich bekanntlich, wie schon erwähnt, ebenso einkreuzen oder verdrängen lassen wie die einzelnen Merkmale der Größe, der Farbe usw., gezüchtet werden. Dies würde zunächst die ausschließliche Zucht auf Leistung bedeuten. Tiere unter einer sehr hohen Durchschnittsleistungsgrenze sollten dann überhaupt nicht mehr beringt werden; ebenso verhielte es sich bei den Kümmerlingen und Übergrößen unter den Zwerghühnern. Der Konkurrenz-

kampf der verschiedenen Rassen innerhalb der gleichen Gruppen (z.B. der mittelschweren Rassen oder Zwerghühner) würde unschätzbare Erkenntnisse über Frohwüchsigkeit, Vitalität usw. ergeben.
Vielleicht erscheinen diese Gedanken manchen Züchtern ketzerisch, und sie sind es. Die gediegene, beschauliche Rassegeflügelzucht als Liebhaberei von einzelnen geht zu Ende, eine neue Zeit erfordert neue Wege. Sie sind der Überlegung wert.

## Die Wirtschaftsgeflügelzucht

Dieses Kapitel ist als Ergänzung der seitherigen Ausführungen gedacht. Es sollte jene Rassegeflügelzüchter in großen Zügen informieren, die sich mit dem Gedanken tragen, sich der Geflügelzucht als Beruf zuzuwenden. Daß jeder Interessent dabei gewisse züchterische und finanzielle Voraussetzungen zu erfüllen hat, bedarf kaum einer Erwähnung.
Der Wirtschaftsgeflügelzüchter betreibt Geflügelzucht als Haupt- oder Nebenerwerb ausschließlich unter dem Gesichtspunkt der Wirtschaftlichkeit. Er ist daher angewiesen, möglichst billig zu produzieren und möglichst günstig zu verkaufen. Er steht daher ständig vor der Überlegung, wie seine Unkosten zu ermäßigen sind, die Gewinnspanne aber zu erhöhen ist. Dazu bedient er sich der Beratungsstellen, die in den Landwirtschaftsministerien (von Bayern und Baden-Württemberg) oder in den Landwirtschaftskammern (der übrigen Bundesländer) tätig sind. Hier kann er sich über vorgesehene öffentliche Förderungsmaßnahmen (Zuschüsse, Beihilfen für Stallbauten, Ankauf von Zuchttieren usw.), Kostenreduzierungen (bei Kennzeichnung, gegenüber dem Geflügelgesundheitsdienst usw.), günstige Lieferquellen (von Tieren, Gerät und Futter usw.), Abnehmern der Erzeugnisse (Eier, Tiere, Federn, Dünger usw.) und die beste Art der Vermarktung informieren. Sehr wichtig ist nicht zuletzt eine Beratung über Steuer-, Abschreibungs- und Liefervertragsfragen. Man sieht also, der Erwerbsgeflügelzüchter benötigt ausreichende kaufmännische Kenntnisse. Neben einer amtlichen Beratung benötigt er eine Fachzeitschrift, um über alle Verordnungen und Preise orientiert zu sein. – Als

**Organisation** fungieren die einzelnen Landesverbände, denen jeder Züchter als Mitglied beitreten kann. Dachorganisation dieser Verbände ist der „Verband Deutscher Wirtschaftsgeflügelzüchter" (VDW). Der VDW wird von einem Präsidenten und dem Vorstand geleitet, dem ein hauptamtlicher Geschäftsführer zur

Seite steht. Interessengebiete der Geflügelzucht sind Fachausschüssen übertragen, so z. B. dem Zuchtausschuß, dem Steuer- und Wirtschaftsausschuß und dem Arbeitskreis für Hygiene.
Die Wirtschaftsgeflügelzucht gliedert sich auf in bäuerliche, Gewerbe- und Spezialbetriebe, in Geflügelherdbuch-, Produktions- und Verwertungsgemeinschaften. Allerdings ist dieser Überblick unvollständig. – Bevor man sich der Erwerbsgeflügelzucht zuwendet, hat man zwischen Lege-, Aufzucht-, Mast- und Herdbuchbetrieb usw. zu wählen, denn die

Giebelformen von Geflügelstallungen

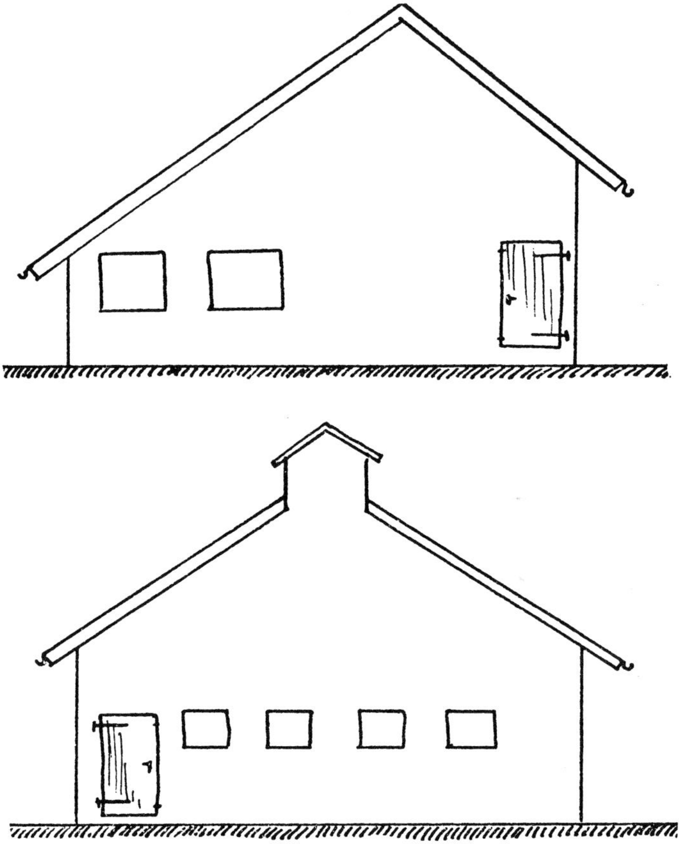

Giebelformen von Geflügelstallungen

**Betriebsart** bestimmt die Stallgröße, die Stallart (Lege-, Zucht-, Mast- und Aufzuchtstall) und die Stalleinrichtung (Beleuchtung, Lüftung, Heizung, Batterien oder Käfige, Automaten, Futterband usw.). – Sehr wichtig ist die

**Verkehrslage** des Betriebes. Weite Wege erhöhen die Transportkosten; sie sind Unkosten, die zu ermäßigen man sich immer wieder zum Grundsatz machen sollte.

**Große Ställe** sind von der Himmelsrichtung unabhängig, weil auf die Lichtverhältnisse durch entsprechende Beleuchtung und Fenster an beiden Längsseiten des Stalles nicht mehr Rücksicht genommen zu werden braucht. Vor der Planung wird man sich bei den Herstellerfirmen von Geflügelställen informieren oder sich jedenfalls Prospekte schicken lassen. Auf diese Weise erhält man Kenntnis von den Neuerungen auf dem Gebiet des Stallbaues und verfügt über Unterlagen für Preisvergleiche. – Damit man den

**baupolizeilichen Vorschriften** gerecht werden kann, wird man sich an zuständiger Stelle sorgfältig informieren. Auch bei Ein- oder Umbau hat man sich um eine Bauerlaubnis zu bemühen. Für die Erteilung der Baugenehmigung ist ein

**Lageplan** vorzulegen, in dem der Stallgrundriß maßstabgerecht eingezeichnet ist. Ferner wird ein weiterer Grundriß benötigt, in dem mit Buchstaben jene Stelle gekennzeichnet ist, der im Querschnitt dargestellt wird (s. Abb. Schnittansicht B–E, Seite 6). Die Maßstäbe von Seitenansicht und Querschnitt seien gleich. Der Grundriß ist eine Darstellung der Grundfläche des Stalles und der Lage und Größe der Einrichtungen; der Querschnitt vermittelt die Höhen der Einrichtungen; Seitenansicht, Vorder- und Rückenansicht zeigen Fenster, Türen, Luftklappen, Dachlüftungen und Dachrinnenabflüsse. Die Dachform ist meist aus den Seitenansichten zu ersehen. – Die

**Besetzung des Stalles** hat nach folgender Faustregel zu erfolgen: Für den Ablegebetrieb (leichte Rassen) sind je 1 $m^2$ 3 bis 3,5 Hennen und mindestens 0,8 $m^3$ Luftraum (noch besser 1 $m^3$) vorzusehen. Also muß ein Stall wenigstens 3,50 m im Durchschnitt hoch sein, wenn die Besetzung je 1 $m^2$ 3,5 Hühner betragen soll (höher ist besser, denn zuviel Luft schadet nie). – Das

**Stallklima** ist von ausschlaggebender Bedeutung. Es ist abhängig von der Temperatur (15 bis 16 °C) und dem vorhandenen Sauerstoff der Luft (eine New-Hampshire-Henne verbraucht in 24 Stunden 250 Liter Luft oder 100 erwachsene Hühner der gleichen Größe 25 $m^3$). In der Praxis wird daher die Luft im Winter etwa siebenmal und im Sommer bis zu zwölfmal erneuert. Dazu bedient man sich der

**Ventilatoren.** Lüftung und Wärmeisolatoren, evtl. auch die Heizung, sollten möglichst von einer Firma installiert werden, die über entsprechende Erfahrungen verfügt. Ebenso sollten die Einrichtung (Kotschieber, Gemeinschaftsnester, Abrollnester, Eierband usw.) und die Geräte (automatische Tränkanlage, Futterband usw.) von Spezialfirmen eingerichtet werden. Dabei ist auf eine Garantie und das Reklamationsrecht zu achten. – Bei Massenhaltung ist das Problem der

**Kotentfernung** ebenso billig wie einwandfrei zu lösen. Bei Kotgruben oder -kästen ist die Abdeckung durch ein Kotgitter vorzusehen. Ebenso ist auf die richtige Anordnung der

**Sitzstangen** zu achten. Man rechnet bei mittelschweren Rassen fünf, bei leichten Rassen sechs Hennen auf höchstens 1 m laufender Sitzstangenlänge. – Verwendet wird nur

**Tiefstreu.** Durch entsprechende Regulierung der Lüftung, evtl. auch durch eine Heizung (denn warme Luft bindet mehr Wasser), läßt sich die

**Luftfeuchtigkeit** regulieren, vor allem durch zusätzliches Streumaterial. So beträgt das Aufsaugevermögen von

| | | |
|---|---|---|
| 100 kg Torfmull | | 404 kg Feuchtigkeit |
| 100 kg Haferstroh | (handlang geschnitten) | 275 kg Feuchtigkeit |
| 100 kg Roggenstroh | (handlang geschnitten) | 268 kg Feuchtigkeit |
| 100 kg Weizenstroh | (handlang geschnitten) | 257 kg Feuchtigkeit |
| 100 kg Sägespäne | | 152 kg Feuchtigkeit |
| 100 kg Hobelspäne | | 145 kg Feuchtigkeit |

**Nesteinstreu** muß trocken und sauber sein. In Gemeinschaftsnestern haben sich neben Hobelspänen auch Stroh und Nestmatten, vor allem Muschelkalk bewährt, der, in etwa 4 cm hohen Kistchen eingestreut, nicht herausgeworfen werden kann. Ebenso verfährt man mit den Hobelspänen. Wer Stroh verwendet, der achte auf eine recht lockere Einlage, doch können Eier, weil versteckt, gerne übersehen werden. – Man verzichte nicht auf die Einrichtung eines

**Krankenstalles.** Irgendwann werden verletzte, kranke, zu beobachtende oder zu schlachtende Tiere von der Herde abgesondert werden müssen. – Ein

**Auslauf** wird nur für die Aufzucht benötigt. Hierüber Näheres s. Seite 23. – Der

**Kauf** von Eintagsküken wird für größere Haltungen die Regel sein. Junghennen bezieht meist nur der kleinere Nebenerwerbsbetrieb. Der Preis einer jeden selbst aufgezogenen Junghenne ist meist niedriger als der einer gekauften Junghenne ohne Transportkosten. – Zum

**Verkauf** kommen bei Aufzucht- und Legebetrieben evtl. Junghennen, ständig aber Suppenhühner vor und unmittelbar bei Beginn der Mauser. Bereits mausernde Hühner schmälern den Gewinn, da sie 10 bis 20 Tage lang im Futter stehen. – Die

**Brut** wird von Spezialbetrieben durchgeführt, denn selbst zu brüten ist unrentabel. Für eine einmalige Lieferung von 1000 sortierten Küken hätte man 3175 Eier (bei 70% Legeleistung der Zuchtherde und 50% Hähnchenanteil; diese Faustzahlen differieren jedoch meist) zu erbrüten. Eine solche Lieferung wäre wie folgt zu berechnen:

50% = 1000 Hennenküken,
100% = 2000 geschlüpfte Küken;
70% = 2000 unsortierte Küken,
100% = 2857 taugliche Bruteier erforderlich;
90% = 2857 Bruteier, weil 10% untauglich sind und fehlen,
100% = 3175 Eier als Herdenleistung erforderlich.

Bei einer Herdenleistung von 70% würden also in sieben Tagen 3175 Eier von 347 Zuchthennen gelegt werden, doch könnten bei gleicher Herdenleistung die benötigten 3175 Eier von mindestens 4533 Hennen bereits an einem Tag produziert werden. – Dieses Beispiel zeigt, wie ein Lieferangebot zu überschlagen ist, um sich zu vergewissern, ob man es erfüllen kann. – Bei

**Intensivhaltung** erfolgt die Aufzucht ausschließlich im Stall. Sie stellt die gleichen Aufgaben, wie sie im Abschnitt über die Aufzucht und Fütterung dargelegt sind. In der Praxis hat es sich erwiesen, daß Küken (selbst von Zwerghühnern)

auch für Zuchtzwecke mit Erfolg intensiv aufgezogen werden können. Die Tierchen benötigen vor allem ausreichenden Lebensraum im Stall und eine einwandfreie Wärmequelle. Dabei ist zu beachten, daß der Stall durch Sonneneinstrahlung nicht überhitzt wird. Die Stalltemperatur sollte, etwa 1 m über dem Boden gemessen, ca. 15 °C betragen, sofern die Tiere unter der Wärmequelle genügend Platz finden. Das Verhalten der Jungtiere, nicht der Kalender ist die Orientierungshilfe für den Zeitpunkt des Wärmeentzuges. Weitere wesentliche Bedingungen sind reichliche Frischluft durch gute Lüftung und trockene Einstreu. – Intensiv aufgezogene Tiere bedürfen einer sorgfältig überlegten

**Fütterung:** Beste Futtermehle mit allen Wirk- und Nährstoffen, frisches Wasser, dem Seuchen verhindernde Medikamente beigegeben sind, sind zu verabreichen. Man lese im Abschnitt über die Fütterung (S. 90) nach. Zu ergänzen ist, daß das Starter- oder Maststarterkükenfutter als Anfangsfutter bis zu einem Alter von höchstens zwei Wochen gegeben werden darf. – Charakteristisch für die Intensivhaltung ist die 14stündige

**Beleuchtungsdauer.** Nie darf diese Zeit verkürzt werden; für eine pünktliche Beleuchtung ist daher Sorge zu tragen. Alles Weitere ist dem Abschnitt über das Federpicken (S. 79) zu entnehmen. Als letztes Mittel zur Bekämpfung des Federpickens gilt das Kupieren, bei älteren Tieren evtl. das Abbrennen des Oberschnabels. Die Geflügelberater helfen auch hier, die Ursache des Federpickens festzustellen. – Durch die ausschließliche Stallhaltung bedingt, besitzen die Jungtiere eine etwas

**blassere Farbe der Hautteile.** Die Farbe des Kammes, des Gesichtes und der Kehllappen läßt mehr oder weniger zu wünschen übrig, doch hat dies auf die spätere Gesundheit und Leistungsfähigkeit der Tiere keinen Einfluß, vorausgesetzt, die Blässe ist kein Anzeichen einer Mangelkrankheit. Eine zusätzliche Gabe von Grünmehlen, Möhren usw. ist angezeigt.
Die Möglichkeiten der Intensivhaltung im gleichen Stall unter optimalen Umwelteinflüssen sind bei bester Pflege und Fütterung praktisch unbeschränkt. Unter den modernen Bedingungen ist die Haltung vom Eintagsküken bis zur schlachtreifen Henne durchaus zu empfehlen, doch ist die normale

**Junghennenhaltung** vom erfolgten Wärmeentzug an bis kurz vor Legebeginn eine Haltung im Auslauf. Die Möglichkeiten zur Abhärtung in sog. Junghennenhütten und die Bewegung und Suche nach Futter in freier Natur sollten den Tieren nicht vorenthalten werden. Nur die Frühbruten (z. B. Oktober bis November) sollten der schlechten Witterung wegen auf diesen Vorzug verzichten müssen. Daß man die Geschlechter zu trennen hat (sofern Hähne vorhanden sind), ist wohl selbstverständlich. Auch hier sind ständig frische und kühle Tränken bereitzustellen. – Das

**Wachstum der Junghennen** sollte durch größere Eiweißgaben über ein vertretbares Maß hinaus nicht angeregt werden. Junge Gräser besitzen in den Monaten April/Mai etwa 12 bis 16%, im Juni/Juli dagegen nur noch etwa 5% Eiweiß (in der Trockenmasse). Diese Beträge sind abzuziehen. Am einfachsten ist die Fütterung von Junghennenmehl in Automaten und die ständige Gabe von gutem Körnerfutter (wobei Weizen nicht zu vergessen ist). So aufgezogen, wird der Körper der Tiere schwerer, und der Legebeginn wird verzögert. Auch sind die ersten Eier, später gelegt, schwerer, und die Gefahr der Halsmauser wird auf ein Mindestmaß reduziert. – Jede Umstallung, schroffer Temperaturwechsel und Futterumstellung bewirken

**Krisen in der Intensivhaltung,** rufen Halsmauser und Mauser hervor. Daher sollte man die Legehühner vor der Mauser absondern und den restlichen Stall für die Neueinstallung herrichten. Die verbleibenden Alttiere sind erst nach der Mauser zur jungen Herde zu lassen. – Das

**Umstallen** sollte nur bei Dunkelheit erfolgen. Die Tiere werden vorsichtig von der Stange gehoben und im neuen Stall ebenfalls auf eine Sitzstange gesetzt. Wenn man Aufregungen von ihnen fernhält, ist eine Unterbrechung der Legetätigkeit nicht zu erwarten. – Neben der Intensivhaltung gibt es die

**Käfighaltung der Hühner,** die Haltung in einzelnen Käfigen oder Batterien. Die Käfighaltung ist in der Anschaffung wesentlich teurer als die Intensivhaltung. Sie erfordert die Haltung einer kleinen Herde, damit Ausfälle (durch Schlachten, Krankheit, Tod usw.) ersetzt werden können. Daher wird die Käfighaltung nie die Bedeutung der Intensivhaltung erlangen. – Den Mästereien dienen die

**Mastbatterien.** Sie werden aus den gleichen Gründen nur in Kleinbetrieben verwendet. Bei Batteriehaltung müssen die Tiere umgesetzt werden, oft sogar in einen anderen Raum; ein Wechsel der Umwelt aber schadet auch den besten Masttieren. – Dagegen können bei der

**Bodenmast** bis zu 10000 Tiere in einem Raum gehalten werden. Auch sind die Reinigung und die Desinfektion wesentlich billiger als bei der Batteriehaltung. Gefüttert wird nur Mastfutter, allerdings das beste, das die Futtermittelindustrie zu bieten hat. Die Temperatur wird etwas höher gewählt, denn die Tierchen müssen in acht Wochen mit 1200 g (Hähnchen 1400 g) schlachtreif sein. Gemästet werden beide Geschlechter zusammen, und zwar nur ausgesprochene Mastrassen oder Masthybriden. Man kann, sofern der Absatz gesichert ist, in der Hauptbrutzeit auch Eintagsküken billigst kaufen und mästen, doch betragen deren

Gewichte nach acht Wochen nur 800 bis 900 g. Eine Haltung über acht Wochen hinaus aber wäre untentabel. Aus diesem Grunde werden Suppenhühner nicht mehr gemästet. – Ein Mastbetrieb kann nur dann bestehen, wenn der

**Absatz** gesichert ist und die Lieferung an die Schlachterei pünktlich erfolgt. Schlachtung und Verkauf im großen selbst zu übernehmen lohnt sich nicht, da die vorhandenen Maschinen und Arbeitskräfte laufend zu beschäftigen sind. Natürlich kann der Mast von Hühnern noch eine Mast von Enten und Puten angeschlossen werden. Entscheidend ist die Tatsache, daß der Liefertermin an die Schlachterei die genaue Abstimmung des Schlupftages, der Menge, der Zeit der Abnahme und der Mast bestimmt. Andernfalls ist diese Tätigkeit ein Verlustgeschäft. – Besondere Erwähnung verdient das

**Aussortieren** (Selektieren). Ohne ständige Überwachung und rechtzeitiges Ausmerzen kann sich ein Geflügelzuchtbetrieb, gleichgültig, ob es sich um einen Aufzucht-, Lege- oder Mastbetrieb handelt, nicht rentieren. Das Aussortieren wird anfangs von Beratungskräften vorgenommen, meist in der Annahme, daß der Züchter diese Tätigkeit nicht ohne weiteres beherrscht.

In diesem Abschnitt sollte dargelegt werden, welche Aufgaben eine Wirtschaftsgeflügelhaltung zu bewältigen hat, denn leider ist der Glaube weit verbreitet, daß es bei einer Tierhaltung nicht auf eine einwandfreie Kalkulation ankomme. – In diesem Zusammenhang sei für Interessenten darauf hingewiesen, daß die Herdbuch- und

**Hybridhühnerzucht** nur von Mitgliedern des Herdbuchs oder vom „Deutschen Zuchtprogramm“, einer Vereinigung von etwa 80 deutschen Unternehmen, betrieben werden werden kann. Alles Nähere ist vom Verband deutscher Wirtschaftsgeflügelzüchter und von den Geflügelzuchtberatern zu erfahren. Ebenso erhält man hier Auskunft über den

**Berufsweg eines Geflügelzüchters.** In Deutschland wurde die Möglichkeit geschaffen, die Geflügelzucht gleichsam als Handwerk mit einer Gehilfen- und Meisterprüfung zu erlernen, doch weichen die Ausbildungsvorschriften in den einzelnen Ländern noch etwas voneinander ab. In allen Ländern aber gilt für die

**Gehilfenprüfung:** Zwei- bis dreijährige Lehre (je nach Alter und Schulbildung) in anerkannten Lehrbetrieben oder Lehranstalten; für die

**Meisterprüfung:** Erst nach fünf Gehilfenjahren, ein Alter von mindestens 25 Jahren, ein Jahr Fremdpraxis bzw. der Besuch einer Lehranstalt, Anfertigung einer Meisterarbeit. – Wer jedoch auf wissenschaftlichem Gebiet tätig werden will, muß ein landwirtschaftliches Studium abgeschlossen haben. Dabei ist die

Spezialisierung auf Tierzucht, namentlich auf Kleintier- und Geflügelzucht, unumgänglich.

## Faustregeln und Hinweise

| | |
|---|---|
| Eidotter: | Helle und dunkle Dotterfarbe hängen nicht vom Nährstoff- oder Vitamingehalt des Eies ab. |
| Eigeschmack: | Fischgeschmack hat mit der Fütterung von Fischmehl nichts zu tun (außer es sei verdorben). Fischgeschmack entsteht dann, wenn sich in pflanzlichen Futtermitteln Betain und freie Fettsäuren verbinden. In der Regel aber handelt es sich wohl um eine krankhafte Abnormität der Legetiere. Solche Hennen sind mit Hilfe des Fallennestes zu ermitteln und auszumerzen. Wahrscheinlich ist die krankhafte Abnormität erblich. |
| Eigewicht: | Das erste gelegte Ei läßt einen Schluß auf das durchschnittliche Eigewicht im ersten Legejahr zu. Danach läßt das erste Ei mit einem Gewicht von<br>49,9 g ein Durchschnittsgewicht von 57,5 g,<br>54,0 g ein Durchschnittsgewicht von 59,0 g,<br>59,5 g ein Durchschnittsgewicht von 63,0 g,<br>62,0 g ein Durchschnittsgewicht von 67,5 g erwarten.<br>Das Gewicht der Junghenne bei Legebeginn von<br>1 600 g läßt auf ein Eigewicht von 42,0 g,<br>1 800 g läßt auf ein Eigewicht von 42,5 g,<br>2 000 g läßt auf ein Eigewicht von 46,0 g,<br>2 200 g läßt auf ein Eigewicht von 48,0 g<br>durchschnittlich schließen. |
| Eilagerfähigkeit: | Die Lagerfähigkeit der Eier läßt sich erhöhen, wenn das frischgelegte Ei rasch auf etwa 12 bis 15 °C abgekühlt wird oder wenn die Eier unbefruchtet (bei einer Herde ohne Hahn) und unbeschmutzt sind. Ferner sind Eier, deren Anteil an dickflüssigem Eiklar größer ist als an dünnflüssigem, haltbarer. Daher wird in der Zucht eine Verbesserung der Beschaffenheit des Eiklars angestrebt. |

Fallennest: Besitzt eine Klappe, die die Henne hindert, das Nest nach dem Legen zu verlassen. Man beziehe die Nestvorderwand mit Klapptürchen von einer bekannten Firma und baue die Einzelnester selbst an.

Gemeinschaftsnest: Für 50 Hennen hat es eine Nestbreite von ca. 50 cm (ohne Laufsteg) und eine Länge von 1 m. Bei einer Seitenlänge von 3 m genügt es für 150 Hennen.

Grit: Billigen Grit erhält man, wenn man Flußsand durchsiebt und die im Sieb zurückgebliebenen Steinchen dem gekauften Grit und Muschelkalk beimischt.

Hähnchenküken wachsen durchweg schneller als Hennenküken. Sie sind deshalb abzusondern, weil sie die schwächeren Hennchen vom Trog wegdrücken.

Herdbuchschlupf bedeutet das Schlüpfen der Küken in abgeteilten Schlupfkästen. So werden alle Küken einer Henne festgehalten und gekennzeichnet.

Impfung: Bewirkt die Bildung von Abwehrstoffen des Körpers. Impfstoff kann dem Tier eingespritzt oder durch das Trinkwasser zugeführt werden.

Kokzidiostatika sind Präparate zur Abwehr und Bekämpfung der Kokzidiose; sie werden dem Futter beigemischt.

Krankheiten: Folgende Krankheiten können durch das Brutei übertragen werden: Weiße Kükenruhr (Leukose), Mykoplasmosis und die ansteckende Gehirnrückenmarksentzündung.

Licht, blaues: Läßt die Tiere schlafen oder ruhiger werden. Hühner können blaues Licht nicht wahrnehmen, da ihr Auge auf diese Wellenlänge nicht anspricht, und sitzen völlig still. Es wird zum Einfangen der Tiere in Mastställen verwendet.

Licht, rotes: Beugt gegen Federfressen vor und beeinträchtigt das Sehvermögen der Tiere nicht. Sehr gute Erfolge hat ein Farbenwechsel im Acht-Stunden-Takt ergeben.

Lüftung: Bei Bodenmast ist eine sechs- bis zwölffache Erneuerung der Luft je Stunde notwendig. 100 Mastküken atmen stündlich 150 Liter Kohlensäure aus.

Mauser: Frühmausernde Hennen beginnen spät mit dem Legen; sie sind Schlachtware. Spätmausernde Hennen hingegen legen gelegentlich noch, ihr Federkleid wird rasch erneuert; sie können das zweite Jahr in der Herde bleiben.

| | |
|---|---|
| Schockgefrieren | ist eine Methode, durch die Schlachtware in kürzester Zeit bis –7 °C im „Kern“ unterkühlt. Es empfiehlt sich nach intensivem Rupfverfahren oder hohen Abbrühtemperaturen. |
| Sitzstangen | müssen stets in gleicher Höhe angebracht sein. Für 2 m laufende Länge werden je nach Größe vier bis sechs Hühner gerechnet. |
| Stülptränke: | Ihr Fassungsvermögen wird je 100 Tiere wie folgt errechnet:<br>4 Liter bis zur 4. Woche,<br>15 Liter bis zur 8. Woche,<br>20 Liter für Hühner oder Junghennen. |
| Temperatur: | Die Wärme betrage bei Mastküken in der<br>1. Woche 32 °C<br>2. Woche 30 °C<br>3. Woche 28 °C<br>26 °C dürfen nicht unter-, 35 °C nicht überschritten werden. |
| Troglänge: | Je nach Größe rechnet man mit mindestens 10 bis 15 cm Stehlänge je Henne. |

## Bildnachweis

**Umschlagbild:** Rudi Proll

**Aquarelle:** Jakob Relovsky

**Farbfotos:**

J. Mürsener/R. Wandelt: 36
R. Proll: 24, 30, 35, 39, 43, 44
J. Wolters: 21, 22, 23, 25, 26, 27, 28, 29, 31, 32, 33, 34, 37, 38, 40, 41, 42

**Zeichnungen:** Theodor Sperl und Max Holdenried